校企双元合作开发“互联网＋教育”新形态一体化系列教材

市场营销基础

主　编　赵　君　杜　伟
参　编　荣玉全
主　审　多金荣

西安电子科技大学出版社

内容简介

本书充分考虑到高职院校市场营销专业的学生在就业和自主创业过程中将遇到的问题，以商业营销活动为主线，对市场营销的核心理论知识进行了详细讲解。全书共12章，分别为市场营销概述、市场营销理论概述、产品策略、产品定价策略、渠道供应链策略、促销沟通策略、数字营销理论及案例、市场分析与预测、市场研究、商务洽谈、网络营销、关系营销。

本书以市场营销的“4P”理论为主导思想，试图在传授知识的前提下，将更多的经济实践活动引入课堂，引发学生的学习兴趣，培养学生独立思考的能力、解决问题的能力和创新探索的能力。

本书可供高等职业院校市场营销、经济管理等相关专业学生使用，也可供相关专业人士参考。

图书在版编目(CIP)数据

市场营销基础 / 赵君，杜伟主编 . -- 西安：西安电子科技大学出版社，2024.3
ISBN 978-7-5606-7210-6

Ⅰ. ①市… Ⅱ. ①赵… ②杜… Ⅲ. ①市场营销学—高等职业教育—教材 Ⅳ. ①F713.50

中国国家版本馆 CIP 数据核字 (2024) 第 045089 号

策　　划　黄薇谚　杨航斌
责任编辑　黄薇谚　孟秋黎
出版发行　西安电子科技大学出版社(西安市太白南路 2 号)
电　　话　(029)88202421　88201467　　邮　　编　710071
网　　址　www.xduph.com　　电子邮箱　xdupfxb001@163.com
经　　销　新华书店
印刷单位　广东虎彩云印刷有限公司
版　　次　2024 年 3 月第 1 版　2024 年 3 月第 1 次印刷
开　　本　787 毫米 × 1092 毫米　1/16　印　张　14.75
字　　数　350 千字
定　　价　47.00 元
ISBN 978-7-5606-7210-6 / F
XDUP 7512001-1

前言

Preface

党的二十大报告指出，要坚持以推动高质量发展为主题，把实施扩大内需战略同深化供给侧结构性改革有机结合起来，增强国内大循环内生动力和可靠性，提升国际循环质量和水平，加快建设现代化经济体系，着力提高全要素生产率，着力提升产业链供应链韧性和安全水平，着力推进城乡融合和区域协调发展，推动经济实现质的有效提升和量的合理增长。

随着教育改革的深入，高职教育应当以习近平新时代中国特色社会主义思想为指导，尽快落实国家教育新理念，并根据社会和市场的发展要求，不断更新教学内容，改进教学方法，开发新型课程，提高教学质量与效果，以适应社会发展对高职教育的要求。

市场营销是研究市场经济发展变化以及发展变化规律的学科，是市场营销专业的基础课程。本书结合高职教育的人才培养目标和学生培养特点，针对高等职业院校学生群体特征，以案例化的编写模式编写，结构清晰，深入浅出。

全书共12章，内容紧紧围绕市场营销的核心理论知识，详细地分析了国内外市场营销的经典案例，具有重点突出、结构简洁、通俗易懂、理论联系实际的特点。每章章末设置了综合练习板块，旨在巩固所学知识，以实训促进理论的应用。

本书将思政元素与案例相结合，以期达到润物细无声的教学效果。此外，本书特意编写了“第七章 数字营销理论及案例”，以满足部分学生拓展知识的需要。

本书特邀余姚三升电器有限公司荣玉全先生担任产业导师，充分体现了校企合作的办学精神。

本书由内蒙古商贸职业学院赵君（负责编写第一章及第五章至第十二章）、杜伟（负责编写第二章至第四章）担任主编，荣玉全（负责编写第七章与第十章的部分内容）参编，多金荣承担全书的审核、统稿、定稿工作。

本书在编写过程中得到许多专家、学者、领导、出版社以及学院同仁的大力支持，在此一并表示感谢。

本书在编写过程中参阅、使用和引证了国内外大量的文献资料，在此谨对其作者、编者表示诚挚的谢意。

限于作者水平，本书难免有不足之处，敬请同行专家和读者斧正。

编　者

2024年1月

目录

Contents

第一章 市场营销概述

市场是场所，是一个聚合体；市场也是生产关系，是一种经营理念；市场还是社会关系，是一种制度体现。市场营销是满足社会需求的一种方式，也是一种研究消费者需求、激发并丰富产品的营销手段。

自 1978 年改革开放到现在，我国经济发展迅速，经济实力和综合国力大大增强，人民生活得到显著改善。这表明，充分利用市场经济能进一步解放社会生产力，更有效地利用和配置资源，取得更为丰硕的发展成果。

在社会市场经济中，经济运行的客观规律最主要的支配者是价值规律。价值规律是指商品和服务的价格随着供求关系的变化而波动。供过于求时，价格下跌，供不应求时，价格上涨。各企业根据市场价格的变动决定和调整自己的生产和经营，从而维系社会生产和社会需求的平衡，这就是价值规律调节社会生产和流通的主要含义。

第一节 市　场

本节主要内容

- 市场的定义
- 市场的内涵
- 市场的类型

一、市场的定义

1. 什么是市场

市场是社会分工和商品经济发展到一定程度的产物。狭义的市场是指买卖双方进行商品交换的场所，如商店、集市、商场、批发站、交易所等。广义的市场是指由那些具有特定需要或欲望，愿意并能够通过交换来满足这种需要或欲望的全部顾客所构成的媒介。

市场由一切有特定需求或欲求，同时也愿意和可能从事交换以使需求和欲望得到满足的现实顾客及潜在顾客所组成。市场是商品经济运行的载体及现实表现。市场的概念示意图如图 1-1 所示。

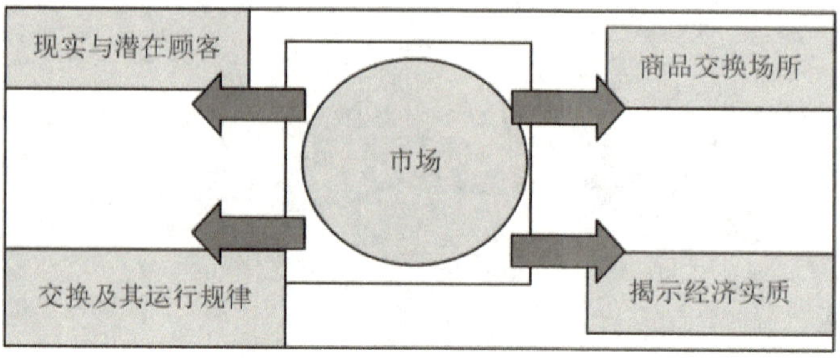

图 1-1　市场概念示意图

2. 市场的内涵

市场是社会分工和商品经济发展的必然产物。劳动分工不仅使人们各自的产品互相成为商品或等价物，还使人们互相成为市场；社会分工越细，商品经济越发达，市场的范围和容量就越扩大。同时，市场在其发育和壮大过程中也推动着社会分工和商品经济的进一步发展。市场通过信息反馈直接影响人们生产的产品种类、产品的数量以及产品的上市时间和销售状况等。此外，市场联结商品经济发展过程中的产、供、销各方，为产、供、销各方提供交换场所、交换时间和其他交换条件，以此实现商品生产者、经营者和消费者各自的经济利益。市场与购买者等要素之间的关系可表示为

市场 = 购买者 + 购买力 + 购买欲望

市场上，各种商品的交换关系，形式上表现为物与物的交换，实质上体现着交换双方当事人之间的经济利益关系，因而反映一定的社会关系。市场上商品交换关系的性质决定着市场的社会性质。在资本主义市场经济条件下，生产资料私有制的性质决定了市场的实现首先是为资本家实现剩余价值，商品运动受剩余价值规律、资本积累规律的驱使，因而决定了市场的资本主义性质。

在社会主义市场经济条件下，生产资料公有制的性质决定了市场上所发生的交换关系是作为公有制主人的广大劳动者之间的平等互助的关系，市场的实现首先是为满足广大人民群众的物质需要和文化生活需要，因而决定了市场的社会主义性质。

二、市场的功能及作用

1. 市场的功能

1) 市场的反馈功能

市场把交换活动中产生的经济信息反馈给交换当事人，称为市场的反馈功能。商品出售者和购买者在市场上进行交换活动的同时，不断输入着有关生产、消费等方面的信息。这些信息经过市场转换，又以新的形式反馈输出。市场信息的形式、内容多种多样，归结起来都是市场上商品供给能力和需求能力的反映，是市场供求变动趋势的预示，其实质反映了社会资源在各部门的配置比例。

市场的反馈功能可以为国家宏观经济决策和企业生产经营决策提供重要依据。一方面，国家可以根据市场商品总量及其结构的信息反馈，判断国民经济各部门之间的比例关系恰当与否，并据此规划和调整社会资源在各部门的分配比例；另一方面，企业也可以根据商

品的市场销售状况的信息反馈，对消费偏好和需求潜力做出判断和预测，从而决定和调整企业的经营方向。

2) 市场的调节功能

市场的调节功能是指市场在其内在机制的作用下，能够自动调节社会经济的运行过程和基本比例关系。市场作为商品经济的运行载体和现实表现，本质上是价值规律发生作用的实现形式。价值规律通过价格、供求、竞争等作用形式转化为经济活动的内在机制。市场机制以价格调节、供求调节、竞争调节等方式，对社会生产、分配、交换、消费的全过程进行自动调节。例如，调节社会资源在各部门、行业、企业间的配置与生产产品总量和种类构成；调节各个市场主体之间的利益分配关系；调节市场商品的供求总量与供求结构；调节社会消费水平、消费结构和消费方式等。在上述调节的基础上，最终达到对社会经济基本比例关系的自动调节。调节功能是市场最主要的具有核心意义的功能。

2. 市场的重要作用

在市场经济条件下，市场作为经济运行的中枢和集中体现，还具有以下重要的作用。

1) 市场是社会资源的主要配置者

资源指社会经济活动中人力、物力、财力的总和。资源配置是指对相对稀缺的资源在各种可能的生产用途之间做出选择，或者说是各种资源在不同使用方向上的分配，以获得最佳效率的过程。合理配置资源，使其得到充分利用，避免不必要的闲置和浪费是任何社会经济活动的中心问题。

资源配置有自然配置、市场配置和计划配置三种方式。其中，市场配置是市场经济中资源配置的主要方式，即各种资源通过市场调节实现组合和再组合，具体表现为，各种资源通过参与市场交换在全社会范围内自由流动，按照市场价格信号反映的供求比例流向最有利的部门和地区。企业作为资源配置的利益主体通过市场竞争实现各项资源要素的最佳组合，在市场机制自动配置组合资源的基础上，推动实现产业结构和产品结构的合理化。

2) 市场是国家对社会经济实行间接管理的中介、手段和直接作用对象

在我国，国家作为全民利益的代表者，担负和行使管理社会经济的职能。但是按照市场经济的内在要求，国家无权直接干预企业的微观经济活动，而只能采取间接调控的方式进行宏观管理。市场作为全社会微观经济活动的场所和总体形式，可以成为连接宏观管理主体与微观经济活动的中介。国家运用各种宏观调控手段，直接调节市场商品供求总量及其结构的平衡关系，并通过市场发出信号，间接引导和调节企业的生产经营方向，从而实现对社会经济活动全面、有效的控制。

3) 市场对企业的生产经营活动具有直接导向作用

在社会主义市场经济体制下，企业的生产经营活动直接取决于市场的调节和导向。市场运用供求、价格等调节机制引导企业的生产方向，企业也根据市场供求信息决定生产什么，生产多少。企业要遵照公平竞争的市场法则积极参与竞争，实现优胜劣汰。在营销活动中，企业同样要依照市场导向制定市场营销战略，选择市场营销组合，以使企业获得最佳市场营销效果。

三、市场形成的因素

市场的主要构成要素有商品要素、微观市场构成要素、宏观市场构成要素。

1. 商品要素

商品既包括有形的物质产品，也包括无形的服务以及各种商品化了的资源要素（如资金、技术、信息、土地、劳动力等）。市场的基本活动是商品交换。商品交换所发生的经济联系也是以商品的购买或售卖为内容的。因此，具备一定量的可供交换的商品是市场存在的物质基础，也是市场的基本构成要素。倘若没有可供交换的商品，市场也就不存在了。

商品不能自己到市场中去与其他商品进行交换，而必须由它的所有者——出卖商品的当事人，即卖方带到市场上进行交换。在市场中，商品所有者把他们的意志（自身的经济利益和经济需要）通过具体的商品交换反映出来。因此卖方或商品所有者就成为向市场提供一定量商品的代表者，并作为市场供求中的供应方成为基本的市场构成要素。

卖方向市场提供一定量的商品后，还须找到既有需求又具备支付能力的购买者，否则，商品交换仍无法完成，市场也就不复存在。因此，以买方为代表的市场需求是决定能否实现商品交换的基本要素。

2. 微观市场构成要素

微观市场构成要素是从企业角度考察的。企业作为某种或某类商品的生产者或经营者，总是具体地面对该商品有购买需求的买方市场。深入了解企业所面临的现实市场状况，从中选择目标市场并确定进入目标市场的营销策略以及进一步寻求潜在市场，是企业开展市场营销活动的前提。因此，就企业而言，更具有直接意义的是微观市场的研究。

微观市场的构成要素包括人口、购买力、购买欲望。

(1) 人口。需求是人的本能，对物质生活资料及精神产品的需求是人类维持生命的基本条件。因此，哪里有人，哪里就有需求，就会形成市场。人口的多少决定着市场容量的大小，人口的状况影响着市场需求的内容和结构。构成市场的人口因素包括总人口数、性别和年龄结构、家庭户数和家庭人口数、民族与宗教信仰、职业和文化程度、地理分布等多种具体因素。

(2) 购买力。购买力是人们支付货币购买商品或劳务的能力。人们的消费需求是通过利用手中的货币购买商品实现的。因此，在人口状况既定的条件下，购买力就成为决定市场容量的重要因素之一。市场的大小直接取决于购买力的高低。一般情况下，购买力受人均国民收入、个人收入、社会集团购买力、平均消费水平、消费结构等因素的影响。

(3) 购买欲望。购买欲望指消费者购买商品的愿望、要求和动机，它是将消费者的潜在购买力变为现实购买力的重要条件。倘若仅具备一定的人口和购买力，而消费者缺乏强烈的购买欲望或动机，商品买卖仍不能发生，市场也无法现实地存在。因此，购买欲望也是市场不可缺少的构成因素。

3. 宏观市场构成要素

宏观市场构成要素是指企业组织市场营销活动的市场环境，包括国家的金融政策、财政支持及行业指导等社会经济活动过程。宏观市场的目的在于求得社会生产与社会需求之间的平衡，满足社会需要，实现社会目标。

四、市场的类型及特征

1. 市场的类型

市场类型的划分是多种多样的，市场的类型可分为以下几类。

(1) 按产品的自然属性划分，可分为商品市场、金融市场、劳动力市场、技术市场、信息市场、房地产市场等。

(2) 按市场范围和地理环境划分，可分为国际市场、国内市场、城市市场、农村市场等。

(3) 按消费者类别划分，可分为中老年市场、青年市场、儿童市场、男性市场、女性市场等。

(4) 按照商品流通的时序，可将市场划分为现货市场和期货市场。

(5) 按照商品流通的顺序，可将市场划分为批发市场和零售市场。

(6) 以购买者购买行为的特点为标准，可以把市场划分为消费品市场和产业市场。其中，消费品市场对其他各类市场具有决定作用，它是一切市场的基础。而一切购买产品和服务并将之用于生产其他产品和劳务，以供销售、出租或供应给他人的组织所构成的市场属于产业市场。

2. 现代市场的主要特征

现代市场主要有以下特征。

(1) 统一的市场。统一的市场不仅使消费者在商品的价格、品种、服务上能有更多的选择，也使企业在购买生产要素和销售产品时有更好的选择。

(2) 开放的市场。一个开放的市场能使企业在更大的范围内和更高的层次上展开竞争与合作，有利于促进经济发展。

(3) 竞争的市场。竞争是指各经济主体为了维护和扩大自己的利益而采取的各种自我保护行为和扩张行为。经营者应努力在产品质量、价格、服务、品种等方面创造优势，提高自身的竞争力。充分的市场竞争会使经济活动充满生机和活力。

(4) 有序的市场。一个有序的市场需要完善由行政执法、行业自律、舆论监督、群众参与组成的市场监管体系。市场有序性不仅能保证平等竞争和公平交易，还能保护生产经营者和消费者的合法权益。

3. 市场的交易原则

1) 自愿原则

自愿原则是市场交易的基本原则。强买强卖、捆绑销售是违反自愿交易原则的。其中，捆绑销售即销售者利用某种商品短缺而硬性强迫消费者购买劣质商品的一种销售行为，是变相的“强卖”。

自愿原则有以下特征。

(1) 交易双方的出发点不同。卖者出售自己的商品但不愿意做亏本的事，希望在交易中能补偿自己的劳动消耗；买者购买商品但不愿意多花钱，希望交易按可以接受的价格成交以满足自己的消费需要。

(2) 交易双方的意愿不同。卖者希望商品卖得快，多赚钱；而买者希望少花钱，购买到更多的商品和服务。

(3) 实行自愿原则是指虽然不同的利益主体的出发点和意愿不同，但任何一桩交易都必须以自愿为原则，交易条件应该为双方所接受，不能使一方屈从于另一方的意愿。

2) 平等原则

平等是市场经济的一般特征，平等原则是市场交易的重要原则。平等原则是指在商品服务市场上，尽管交易双方是以购买者和销售者的不同身份出现的，但他们都是地位平等、机会均等的市场主体。市场经济是一种平等经济，买卖双方在市场上是一种平等竞争、平等交换的关系。任何违反平等交易原则的行为都是对市场秩序的破坏。

平等原则具有以下特征。

(1) 商品是“天生的平等派”，它要求同样的商品卖同样的价钱，实现等价交换。

(2) 为了实现等价交换，市场不管交易双方的身份和地位如何，要求买卖交易双方地位平等、机会均等，是一种平等竞争、平等交换的关系。

(3) 实行平等原则基于交易双方是地位平等、机会均等的市场主体，不存在谁比谁优越或谁对谁恩赐的问题。

(4) 实行平等原则是指每一个市场交易主体，都享有人格尊严得到尊重的权利。

3) 公平原则

公平是市场交易的灵魂，是衡量市场交易活动是否有序、是否规范的试金石。公平的行为指在交易中明码标价、秤平尺准、童叟无欺；而缺斤少两、坑蒙拐骗、黑市交易等现象不仅违反了公平原则，还损害了消费者的利益，甚至侵害消费者的生命。公平的市场交易活动一旦遭到破坏，种种矛盾和纠纷就会不断出现。

公平原则是把消费者作为弱者来保护的。在交易过程中，由于经营者可以利用所拥有的场所、设备和工具为自己谋取不正当的利益，尽管交易过程表面看是“自愿”和“平等”的，实际上是不等价交换，构成了对消费者权益的侵害，造成了不公平的后果。例如一方缺斤短两，一方自愿购买。表面看，这种市场交易活动似乎是自愿和平等的。实际上，消费者是在不知情的情况下购买这种商品的，并不是真正自愿的行为，也不是真正处在平等的地位。即使说消费者自愿购买，但由于消费者的知情权受到侵害，所以这种交易活动也是不公平的。仅有自愿平等的原则并不能保证市场交易具有公平的结果，实行公平原则是实现市场交易规范有序的灵魂。

4) 诚实信用原则

诚实信用是现代市场交易活动的基本精神。

市场上出现的假冒伪劣、掺杂使假、以次充好、非法销售等现象都是违背诚实信用原则的。这种现象的存在对建立正常的市场经济秩序有极大的危害。

在市场交易中不讲诚实信用已不仅仅是销售商品的问题，它将带来严重的后果，绝不可等闲视之。

在商品服务市场上，遵守诚实信用的交易原则不仅是销售者的道德底线，还是消费者的道德底线。

【善学勤思】市场分为几种类型？试举例说明不同类型市场的特点。

【案例 1-1】

股神巴菲特童年的发现

当沃伦·巴菲特还是孩子的时候就对数字情有独钟，他常和伙伴鲍勃·拉塞尔在拉塞尔家的前廊里消磨整个下午。他们观察繁忙的路口，记录来来往往的车辆的车牌号。暮色降临以后，他们就回到屋里，展开《奥马哈世界先驱报》，计算每个字母在上面出现的次数，最后在草稿纸上密密麻麻地写满了变化的数字，仿佛他们找到了“欧式范数”之谜的答案。

沃伦·巴菲特感兴趣的并不只是数字，还有金钱。巴菲特拥有的第一份财产是爱丽丝姑妈在圣诞节时送给他的镀镍钱包，他总是自豪地把它拴在自己的皮带上。在他还只有5岁的时候，沃伦就在家里的过道上摆了一个卖口香糖的小摊，向过往的人兜售。后来，巴菲特开始卖柠檬汁——这回可不是在家门口那条僻静的街上，而是在拉塞尔家前面，那里是繁华的市区。

9岁时，巴菲特和拉塞尔在拉塞尔家对面的加油站中数着从苏打水机器里出来的瓶盖数。这可不是一个无聊的举动，而是一次简单的市场调查，比如橘汁的瓶盖有多少？可乐和无酒精饮料的瓶盖有多少？两个小男孩把这些瓶盖运到货车上，然后把它们储存在沃伦家的地下室里。他们想知道：哪一种品牌销量最大？谁的生意最红火？

当大多数孩子对商业还一无所知时，巴菲特早就从他那做股票经纪人的父亲手里得到了成卷的股票行情机纸带。他把它们铺在地上，用父亲的标准普尔指数来解决这些报价符号。巴菲特还在当地高尔夫球场的草地上寻找用过的但还可以出售的高尔夫球。他也曾来到赛马场，在满是锯末的地板上四处搜寻，把那些被撕破丢弃的存根翻过来，他有时还能发现一些中了奖但又不小心被扔掉的票券。在炎热的夏季里，巴菲特和拉塞尔跑去给富豪们扛高尔夫球棍，然后挣得3美元的报酬。傍晚时分，他们坐在拉塞尔家前廊的滑车上摇来晃去，看到许多刚好开过拉塞尔家门前的车，巴菲特会说：“要是有办法从它们身上赚点儿钱就好了”。

巴菲特最崇拜父亲，也和父亲很亲密。像其他孩子迷上新型飞机一样，巴菲特被股票深深地吸引住了。巴菲特常常在父亲的办公室里目不转睛地盯着那些收藏在印着烫金字专柜里的股票和债券单据。在巴菲特眼里，它们具有某种神奇的诱惑。

回到家里，巴菲特便开始自己动手画股价图，观察它的涨跌态势，由此引发了他想解释这些态势的念头。11岁的时候，巴菲特在每股38美元的价位上，果断买进了3股城市设施优先股股票，还给姐姐多丽丝也买了3股。然而，买进后的城市设施股的股价跌到了27美元。当股价又回升到40美元时，巴菲特抛出股票，扣除佣金之后，他第一次在股市上获得5美元的纯利。结果他的股票出手不久，这只股票的股价升到了200美元。这件事是他因缺乏耐心而受到的第一个教训。

巴菲特在跟踪信息方面做得很出色。受到数学原理的启发，他和拉塞尔开发了一套供跑马者使用的信息系统。几天以后，他们便发现该系统有功效，于是他们在“马仔的选择”的标题下写出自己选出的号码，然后带着一大堆复印件来到跑马场。用拉塞尔的话来说就是：“我们发现自己可以卖出一些。我们四处挥舞着它们，叫喊着‘买份《马仔的选择》’。”可是他们最后因为没有执照，所以生意很快就被迫停止了。

巴菲特的业绩都是建立在数字基础上的，他对数字的信任超过一切。童年的巴菲特曾坐在玫瑰山小学的太平梯上，平静地对他的好友们说，他将在35岁以前发财。他从来没表现出自吹自擂、头脑发胀的迹象，他自己对此深信不疑。

【案例思考】

(1) 巴菲特寻找到哪几个市场？

(2) 巴菲特找到的市场属于哪类？

第二节　市 场 营 销

本节主要内容

- 市场营销的定义
- 市场营销的相关概念
- 市场营销的管理理念
- 市场营销的内涵
- 市场营销的范围

一、市场营销的定义

市场营销是指在变化的市场环境中，企业或其他组织以满足消费者需要为中心进行的系列营销活动，包括市场调研、选择目标市场、产品市场、产品定价、渠道选择、产品促销、产品储存、产品运输和销售、提供服务等一系列与市场有关的企业经营活动。市场营销具有三重含义：

(1) 将市场营销看作是一种为消费者服务的理论；

(2) 强调市场营销是对社会现象的一种认识；

(3) 认为市场营销是通过销售渠道把生产企业同市场联系起来的过程。

菲利普·科特勒是现代营销集大成者，被誉为现代营销学之父，他将市场营销定义为：市场营销是个人和群体通过创造并同他人交换产品和价值以满足需求和欲望的一种社会和管理过程。

市场营销具有普遍性，主要体现在以下两个方面。

(1) 商品经济下，交换是满足需要的最基本也最普遍的方法，不论个人或组织都需要通过交换来满足自己的需要和欲望。

(2) 凡是需要同别人进行交换活动的组织和个人，如果处于竞争环境当中，就需要从交换对方的利益、观点和立场来考虑问题，为参加交换的对方创造、准备好交换条件，并成功吸引对方与自己进行交换。

二、市场营销的相关概念

市场营销的相关概念包含需要、欲望和需求，产品、商品、服务、创意，价值、成本和满意，交换和交易，关系和网络，市场以及营销者与顾客，如图 1-2 所示，具体如下。

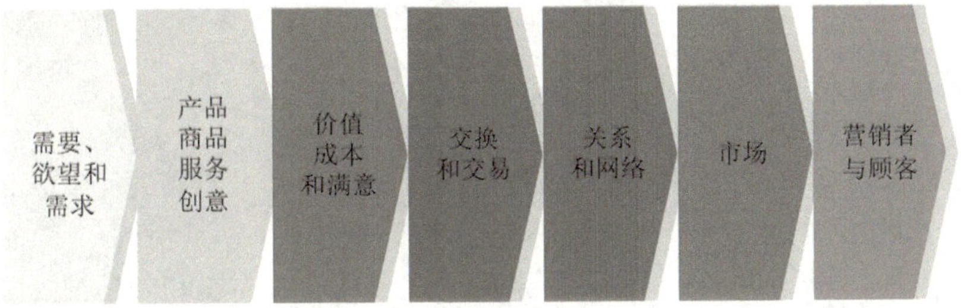

图 1-2　市场营销相关概念

1. 需要、欲望和需求

需求就是人们有能力购买并愿意购买某个产品的欲望，实际上也就是对某个特定产品及服务的市场需求。市场营销者总是通过各种营销手段影响需求，并根据需求的预测结果决定是否进入某一产品（或者服务）市场。

简单说，“有市场就有需求”这句话只是表达每个产品的市场需求会有不同，但是不代表“有需求就有市场”。

营销的基石是人类的需要，所谓需要是指人们因为缺乏某种事物而没有得到某种满足时的心理状态。这些需要不是营销人员创造的，而是人们所固有的。

欲望是指想得到某种具体的东西以满足或部分满足某种需要的愿望。它受社会文化和人们个性的限制，是由满足需要的东西表现出来的。

需求是指对有能力购买并且愿意购买的某个具体产品的欲望，当具有购买能力，并且考虑到支付能力的时候，欲望就转变为需求。

显然，有效需求是由 3 个要素构成的，可表示为

有效需求 = 购买欲望 + 购买力 + 产品（服务）

2. 产品、商品、服务、创意

产品和商品并不会进行很刻意的区分，商品和产品的唯一区别是：商品是用于交换的劳动产品。能否交换是商品和产品的唯一区别，产品主要是用于使用，而商品则是为了使用而进行交换，某种意义上讲产品的定义可能比商品的要广泛些。

服务通常是无形的，并且是在供方和顾客接触面上至少需要完成一项活动的结果。

服务的提供可涉及众多方面，例如，在顾客提供的有形产品（如维修的汽车）上所完

成的活动；在顾客提供的无形产品（如为准备税款申报书所需的收益表）上所完成的活动；无形产品的交付（如知识传授方面的信息提供）；为顾客提供场地和服务（如在宾馆和饭店）。

创意是对传统的叛逆；是打破常规的哲学；是一种智能拓展；是一种文化底蕴；是一种闪光的震撼；是超越自我，超越常规的导引；是智能产业神奇组合的经济魔方；是深度情感与理性的思考与实践；是思维碰撞、智慧对接；是创造性的系统工程；是投资未来、创造未来的过程。简而言之，创意就是具有新颖性和创造性的想法。

创意产业自英国首倡，其后许多国家和地区也纷纷提出相关概念，创意产业主要包括版权产业、文化产业、休闲产业、体验经济、注意力经济等概念。世界上的主要国家和地区对创意产业的理解分为三种：以美国为代表的“版权型”，以英国为代表的“创意型”，以中、韩为代表的“文化型”。

3. 价值、成本和满意

成本是商品经济的价值范畴，是商品价值的组成部分。人们要进行生产经营活动或达到一定的目的，就必须耗费一定的资源（人力、物力和财力），其所费资源的货币表现及其对象化称为成本。随着商品经济的不断发展，成本概念的内涵和外延都处于不断地变化发展之中。

市场营销中的成本是你为拥有某种事实而付出的经济资源。

马克思政治经济学的观点认为，“价值”就是凝结在商品中无差别的人类劳动，即产品价值。

凝结在商品中的无差别的人类劳动或抽象的人类劳动，是商品的基本因素之一。具有不同使用价值的商品之所以能按一定比例相交换，是因为它们之间存在着某种共同的、可以比较的东西。这种共同的、可以比较的东西就是商品生产中的无差别的人类抽象劳动。

价值是你已拥有某种事实所能得到的，价值可能因外在情况而发生很大变化。

4. 交换和交易

1) 交换

市场有了需求，企业将产品生产出来，这一现象还不能称为市场营销，产品只有通过交换才能使市场营销产生。人们通过自给自足、自我生产，或通过偷抢、乞求等方式获得产品都不属于市场营销，只有通过等价交换，买卖双方彼此获得所需的产品，才能产生市场营销。可见，交换是市场营销的核心概念。

2) 交易

交易是指买卖双方价值的交换，它是一个过程，而不是一种事件。如果双方正在洽谈并逐渐达成协议，称为在交换中。如果双方通过谈判并达成协议，交易便发生。交易是交换的基本组成部分，它是以货币为媒介的；而交换不一定以货币为媒介，它可以是物物交换。

交易涉及几个方面，即两件有价值的物品，双方同意的条件、时间、地点，以及维护和迫使交易双方执行承诺的法律制度。

5. 关系和网络

1) 关系

交易营销是关系营销大观念中的一部分。精明能干的市场营销者都会重视同顾客、分销商等并与其建立长期、信任和互利的关系。而这些关系要靠不断承诺以及为对方提供高质量的产品、良好的服务及公平的价格来实现，还有靠双方加强经济、技术及社会联系来实现。关系营销可以减少交易的费用和时间，最好的交易是使协商成为惯例化。

2) 网络

处理好企业同顾客关系的最终结果是建立起市场营销网络。市场营销网络是由企业同市场营销中介人建立起的牢固的业务关系。

市场营销的相关概念是市场营销人必须掌握和经常应用的营销基本用语，是市场营销的基本内容，也是市场营销工作中要解决的重要内容。

市场营销理念是企业营销活动的指导思想，是有效实现市场营销功能的基本条件。市场营销理念贯穿于营销活动的全过程，并制约着企业的营销目标和原则，它是实现营销目标的基本策略和手段。市场营销理念的正确与否直接关系到企业营销活动的质量及其成效。

三、市场营销管理理念

市场营销管理理念经历了六个阶段，分别是生产理念、产品理念、推销理念、市场营销理念、社会营销理念、大市场营销理念。

1. 生产理念

生产理念盛行于 19 世纪末 20 世纪初。该理念认为，消费者喜欢那些可以随处买到的、价格低廉的商品，企业应当组织和利用所有资源，集中一切力量提高生产效率和扩大分销范围，增加产量，降低成本。显然，生产观念是一种“重生产，轻营销”的指导思想，其典型表现就是“我们生产什么，就卖什么”。以生产观念指导营销活动的企业，称为生产导向企业。

2. 产品理念

产品理念是与生产理念并存的一种市场营销理念，都是“重生产，轻营销”。产品理念认为，消费者喜欢高质量、多功能和具有某些特色的产品。因此，企业管理的重心是致力于生产优质的产品，并不断精益求精，日益完善。在这种观念的指导下，公司经理人常常迷恋自己的产品，以至于没有意识到产品可能并不迎合时尚，甚至不能清晰地认识到市场正朝着不同的方向发展。他们在设计产品时只依赖工程技术人员而极少让消费者介入。

3. 推销理念

推销理念产生于资本主义经济由“卖方市场”向“买方市场”的过渡阶段，盛行于 20 世纪 30～40 年代。推销理念认为，消费者通常有一种购买惰性或抗衡心理，若听其自然，消费者就不会自觉地购买大量本企业的产品，因此企业管理的中心任务是积极推销和大力促销，以诱导消费者购买产品。其具体表现是“我卖什么，就设法让人们买什么”。执行推销理念的企业称为推销导向企业。在推销观念的指导下，企业相信产品是“卖出去的”，而不是“被买去的”。他们致力于产品的推广和广告活动，以求说服甚至强制消费者购买。他们搜罗了大批推销专家，做大量广告，对消费者进行无孔不入的促销信息“轰炸”。如美国皮尔斯堡面粉公司的口号由原来的“本公司旨在制造面粉”改为“本公司旨在推销面粉”，并第一次在公司内部成立了市场调研部门，派出大量的推销人员从事推销活动。

但是，推销观念与前两种观念一样，它也是建立在以企业为中心的“以产定销”，而不是满足消费者真正需要的基础上。因此，前三种理念被称为“市场营销的旧理念”。

4. 市场营销理念

市场营销理念是以消费者的需要和欲望为导向的经营哲学，是消费者主权论的体现，形成于 20 世纪 50 年代。该理念认为，实现企业诸目标的关键在于正确确定目标市场的需要和欲望，一切以消费者为中心，并且比竞争对手更有效地传送目标市场所期望满足的产品。

市场营销理念的产生是市场营销哲学的一种质的飞跃和革命，它不仅改变了传统的旧观念的逻辑思维方式，而且在经营策略和方法上也有很大突破。它要求企业营销管理贯彻“顾客至上”的原则，将管理重心放在善于发现和了解目标顾客的需要，并千方百计去满足顾客，从而实现企业目标。因此，企业在决定其生产经营时，必须进行市场调研，根据市场需求及企业本身条件选择目标市场，组织生产经营，最大限度地提高顾客满意程度。

5. 社会营销理念

社会营销理念是以社会长远利益为中心的市场营销理念，是对市场营销理念的补充和修正。

从 20 世纪 70 年代起，随着全球环境破坏、资源短缺、人口爆炸、通货膨胀和忽视社会服务等问题日益严重，要求企业顾及消费者整体利益与长远利益的呼声越来越高。在西方市场营销学界提出了一系列新的理念，如人类理念、理智消费理念、生态准则理念等。其共同点都是认为，企业生产经营不仅要考虑消费者需要，而且要考虑消费者和整个社会的长远利益。这类观念统称为社会营销理念。

社会营销理念的基本核心是，以实现消费者满意以及消费者和社会公众的长期福利作为企业的根本目的与责任。理想的营销决策应同时考虑到消费者的需求与愿望的满足、消费者和社会的长远利益、企业的营销效益。

创新是企业成功的关键，企业经营的最佳策略就是抢在别人之前淘汰自己的产品，这是把创新理论运用到市场营销中的新做法。要做到营销观念的创新、营销产品的创新、营销组织的创新和营销技术的创新，市场营销人员就必须随时保持思维模式的弹性，让自己成为“新思维的开创者”。

6. 大市场营销

大市场营销是对传统市场营销组合战略的不断发展。该理论由美国营销学家菲利浦·科特勒提出，他指出，企业为了进入特定的市场，并在那里从事业务经营，在策略上协调地运用经济、心理、政治、公共关系等手段，以博得外国或地方各方面的合作与支持，从而达到预期的目的。

市场营销理念是企业营销活动的指导思想，是有效实现市场营销功能的基本条件。营销观念贯穿于营销活动的全过程，并制约着企业的营销目标和原则，是实现营销目标的基本策略和手段。市场营销理念的正确与否直接关系到企业营销活动的质量及其成效。

【善学勤思】市场营销理念经历了几个阶段？分别是什么阶段？

四、市场营销的内涵

美国营销学之父菲利普·科特勒认为，“营销最重要的内容并非是推销，推销只不过是营销冰山上的顶点，如果营销者把认识消费者的各种需求，开发适合的产品，以及订价，分销和促销等工作做得很好，这些产品就会很容易地销售出去。”

著名管理学家彼得·德鲁克曾经指出，“可以设想，某些推销工作是需要的，然而营销的目的就是要使推销成为多余，营销的目的在于深刻地认识和了解顾客，从而使产品或服务完全地适合顾客的需要而形成产品自我销售，理想的营销会产生一个已经准备来购买的顾客，剩下的事就是如何便于顾客得到产品或服务。”

营销工作早在产品制成之前就开始了。企业营销部门首先要确定哪里有市场，市场规模如何，有哪些细分市场，消费者的偏好和购买习惯如何。营销部门必须把市场的需求情况反馈给研究开发部门，让研究开发部门设计出适应该目标市场的最好的可能产品。营销部门还必须为产品走向市场而设计定价，以及分销、促销计划，让消费者了解企业的产品，方便地购买到产品。在产品售出后，营销部门还要考虑提供必要的服务，让消费者满意。所以说，营销不是企业经营活动的某一方面，它始于产品生产之前，并一直延续到产品售出以后，贯穿企业经营活动的全过程。

尽管以上有关市场营销的内涵不完全相同，但可以归纳出以下几点：

(1) 市场营销是一个综合的经营管理过程，贯穿企业经营活动的全过程。市场营销以整体性的经营手段来适应和影响需求。

(2) 市场营销是以满足顾客需要为中心来组织企业经营活动，通过满足需求而达到企业获利和发展的目标。

(3) 市场营销是管理，其管理能力的高低以最终能否形成行业最低成本为标志。产品的综合成本是一个企业管理水平高低的最终判断标准。

(4) 市场营销是实现利润的最大化。企业内部管理所形成的成本优势在产品还没有卖出去以前，只是潜在而非现实的利润，通过营销优势才能最终转化成现实利润。

(5) 市场营销是新产品、新技术的积极采用。如果企业在管理能力、营销能力方面与竞争对手实力相同时，那么企业最后的竞争优势就要由产品、技术创新能力决定。

(6) 市场营销是企业形成竞争优势的能力组合。

总之，市场营销是广告，是销售促进和公共宣传，是微笑和友好的气氛；营销是细分

和创新市场定位，营销的本质是建立人与人的关系

五、市场营销范围

市场营销范围可分为以下几种类型：

(1) 从有形商品到无形服务；

(2) 从策划过程到新闻事件；

(3) 从楼堂馆所、政府机关到个人信誉需要；

(4) 从慈善事业到组织机构；

(5) 从信息发布到观念开发都是市场营销的范围。

市场营销范围广泛，内容繁多，无论是营利组织、非营利组织、院校机构、政府机关还是慈善组织或个人，都需要营销来推广策划。发展市场经济需要分门别类的营销组织、营销策划，市场营销的范围及营销观念深入整个社会。

(1) 商品 (Goods) 是市场营销的主要内容；

(2) 服务 (Service) 是未来市场营销发展的主流方向；

(3) 过程 (Experiences) 是微观市场营销的功能体现；

(4) 事件 (Events) 是特色市场营销的策划主体；

(5) 个人 (Persons) 营销是社会发展需要；

(6) 地点 (Places) 是文化创意产业市场的主要对象；

(7) 财产权 (Properties) 资本市场营销的主要载体；

(8) 组织 (Organizations) 是市场营销应用的主要内容；

(9) 信息 (Information) 是现代化市场营销的重要组成部分；

(10) 观念 (Ideas) 营销可改变思想，改变生活方式，改变习惯。

【善学勤思】市场营销研究的对象是什么？试举例说明。

【案例 1-2】

营销大师菲利普·科特勒

作为现代营销学之父，菲利普·科特勒具有芝加哥大学经济学硕士和麻省理工学院的经济学博士、哈佛大学博士后及苏黎世大学等其他8所大学的荣誉博士学位。同时，他也是许多国际大公司在营销战略和计划、营销组织、整合营销上的顾问。这些企业包括IBM、通用电气 (General Electric)、AT&T、默克 (Merck)、霍尼韦尔 (Honeywell)、美洲银行 (Bank of America)、北欧航空 (SAS Airline)、米其林 (Michelin)、环球市场集团 (GMC) 等。此外，他还曾担任美国管理学院主席、美国营销协会董事长和项目主席以及彼得·德鲁克基金会顾问。他还是将近二十本著作的作者，为《哈佛商业评论》《加州管理杂志》《管理科学》等一流杂志撰写了100多篇论文。

菲利普·科特勒晚年的事业重点在中国，他每年来华六七次，为平安保险、TCL、创维、中国网通等公司作咨询。他的理论深受全世界总裁和营销、经济、管理、教育

等各界人士推崇，他的演讲场面震撼，座无虚席。菲利普·科特勒本人非常重视中国市场的研究。他认为，中国充满机会。1999 年底，有着近 30 年历史的科特勒咨询集团 (KMG) 在中国设立了分部，为中国企业提供企业战略、营销战略和业绩提升咨询服务。2011 年 3 月，GMC 制造商联盟正式邀请菲利普·科特勒来华巡讲，得到菲利普·科特勒的热情回应，“中国 GMC 总裁论坛菲利普·科特勒专场”已于 2011 年 6 月初在中国广州、杭州、宁波举办，现场座无虚席，吸引了大量媒体。

第三节　市场营销理论的发展演变

本节主要内容

- 营销元素的内涵
- 营销组合、营销元素发展的演变
- 市场营销组合的特点
- 市场营销的原理
- 市场营销的管理

市场营销理论的发展演变大致经历了“4P”理论、“6P”理论、“7P”理论、“4C”理论几个阶段。其中，占主导地位的是“4P”理论。下面将对各理论进行详细讲解。

一、营销元素的内涵

1.“4P”理论

一般来讲，市场营销包括 4 个要素，又称为“4P”理论，“4P”理论包括产品 (Product)、价格 (Price)、渠道 (Place)、促销 (Promotion)。

1) 产品

产品策略指企业制定经营战略时，首先要明确企业提供什么样的产品和服务去满足消费者的要求。产品是市场营销组合策略的基础，从一定意义上讲，企业成功与发展的关键在于产品满足消费者的需求程度以及产品策略的正确性。企业的一切生产经营活动都是围绕产品进行的，即通过及时、有效地提供消费者所需要的产品来实现企业的发展目标。企业生产什么产品？为谁生产产品？生产多少产品？这不仅是经济学的必答题，也是企业产品策略必答题。企业如何开发满足消费者需求的产品，并将产品迅速、有效地传送到消费者手中，这一过程构成了企业营销活动的主体。产品是在市场上能够引起消费者注意并取得的一切因素的总和。产品包括产品形态、产品实质和产品服务，具体如下。

(1) 产品的形态包括产品的品种、质地、用途、样式、商标、包装等。

(2) 产品的实质包括产品的精度、效能、方便性等，即产品让消费者有时间消费，少消费时间。

(3) 产品的服务有服务的产品与没有服务产品是两种不同产品，顾客买的不是产品而是产品的用途。

2) 价格

价格策略是指企业通过对顾客需求的估量和成本分析，选择一种能吸引顾客、实现市场营销组合的策略。价格策略是根据购买者各自不同的支付能力和效用情况，结合产品进行定价，从而实现最大利润的定价办法。价格策略是一个比较近代的观念，诞生于 19 世纪末大规模零售业的发展阶段。在历史上，多数情况下，价格是买者做出选择的主要决定因素；不过在最近的十年里，在买者选择行为中非价格因素已经相对地变得更重要了。但是，价格仍是决定公司市场份额和盈利率的最重要因素之一。在营销组合中，价格是唯一能产生收入的因素，其他因素表现为成本。物流企业的成本比较复杂，包括运输、包装、仓储等方面。所以价格策略的确定一定要以科学规律的研究为依据，以实践经验判断为手段，在维护生产者和消费者双方经济利益的前提下，以消费者可以接受的水平为基准，根据市场变化情况，灵活反应，客观买卖双方进行共同决策。

企业制定价格时，要考虑定价目标、确定需求、估计成本、选择定价方法、选定最终价格等因素。

3) 渠道

渠道策略是整个营销系统的重要组成部分，它对降低企业成本和提高企业竞争力具有重要意义，是规划中的重中之重，对降低企业成本和提高企业竞争力具有重要意义。随着市场发展进入新阶段，企业的营销渠道不断发生新的变革，旧的渠道模式已不能适应形势的变化，包括渠道的拓展方向、分销网络建设和管理、区域市场的管理、营销渠道自控力和辐射力的要求等。

营销渠道策略指企业为了使其产品进入目标市场所进行的路径选择活动，它关系到企业在什么地点、什么时间、由什么组织向消费者提供商品和劳务。企业应选择经济、合理的分销渠道，把商品送到目标市场。分销渠道因素包括渠道的长短、宽窄决策，中间商的选择以及分销渠道的分析评价和变革等。

4) 促销

促销策略是市场营销组合的基本策略之一。促销策略是指企业通过人员推销、广告、公共关系和营业推广等各种促销方式，向消费者或用户传递产品信息，引起他们的注意和兴趣，激发他们的购买欲望和购买行为，以达到扩大销售的目的。企业将合适的产品在适当地点以适当的价格出售的信息传递到目标市场，一般是通过两种方式进行推销：一是人员推销，即推销员和顾客面对面地进行推销；另一种是非人员推销，即通过大众传播媒介在同一时间向大量消费者传递信息，主要包括广告、公共关系和营销推广等多种方式。这两种推销方式各有利弊，相互补充。此外，目录、通告、赠品、店标、陈列、示范、展销等也都属于促销策略范围。一个好的促销策略往往能起到多方面的作用，如提供信息情况，及时引导采购，激发购买欲望，扩大产品需求，突出产品特点，建立产品形象，维持市场份额，巩固市场地位等。

2. 营销元素发展变革

1) “6P” 理论

大市场营销理论简称为“6P”理论，它是“4P”与“2P”的组合，其中“2P”指权力 (Political Power) 与公共关系 (Public Relations)。“权力”指大市场营销者为了进入某一市场并开展经营活动，必须能经常得到具有影响力的企业高级职员、立法部门和政府部门的支持。如果权力是一个“推”的策略，那么公共关系则是一个“拉”的策略。舆论需要较长时间的努力才能起作用，然而，一旦舆论的力量增强了，它就能帮助公司去占领市场。

大市场营销 (Mega Marketing) 具体是指为了成功地进入特定市场，并在那里从事业务经营，在战略上协调使用经济的、心理的、政治的和公共关系等手段，以获得各有关方面如经销商、供应商、消费者、市场营销研究机构、有关政府人员、各利益集团及宣传媒介等合作及支持。虽然大市场营销是在传统市场营销组合战略和一般市场营销基础上进行的深化与发展，但大市场营销具有与一般市场营销不同的特点和作用。

2) “7P” 理论

“7P”理论是美国服务营销学家布姆斯和比特纳在原有的“4P”(产品、价格、促销、渠道)理论中加上人员、服务过程、物质环境等要素的新理论，具体如下。

(1) 人员 (People)。所有的人都直接或间接地被卷入某种服务的消费过程中，这是“7P”理论很重要的一个观点。知识工作者、白领雇员、管理人员以及其他消费者将额外的价值增加到了社会总产品或服务的供给中，这部分价值往往非常显著。

(2) 服务过程 (Process)。服务通过一定的程序、机制以及活动得以实现的过程(亦指消费者的管理流程)，是市场营销战略的一个关键要素。

(3) 物质环境 (Physical Environment)。物质环境包括服务供给得以顺利传送的服务环境，有形商品承载和表达服务的能力，当前消费者的无形消费体验以及向潜在顾客传递消费满足感的能力。

3) “4C” 理论

“4C”理论是美国市场营销专家劳特朋 (Robert F. Lauterborn) 于 20 世纪 90 年代提出的。它以消费者需求为导向，重新设定了市场营销组合的四个基本要素，即顾客 (Customer)、成本 (Cost)、便利 (Convenience) 和沟通 (Communication)。它强调企业首先应该把追求顾客满意放在第一位，其次是努力降低顾客的购买成本，然后要充分注意到顾客购买过程中的便利性，而不是从企业的角度来决定销售渠道策略，最后还应以消费者为中心实施有效的营销沟通，具体如下。

(1) 顾客。顾客主要指顾客的需求。企业必须首先了解和研究顾客，根据顾客的需求来提供产品。同时，企业提供的不仅仅是产品和服务，更重要的是由此产生的客户价值 (Customer Value)。零售企业直接面向顾客，因而更应该考虑顾客的需求和欲望，建立以顾客为中心的零售观念，将“以顾客为中心”作为一条红线，贯穿于市场营销活动的整个过程。零售企业应站在顾客的立场上，帮助顾客组织挑选商品货源；按照顾客的需要及购买行为的要求组织商品销售；研究顾客的购买行为，为顾客提供优质的服务，以便更好地满足顾客的需要。

(2) 成本。成本不单是企业的生产成本，还包括顾客的购买成本，同时也意味着产品定价的理想情况应该是既低于顾客的心理价格又能让企业有所盈利。

顾客在购买某一商品时，除耗费一定的资金外，还要耗费一定的时间、精力和体力，这些构成了顾客总成本。所以，顾客总成本包括货币成本、时间成本、精神成本和体力成本等。由于顾客在购买商品时，总希望把有关成本降到最低限度，以使自己得到最大限度的满足。因此，零售企业必须考虑顾客为满足需求而愿意支付的“顾客总成本”，并努力降低顾客购买的总成本。

(3) 便利。便利是指为顾客提供最大的购物便利和使用便利。“4C”理论强调企业在制订分销策略时，要更多地考虑顾客的方便，而不是企业自己方便。企业要通过好的售前、售中和售后服务来让顾客在购物的同时，也享受到便利。便利是客户价值不可或缺的一部分。如何最大程度地方便消费者是目前处于过度竞争状况的零售企业应该认真思考的问题。

如上所述，零售企业在选择地理位置时，应考虑地区抉择、区域抉择、地点抉择等因素，尤其应考虑“消费者的易接近性”这一因素，使消费者容易达到商店。即使是远程的消费者，也能通过便利的交通接近商店。同时，在商店的设计和布局上要考虑方便消费者进出、上下，方便消费者参观、浏览、挑选、付款、结算等。

(4) 沟通。沟通被用以取代“4P”理论中对应的 Promotion(促销)。“4C”理论认为，企业应通过与顾客进行积极有效的双向沟通，建立基于共同利益的新型企业 / 顾客关系。沟通不再是企业单向地促销和劝导顾客，而是在双方的沟通中找到能同时实现各自目标的途径。零售企业为了创立竞争优势，必须不断地与消费者沟通。与消费者沟通的内容包括向消费者提供有关商店地点、商品、服务、价格等方面的信息；影响消费者的态度与偏好，说服消费者光顾商店、购买商品；在消费者的心目中树立良好的企业形象等。

在当今竞争激烈的零售市场环境中，零售企业的管理者应该认识到，与消费者沟通比选择适当的商品、价格、地点、促销更为重要，更有利于企业的长期发展。

3. 市场营销组合的特点

1) 可控性

市场营销组合各因素对企业来讲都是“可控制因素”。就是说，企业可以根据市场的需要，选择生产经营的产品结构，制定产品的价格，选择分销渠道和促销方式等，企业对这些营销手段的运用和搭配有自主权。但是这种自主性是相对的，是不能随心所欲的，因为企业营销过程中不但要受本身资源和目标的制约，还要受各种微观和宏观环境因素的影响和制约，这些是企业不可控的变量，即“不可控因素”。因此，营销管理者的任务就是在综合运用营销组合策略时，既要善于利用各种可控因素，又要灵活地适应外部环境的变化。这样才能在市场上争得主动。也就是说，企业在制定营销组合时，必须以深入细致的市场调研为基础，充分掌握市场环境变化态势及目标市场的需求特点，只有根据市场环境变化和目标市场需要制定的营销组合，才是最优组合。

2) 动态性

市场营销组合是一个动态组合。每一个组合因素都是不断变化的，是一个变数。同时，每一个组合又是相互影响的，每一个因素都是另一个因素的潜在替代者。四个大的营销因素各自又包含着若干小的变数，每一个变数的变动都会引起营销组合的变化，形成一个新的组合。因此，在环境千变万化、需求瞬息万变的市场上，企业若想适应市场环境和消费需求的变化，就必须及时调整营销组合的结构和策略，使营销组合与市场环境保持一种动态的适应关系。“动”是绝对的，“不动”是相对的，在动中才能求生存、求发展。

3) 复合性

市场营销组合是一个复合系统，具有复合性。四个大营销因素（即“4P”）中又各自包含若干小的因素，形成各个亚组合。因此，市场营销组合是至少包含两个层次的复合系统。企业在确定营销组合时，不仅应求得四个大因素之间的最佳搭配，而且要安排好每个大因素内部的搭配，使所有因素达到灵活运用和有效组合的效果。

首先是四大因素的整体组合。假设企业根据目标市场的需要设计生产一种质量上乘的产品，那么，产品的价格必须与产品的质量相一致，分销渠道也必须与产品品质相一致，促销活动必须与产品品质、价格和分销渠道相一致。四个因素密切配合起来才能形成整体策略。

其次是各个大因素内部的组合。以促销为例，企业要根据整体组合的目标和要求对广告、人员推销、公共关系、营业推广等因素进行选择配置，使这些因素相互配合，形成促销组合，实现整体组合的目标和要求。如此类推，还要对促销组合的各个因素进行更深层次的组合，使企业各层次、各环节的营销因素都协调配合，共同为实现企业营销目标发挥作用。

4) 整体性

市场营销组合是企业根据营销目标制定的整体营销策略，它要求企业市场营销的相关因素协调配合，一致行动，发挥整体功能。因为各因素独立发挥作用时，难免缺乏整体的协调，有些功能就会相互抵消或效果不明显。而在组合条件下，各个因素相互补充，协调配合，目标统一，其整体功能必然大于局部功能之和。因此，企业在制定营销组合时，应追求整体最优，而不能要求各个因素最优。各个亚组合也必须服从整体组合的目标和要求，维护营销组合的整体性，充分发挥营销组合系统的整体效用。

【善学勤思】营销元素是可控的还是不可控的？试举例说明。

4. 市场营销的三大原理

市场营销的三大原理包括顾客价值原理、竞争优势理论和集中优势原理。

1) 顾客价值原理

顾客价值原理（需求导向）是指顾客所能感知到的价值回报与其在获取产品或服务中所付出的成本进行权衡后，对产品或服务效用的整体评价。

2) 竞争优势理论

竞争优势理论（竞争导向）包括四种本国决定因素 (country specific determinants) 和两种外部力量。四种本国决定因素包括要素条件、需求条件、相关及支持产业、公司的战略。

两种外部力量是随机事件和政府。

3) 集中优势原理

集中优势原理(成本导向)是对企业资源的耗费和使用进行预算和控制的理论、程序和方法的总称。

20世纪90年代，美国的菲力普·科特勒教授以PENCILS(铅笔)的比喻，形象地提出了营销公关所涉及的七个领域。

(1) P(Publication)——出版物，在产品广告实施前构造市场氛围；

(2) E(Event)——事件，利用广告制造新闻；

(3) N(News)——新闻，为顾客提供新的超值服务计划；

(4) C(Community Relation)——社区关系，构筑产品与顾客之间的有效通道；

(5) I(Identify Media)——确定媒体，控制消费倾向倡导者意见；

(6) L(Lobby)——游说，借用公益团体的社会影响力；

(7) S(Social cause Marketing)——社会理念营销，实现社会大市场营销理念。

5. 市场营销管理

1) 需求与欲望

(1) 潜在需求的开发。潜在需求分两类：第一类是某些服务或产品从根本上说对消费者是有益的，但存在一定的副作用，消费者由于过多地看到其副作用或未掌握其使用方法而产生否定需求；第二类是某些服务或产品对消费者有益而基本无害，但消费者由于偏见而产生否定需求。

(2) 实现欲望。转换性营销的任务有三种，分别为宣传产品的利益，普及产品知识和使用方法，消除偏见。

2) 需求发展性营销与再生性营销

潜在需求是指消费者对目前尚未实际存在的产品或服务有强烈的需求。与潜在需求相对应的是需求发展性营销。

再生性营销是指对于不可逆转的退却需求应转移市场，即开发新市场来增加需求；对于由于新产品出现而暂时出现退却需求的产品可通过找出原产品的优越性和新用途而赋予其再生的活力；对由于消费习惯和消费风潮暂时改变而出现的退却需求可通过说明原产品优点或不可替代性来逆转局势。

3) 其他需求

其他需求包括不规则需求与同步性营销、对应性同步性营销。

(1) 不规则需求与同步性营销。不规则需求是指需求水平就平均来说达到预期水平，但需求与供应在时间上存在差异，供不应求与供过于求的现象交替发生。同步性营销也称协调性营销，是指面对由于季节、时点等因素的变化造成的某些产品或服务需求波动时企业的营销对策。同步性营销的任务是通过运用灵活的价格策略、推销方法和各种刺激手段，来引导和改变消费者的需求习惯和方式，达到减少需求大幅度波动的目的。

(2) 对应同步性营销。对应同步性营销包含充分需求与维持性营销、有害需求与反向营销。

总之，市场需求是指一定的顾客在一定的地区、一定的时间、一定的市场营销环境和一定的市场营销计划下对某种商品或服务愿意而且能够购买的数量。可见市场需求是消费者需求的总和。

【案例 1-3】见二维码

【案例 1-3】

综 合 练 习

一、选择题

（一）单选题

1. 市场是指由一切具有特定的欲望和需求并且愿意和能够以（　　）来满足此欲望和需求的潜在顾客构成。

A. 交换　　B. 乞求

C. 生产　　D. 掠夺

2. 在市场营销学中，一切具有特定的欲望和需求并且愿意和能够以交换来满足此欲望和需求的潜在顾客构成了（　　）。

A. 客户群　　B. 市场

C. 客户　　D. 目标市场

3. 按照商品流通的顺序可将市场划分为（　　）。

A. 一般商品市场和特殊商品市场　　B. 现货市场和期货市场

C. 批发市场和零售市场　　D. 消费者市场和组织市场

4. 把市场划分为现货市场和期货市场的标准是（　　）。

A. 商品流通顺序　　B. 商品流通地域

C. 商品流通时间　　D. 商品流通属性

5. 按照（　　）可以把市场划分为批发市场和零售市场。

A. 商品流通时序　　B. 商品流通时间

C. 商品流通顺序　　D. 商品流通次序

6. 以（　　）为标准可以把市场划分为消费者市场和组织市场。

A. 商品属性　　B. 购买者购买行为的特点

C. 商品流通的时序　　D. 商品流通的地域

7. 作为一切市场的基础，（　　）对其他各类市场具有决定作用。

A. 产业市场　　B. 中间商市场

C. 零售市场　　D. 消费品市场

8. 一切购买产品和服务并将之用于生产其他产品和劳务，以供销售、出租或供应给他人的组织所构成的市场属于（　　）。

A. 消费者市场　　B. 产业市场

C. 中间商市场　　　　　　　　D. 非营利组织市场

9. 组织市场是由各种组织机构构成的、对产品和劳务需求的总和，下列不属于组织市场范畴的是（　　）。

A. 生产者市场　　　　　　　　B. 农村家庭市场

C. 零售商市场　　　　　　　　D. 各级政府市场

10. 那些通过购买商品和劳务以转售或出租给他人获取利润的组织构成的市场属于（　　）。

A. 消费者市场　　　　　　　　B. 产业市场

C. 中间商市场　　　　　　　　D. 非营利组织市场

11. 在交换双方中，如果一方比另一方更主动、更积极地寻求交换，则前后者分别被称为（　　）。

A. 潜在顾客，市场营销者　　　B. 实际顾客，市场营销者

C. 市场营销者，潜在顾客　　　D. 市场营销者，实际顾客

12. 市场营销是与（　　）有关的人类活动。

A. 交换　　　　　　　　　　　B. 产品

C. 销售　　　　　　　　　　　D. 市场

13.（　　）是市场营销最基本的概念，同时也是人类经济活动的起点。

A. 消费者的需求　　　　　　　B. 消费者的欲望

C. 人的基本需求　　　　　　　D. 人的基本欲望

14. 市场营销最基本的概念是人的（　　）。

A. 基本需求　　　　　　　　　B. 欲望

C. 产品需求　　　　　　　　　D. 价值

15. 马斯洛在对人的基本需求研究的基础上把其划分为五个层次，最高层次的需求是（　　）。

A. 生理需求　　　　　　　　　B. 安全需求

C. 社会需求　　　　　　　　　D. 自我实现需求

16. 市场营销思考问题的出发点是（　　）。

A. 目标市场的大小　　　　　　B. 所能提供的产品的功能特征

C. 消费者的需求和欲望　　　　D. 企业的各种资源状况

17. 企业营销活动的出发点和归宿是（　　）。

A. 顾客　　　　　　　　　　　B. 企业

C. 产品　　　　　　　　　　　D. 营销人员

18. 中国大多数家庭中都有电视机。从核心产品层面上来看，人们在生活中真正需要的是（　　）。

A. 高性能、满足视听需要的终端设备

B. 物美价廉的电视机

C. 信息和娱乐

D. 自我实现的满足感

19. 市场营销人员的任务不仅是激起消费者的欲望，更重要的是激起(　　)。

A. 客户购买本公司产品的需求

B. 消费者了解本公司产品的欲望

C. 消费者了解本公司产品的价值

D. 客户了解本公司产品的交易情况

20. 一个人可能会有无限的欲望，但却有有限的财力，当(　　)时，欲望即变为产品需求。

A. 进入市场参加交易　　B. 愿意购买

C. 有购买力支持　　D. 进行市场营销活动

21. 当人们决定通过(　　)来满足需要和欲望时，才出现了市场营销。

A. 乞讨　　B. 掠夺

C. 交换　　D. 生产

22. 消费者评估产品选择系列，并选择一个能极大满足自己需求系列产品的依据是(　　)。

A. 需求　　B. 欲望

C. 感觉　　D. 价值观

23. 人为了生存需要食物、衣服、房屋等，这些都属于人的(　　)。

A. 欲望　　B. 产品需求

C. 基本需求　　D. 兴趣

24. 一个人需要娱乐，能满足其娱乐需求的产品或服务可有多种表现形式，如旅游、打球、看电影、听戏、唱歌等，这些表现形式就构成这个人的一个(　　)。

A. 产品选择系列　　B. 供给选择系列

C. 需求选择系列　　D. 愿望满足系列

25. 市场营销理论的中心是(　　)。

A. 消费　　B. 交换

C. 需求　　D. 欲望

26. 以提供某物作为回报而与他人换取所需产品的行为构成(　　)。

A. 交换　　B. 交易

C. 买卖　　D. 洽谈

27. (　　)是先于市场营销的前提性概念。

A. 消费　　B. 交换

C. 需求　　D. 欲望

28. A 把 x 给 B 同时获取了 y，此时，在 A 与 B 之间所发生的行为属于(　　)。

A. 交换活动　　B. 交易活动

C. 买卖活动　　D. 协商活动

29. 市场营销管理的实质是(　　)。

A. 销售管理　　B. 生产管理

C. 需求管理　　D. 品牌管理

30. 在目标市场上,可能没有需求、需求很小或超量需求。市场营销管理就是要应对(　　)。

A. 这些不同的需求情况　　B. 没有需求的情况

C. 需求很小的情况　　D. 超量需求的情况

31. 对于预防性注射、牙科手术等，市场上大部分人都不喜欢，甚至宁愿付出一定代价来躲避该产品，则对这类产品的需求属于(　　)。

A. 负需求　　B. 无需求

C. 下降需求　　D. 不规则需求

32. 对于市场上的预防性注射、牙科手术等产品，企业营销管理的任务是(　　)。

A. 刺激市场营销　　B. 开发市场营销

C. 重振市场营销　　D. 改变市场营销

33. 顾客对产品根本不感兴趣或无动于衷，这种需求叫做(　　)。

A. 负需求　　B. 无需求

C. 潜伏需求　　D. 下降需求

34. 农场管理者可能会根本无意于某一新式耕作方法。此时，市场营销管理的任务是刺激需求，使无需求变为正需求，即实行(　　)。

A. 刺激市场营销　　B. 开发市场营销

C. 重振市场营销　　D. 改变市场营销

35. 对于潜伏需求，市场营销管理的任务是(　　)。

A. 改变市场营销　　B. 刺激市场营销

C. 开发市场营销　　D. 协调市场营销

36. 面对无害香烟和大量节油汽车的需求，企业市场营销管理的任务是(　　)。

A. 开发市场营销　　B. 刺激市场营销

C. 改变市场营销　　D. 协调市场营销

37. 一些娱乐场所和购物中心平日门可罗雀,而周末又人满为患,则该类需求是(　　)。

A. 负需求　　B. 无需求

C. 下降需求　　D. 不规则需求

38. 对于不规则需求，市场营销管理的任务是(　　)。

A. 改变市场营销　　B. 开发市场营销

C. 刺激市场营销　　D. 协调市场营销

39. 对于充分需求，市场营销管理的任务是(　　)。

A. 反市场营销　　B. 降低市场营销

C. 维持市场营销　　D. 协调市场营销

40. 当公司的业务量达到满意程度时，所面临的是充分需求，此时公司市场营销管理的任务是(　　)。

A. 重振市场营销　　B. 协调市场营销

C. 维持市场营销　　D. 开发市场营销

41. 禁售烟、酒等活动此起彼伏，面对此类产品的需求，企业市场营销管理的任务是(　　)，从而使嗜好有害产品的公众戒掉它们。

A. 维持市场营销　　B. 改变市场营销

C. 刺激市场营销　　D. 反市场营销

42. 瑞士雀巢公司经过漫长的努力，使一些国家的青年以喝咖啡为时髦，该公司的这种行为属于(　　)。

A. 适应需求　　B. 满足需求

C. 创造需求　　D. 管理需求

43. 某公司采取免费赠送等方法，改变了美国人的消费习惯，成功地开拓了原来不知酱油为何物的美国市场，该公司的做法属于(　　)。

A. 适应需求　　B. 满足需求

C. 创造需求　　D. 管理需求

44. 实际存在但未被利用和尚未实现的潜在需求，构成了市场的(　　)。

A. 表面机会　　B. 潜在机会

C. 全新机会　　D. 未来机会

45. 消费者喜欢那些可以随处买得到而且价格低廉的产品，企业应致力于提高生产效率和分销效率，扩大生产，降低成本以扩展市场。这种市场营销观念叫做(　　)。

A. 生产观念　　B. 推销观念

C. 产品观念　　D. 市场营销观念

46. 消费者最喜欢高质量、多功能和具有某种特色的产品，企业应致力于生产高值产品，并不断加以改进。这种市场营销观念属于(　　)。

A. 生产观念　　B. 产品观念

C. 推销观念　　D. 市场营销观念

47. 在产品观念的指导下，企业的营销行为中比较容易产生(　　)。

A. 市场营销轻视　　B. 市场营销远视

C. 市场营销重视　　D. 市场营销近视

48. 20世纪50年代中期，随着市场竞争的加剧，市场营销管理哲学逐渐演变为(　　)。

A. 生产观念　　B. 产品观念

C. 推销观念　　D. 市场营销观念

49. 现代市场营销学理论研究的主要对象是(　　)。

A. 消费者市场　　B. 组织市场

C. 中间商市场　　D. 产业市场

50. 实现企业各项目标的关键，在于正确确定目标市场的需要和欲望，并且比竞争者更有效地传送目标市场所期望的物品或服务，进而比竞争者更有效地满足目标市场的需要和欲望。这种市场营销观念叫作(　　)。

A. 生产观念　　B. 推销观念

C. 产品观念　　D. 市场营销观念

51. 市场营销观念与推销观念之间存在着巨大的差别，这是因为市场营销观念是以(　　)需求为中心。

A. 卖方　　B. 买方

C. 生产方　　D. 销售方

52. 客户观念则强调满足的是(　　)。

A. 每一个子市场的需求　　B. 多个子市场的需求

C. 每一个客户的特殊需求　　D. 多个客户的特殊需求

53. 企业在招揽年轻的消费者时，要注意产品和服务的教育性和娱乐性，同时应该保护环境不受污染和侵害。可见，对年轻消费者实施 CS 战略时要把(　　)放在一切考虑的因素之首。

A. 产品的教育性和娱乐性　　B. 对环境无侵害、无污染

C. 产品的高科技因素　　D. 年轻消费者的需要和满意

54. 在既定条件下，某特定产品的价格为 100 元，该产品的购买者数量为 100 万，而每个购买者的购买数量为 2，当某企业所生产的这种产品的市场占有率为 20% 时，该企业所面对的市场需求是(　　)亿元。

A. 0.1　　B. 0.4

C. 1.6　　D. 2.0

55. 市场营销组合因素通常都是由市场营销人员来决定的，所以他们也时常被称为(　　)。

A. 宏观环境变量　　B. 微观环境变量

C. 可控变量　　D. 不可控变量

56. 下列关于市场营销组合的说法中，正确的是(　　)。

A. 无形服务不属于产品

B. 市场营销组合通常不可控

C. 产品的价格是产品价值的反映形式

D. 市场营销组合中的因素经确定下来后总是不变

57. 市场营销组合的特点是(　　)。

A. 对企业来说都是“不可控因素”

B. 是一个单一结构

C. 是一个静态组合

D. 要受企业市场定位战略的制约

58. 市场营销组合的“4P”之外，还应该再加上两个“P”，即权力 (power) 与公共关系 (public relations)，成为“6P”。这种新的战略思想称为(　　)。

A. 宏观市场营销　　B. 大市场营销

C. 微观市场营销　　D. 整合市场营销

59. 大市场营销观念是著名营销学者(　　)提出来的。

A. 菲利普・科特勒　　B. 麦卡锡

C. 迈克尔・波特　　D. 彼得・杜拉克

60. 下列几个营销要素中，不属于“4C”理论内容的是（　　）。

A. 价格　　B. 成本

C. 便利　　D. 沟通

61. “4C”理论是市场营销理论研究的新发展，但是它与4P理论又有相互对应的关系，下面选项中对应不正确的有（　　）。

A. communication-promotion　　B. cost-price

C. convenience-place　　D. contain-product

62. 在“4C”理论营销观念下，企业的定价模式将（　　）列为决定性因素。

A. 企业生产成本　　B. 消费者接受价格

C. 同行业竞争价格　　D. 企业目标利润要求

63. “4C”理论用（　　）取代了传统4P理论中的促销，强调企业应重视与顾客的双向沟通。

A. 沟通　　B. 顾客

C. 成本　　D. 便利

（二）多选题

1. 市场是指由一切具有特定的欲望和需求并且愿意和能够以交换来满足此欲望和需求的潜在顾客构成。由此可知，市场的构成要素包括（　　）。

A. 有某种需要和欲望的人　　B. 拥有使别人感兴趣的资源

C. 为满足需要的购买能力　　D. 购买欲望

2. 在市场营销学中，市场的大小取决于那些（　　）的人的数量。

A. 有某种需要

B. 拥有使别人感兴趣的资源

C. 愿意以这种资源来换取其需要的东西

D. 处于一定的市场环境

3. 任何一个企业所面对的现实市场都是由三个相互制约、缺一不可要素结合构成的，这三个要素分别是（　　）。

A. 人口　　B. 购买力

C. 购买欲望　　D. 生产能力

4. 以商品流通地域为标准可以把市场划分为（　　）。

A. 城市市场　　B. 农村市场

C. 全国市场　　D. 国际市场

5. 以商品属性为标准来划分，可以把市场划分为（　　）。

A. 一般商品市场　　B. 特殊商品市场

C. 消费者市场　　D. 组织市场

6. 下列各类市场中，是按商品属性来划分的是（　　）。

A. 消费品市场　　B. 批发市场

C. 劳动力市场　　D. 金融市场

7. 特殊商品市场是由具有特殊性的商品以及不是商品但采取了商品形式的产品所形成的市场，主要包括 (　　)。

A. 劳动力市场　　B. 消费品市场

C. 生产资料市场　　D. 金融市场

8. 下列市场属于组织市场的是 (　　)。

A. 金融市场　　B. 产业市场

C. 中间商市场　　D. 非营利组织市场

9. 一般商品市场包括 (　　)。

A. 消费品市场　　B. 劳动力市

C. 生产资料市场　　D. 金融市场

10. 以购买者购买行为的特点为标准来划分，可以把市场划分为 (　　)。

A. 一般商品市场　　B. 特殊商品市场

C. 消费者市场　　D. 组织市场

11. 马斯洛在对人的基本需求研究的基础上，把其划分为 (　　)。

A. 生理需求　　B. 安全需求

C. 社会需求　　D. 受尊重需求

12. 关于市场营销人员的作用，说法正确的是 (　　)。

A. 市场营销人员创造消费者的需要

B. 市场营销人员并不创造消费者的需要，而是影响消费者的欲望

C. 可以开发及销售特定的服务或产品来满足消费者的欲望

D. 市场营销人员使人们购买并不需要的东西

13. 下列对交换与市场营销的关系的描述正确的是 (　　)。

A. 市场营销是先于交换的前提性概念

B. 交换是市场营销理论的中心

C. 当人们决定通过交换来满足需求和欲望时，才出现了市场营销

D. 如果没有交换行为，就不能构成市场营销活动

14. 对于不同类型的需求，实施不同的市场营销管理任务，其中实施正确的是 (　　)。

A. 对潜伏需求状况实施开发市场营销

B. 对无需求状况实施改变市场营销

C. 对下降需求状况实施刺激市场营销

D. 对不规则需求实施协调市场营销

15. 市场机会的类型主要有 (　　)。

A. 表面机会　　B. 潜在机会

C. 全新机会　　D. 实现机会

16. 在现代市场经济条件下，企业创造需求的途径是多方面的，下列选项中，可以帮助企业创造需求的是 (　　)。

A. 设计生活方式　　B. 把握全新机会

C. 营造市场空间　　D. 扩大生产产量

17. 市场营销管理哲学是指企业在开展市场营销活动的过程中，在处理（　　）之间利益方面所持的态度、思想和观念。

A. 企业　　B. 顾客

C. 社会　　D. 政府

18. 生产观念是一种重生产、轻市场营销的商业哲学，这种观念的形成主要来源于（　　）。

A. 供不应求，因而消费者更在乎得到产品而不是它的优点

B. 产品质量差，因而消费者最喜欢高质量、多功能和具有某种特色的产品

C. 成本太高，因而必须以提高劳动生产率来扩大市场

D. 大规模生产，因而商品产量迅速增加，产品质量不断提高

19. 社会市场营销观念要求市场营销者在制定市场营销政策时要统筹兼顾（　　）。

A. 企业利润　　B. 消费者需要

C. 所有者利益　　D. 社会利益

20. 产品是市场营销组合的一个变量，与之相关的因素包括（　　）。

A. 产品的开发与生产　　B. 产品的包装

C. 产品的商标　　D. 产品的质量保证

21. 一般说来，产品的价格取决于（　　）。

A. 市场需求　　B. 总成本费用

C. 竞争状况　　D. 价格折扣

22. 渠道是市场营销组合的一个变量，与之相关的策略包括（　　）。

A. 选择产品销售的地点　　B. 保持适当的库存

C. 选择合适的中间商与零售商　　D. 维持有效的流通中心

23. 促销是市场营销组合的一个变量，与之相关的策略包括（　　）。

A. 在顾客中形成对该公司完美的形象

B. 向潜在顾客介绍本公司的新产品

C. 使客户不断保持对该公司产品的信赖和兴趣

D. 激起潜在顾客购买该公司产品的欲望

24. 下列说法中正确的是（　　）。

A. 企业能够影响自己所处的市场营销环境

B. 企业只能被动地适应所处环境

C. 市场营销组合中的变量在一定程度上都可控

D. 企业所处的环境对企业而言是不可控的

25. 下列对市场营销组合特点的描述正确的是（　　）。

A. 市场营销组合要素对企业来说都是可控要素

B. 市场营销组合是一个复合结构

C. 市场营销组合是一个动态组合

D. 市场营销组合要受企业市场定位战略的制约

26.“大市场营销”战略思想中所包括的组合要素有(　　)。

A. 产品　　B. 权力

C. 渠道　　D. 公共关系

27. 大市场营销观念认为，市场营销组合要素除了传统的“4P”理论以外，还应该加入的要素是(　　)。

A. 权力　　B. 政治

C. 公共关系　　D. 人员

28. 随着经济的发展，传统的“4P”理论已不适应新的情况，需要用“4C”理论来替代，下列属于4C理论内容的是(　　)。

A. 产品　　B. 顾客

C. 成本　　D. 渠道

二、简答题

1. 什么是市场营销?
2. 市场营销观念有哪些?传统营销观念与现代营销观念有何不同?
3. 市场营销组合有何特点?
4. 市场需求状况有哪些?相应的营销管理任务分别是什么?
5. 营销元素的内涵是什么?
6. 营销组合有怎样的发展变化?它的特点是什么?

三、实训题

1. 实训名称：对自己所在的某地区或者区域的市场进行分类。
2. 实训目的：理解市场分类的意义。
3. 实训内容：对各类市场进行全面了解。
4. 实训步骤：选取自己所在的城市，寻找熟悉的市场，准确定位其市场类型。
5. 分组讨论并填实训手册。

(1) 每个人将自己所在城市的市场及类型填好。

(2) 实训要求及评分标准，具体如下。

① 每小组成员填写自己所在城市的服务业优势和资源条件。

② 小组成员上课时若缺一人，则扣除小组实训成绩10分(请假除外)。

③ 实训建议和总结由小组讨论后形成统一结论，填写在实训报告册上，总结不能少于3条，缺一条扣总成绩的20%。

第二章　市场营销理论概述

我国市场经济体制以公有制为基础。计划调控是政府对市场经济宏观调控的重要组成部分，因此，我国宏观营销理论研究的关注点是宏观营销如何促进社会总供需的平衡。

在国家宏观调控下的市场运行机制中，市场经济成为了社会资源优化配置的基础手段。宏观市场营销的研究始于20世纪70年代，它是指政府采用经济手段、法律手段及行政手段对社会经济进行的间接调控，其中亦包括对宏观市场营销活动的调控。用宏观市场营销理论来正确地引导社会市场营销活动对促进企业微观市场营销活动的良性循环以及促进社会市场体系的发育和发展具有重大的意义。

第一节　宏观市场营销

本节主要内容

- 宏观市场营销的功能
- 宏观市场营销案例导入

一、宏观市场营销的定义

宏观市场营销是一种社会经济活动过程，其目的在于求得社会生产与社会需求之间的平衡，满足社会需要，实现社会目标。

宏观市场营销是把市场营销活动与社会联系起来，着重阐述市场营销与满足社会需要、提高社会经济福利的关系，它是一种重要的社会过程。宏观市场营销的存在是由于社会化大生产及商品经济社会要求某种宏观市场营销机构及营销系统来组织整个社会所有的生产者与中间商的活动，组织整个社会的生产与流通，以实现社会总供需的平衡及提高社会的福利。

宏观市场营销活动可以引导商品或劳务从生产者手中流转到消费者手中，能有效地调节商品社会供需的基本平衡，实现社会的发展目标，提高社会及广大消费者的福利。从总体或从社会的角度来考察的市场营销活动属于宏观市场营销，它是在企业市场营销活动基础上产生的。

宏观市场营销有以下特点：

(1) 宏观市场营销囊括了国民经济各行业的营运活动。

(2) 宏观市场营销活动是通过宏观市场营销机构来实现的。这些市场营销机构包括中间商机构 (包括批发商和零售商)、交通运输部门、仓储机构及市场营销活动的附属机构

(如金融保险机构)等。

(3) 宏观市场营销活动还通过宏观市场营销系统来实现。

二、宏观市场营销体系

1. 商业机构

商业机构是宏观市场营销机构的重要组成部分，它通过购销商品来执行宏观市场营销的交换功能。如果按其是否拥有商品所有权来分，可划分为经销商和代理商。经销商是指从事商品经营业务并拥有商品所有权的经济单位，它向生产企业购买商品并取得所有权，然后独立组织商品销售，并对用户提供各种销售服务。代理商机构则不直接从事商品的购销经营活动，不具有商品所有权，而是接受买卖者的委托，为买卖双方洽谈生意，起到穿针引线的作用。

如果按其在流通中所起的作用，可分为批发商机构与零售商机构。批发商机构专门从事批发贸易，它是从生产企业处购买商品，又将产品转售给其他单位(如零售商或生产用户)进一步转售或生产加工的中间商。如果没有批发商业机构承担宏观营销的交换功能，宏观营销活动就难以顺利发展。

2. 交通运输机构

交通运输机构是宏观市场营销机构的重要组成部分，它包括铁路、公路、水路、空运及管道运输机构等。交通运输机构执行着宏观市场营销的部分职能，即承担着商品从生产者转向消费者的空间移动的职能，它是实体分配中的最重要的环节。

3. 金融机构

金融机构虽不直接参与产品的购销活动，但它是经济运行的神经中枢。它通过向生产者、中间商、运输部门、仓储部门提供信贷，使它们有足够的资金运作，以保证宏观市场营销活动的健康发展。金融机构主要包括银行、投资公司及保险公司等，在中国金融体系，它以中国人民银行为核心，以专业银行(包括中国银行、中国工商银行、中国农业银行、中国建设银行、交通银行等)为主体，各种金融机构(非银行金融机构、信托公司、金融公司、财务公司及租赁公司)并存和分工协作。

4. 广告组织

广告组织指经营广告活动的机构，它帮助工商企业设计、联系或传递广告信息，促进工商企业购销活动的顺利发展。广告组织主要包括专业广告组织、媒体广告组织及工商企业的广告部门和群众性的广告团体。

【案例 2-1】

改革开放以来，我国经济社会发展走过了不平凡的光辉历程，取得了举世瞩目的历史性成就，实现了前所未有的历史性变革。改革开放初期，中国对外经济互动十分有限，1978 年货物进出口总额仅为 206 亿美元，位居世界第 29 位。2017 年，货物进出口总额达到 4.1 万亿美元，比 1978 年增长 197.9 倍，年均增长 14.5%，居世界第一位。随着人民生活的不断改善，1978 年全国居民人均可支配收入仅为 171 元，2009 年突破万元大关，

2014 年突破 2 万元大关。2022 年全年国内生产总值为 1 210 207 亿元，比上年增长 3.0%。其中，第一产业增加值 88 345 亿元，比上年增长 4.1%；第二产业增加值 483 164 亿元，增长 3.8%；第三产业增加值 638 698 亿元，增长 2.3%。

数据显示，我国当前的各项经济指标均呈现良好势头，这也为各类企业开展营销活动营造了良好的宏观经济环境。

【善学勤思】改革开放以来，随着经济的发展，国内的市场营销理论及实践有哪些变化与调整？

三、宏观市场营销职能

1. 购销或交换的职能

购销或交换的职能是宏观市场营销机构最重要的职能，是由批发商机构及零售商机构承担的实现商品所有权转移的职能。

2. 实体分配职能

实体分配职能是保证企业产品能最终实现的功能，具体由交通运输机构及仓储机构承担这一职能。实体分配具体包括商品的包装（即保护性包装）、搬运、装卸、储存、加工整理及运输等环节。运输与储存又是实体分配的中心环节。

3. 便利交换职能

便利交换职能包括标准化及分级职能、融资职能、风险承担职能、沟通市场信息职能。

(1) 标准化及分级职能，它是由批发商与零售商承担的宏观市场营销职能。在出售商品之前，批发商与零售商根据产品类别或品种的不同、产品规格大小、产品质量高低，分门别类地进行整理和包装，最后销售给广大用户。

(2) 融资职能，它是由金融机构（包括银行、信贷公司、保险公司等）承担的职能。这些金融机构对生产、购销、运输、仓储及促销等宏观营销活动提供必要的贷款，以保证这些宏观营销活动正常、协调地发展。

(3) 风险承担职能是由中间商与保险公司所承担的宏观营销辅助职能。

(4) 沟通市场信息职能是由批发商机构、零售商机构、市场营销调研机构及广告公司等所承担的职能。

【善学勤思】宏观市场营销的功能是什么？

四、宏观市场营销系统

1. 宏观市场营销系统中参加者的子系统

1) 企业

企业包括全国所有的工农业企业，它们是商品经济社会的基础细胞，是社会财富的最基本的创造者，是宏观市场营销的物质基础。

2) 消费者

消费者一般通过出售一般产品或特殊产品获得货币收入，然后用货币收入去购买自己所需的产品。

3) 政府

政府是宏观市场营销系统中重要的组成部分，它包括了政府的行政机构及全部职能机构。

2. 宏观市场营销系统中市场子系统

1) 要素市场

要素市场主要包括生产资料市场、资金市场、劳动力市场、技术市场及房地产市场等，这些要素市场为企业经营活动提供人、财、物。

2) 产品市场

产品市场主要是指消费品市场，它为企业产品价值的实现提供了场所。

3. 宏观市场营销系统中的流程子系统

流程子系统主要包括资源流程、商品或劳务流程、货币流程及信息流程。宏观市场营销系统是由各子系统组成的有机整体。市场子系统是宏观市场营销系统运行的中心，企业经营活动子系统是宏观市场营销运作的基础，政府宏观调控子系统是宏观市场营销系统运行的保证。这三个子系统的健全和完善，以及它们之间的协调发展对宏观市场营销系统的正常运行和营销活动的正常发展有深刻的影响。

【善学勤思】试举例说明宏观市场经济元素？

第二节　微观市场营销

本节主要内容

- 微观市场营销的功能
- 微观市场营销的案例导入

一、微观市场营销概述

1. 定义

微观市场营销是一种企业的经济活动过程。在企业经济活动过程中，企业研究顾客的特点和需求生产适销对路的产品，将产品从生产者流转到目标顾客，使自己的产品、服务和营销方案与地理、人口、心理和行为因素相适应，从而取代原先的标准化或大众化市场。促使这种变化的原因有以下三点。

(1) 世界大市场已慢慢分裂为众多更小的微观市场；

(2) 不断改善的信息和市场调研技术激发了微观市场营销的产生；

(3) 零售店扫描器给零售商提供大量的市场信息，这增强了零售商对生产商的影响力。

最普通的微观市场营销形式之一是地域化，即企业使品牌、促销手段适合特定的地理区域、市场，甚至居民区。除此之外，企业还对准了人口、心理及行为等微观市场。例如，宝洁公司为佳洁士牙膏做了 6 种广告，分别针对不同年龄的细分市场。为了占领这些市场，宝洁运用了各种高效的传播手段。

微观市场营销发展到极致就是大规模定制 (Mass Customization)，即在大量生产准备的基础上，为个人进行专门设计以满足每个客户的要求。例如，丽思・卡尔顿公司用电脑记录了其 28 家饭店接待过的每一位客人的喜好。如果某位客人上次在丽思饭店里要了一个海绵枕头，那么几个月甚至几年以后，当她住进另一家丽思饭店时，就会有一只海绵枕头正等着她使用。

尽管微观市场营销带来了许多希望，但同时也伴随着许多问题。对十几个乃至几百个微观市场执行营销远远复杂于大市场营销。此外，生产不同的产品和进行不同的促销活动会导致更高的成本费用。除了这些问题，大多数市场营销人员认为微观市场营销预示着一个全新的市场营销时代的开始。他们说企业只用一种促销手段就能有效地把产品推销给消费者的时代已经一去不复返了。

2. 微观市场营销的目的

微观市场营销是一种企业经济活动过程，其目的在于满足目标顾客的需要，实现企业的目标。

3. 微观营销环境包括

微观营销环境包括供应商、企业内部部门、营销中介、顾客、社会公众、竞争者。

1) 供应商

供应商是指为企业进行生产所需而提供特定的原材料、辅助材料、设备、能源、劳务、资金等资源的供货单位。这些资源的变化直接影响到企业产品的产量、质量以及利润，从而影响企业营销计划和营销目标的完成。

2) 企业内部部门

企业开展营销活动要充分考虑企业内部的环境力量和环境因素。企业是组织生产和经营的经济单位，是一个系统组织。企业内部一般设立计划、技术、采购、生产、营销、质检、财务、后勤等部门。企业内部各职能部门的工作及其相互之间的协调关系直接影响企业的整个营销活动。

营销部门与企业其他部门之间既会进行多方面的合作，也经常会与生产、技术、财务等部门发生矛盾。由于各部门的工作重点不同，有些矛盾往往难以协调。例如，生产部门关注的是长期生产的定型产品，要求品种规格少、批量大、标准订单、较稳定的质量管理，而营销部门注重的是能适应市场变化、满足目标消费者需求的“短、平、快”产品，则要求多品种规格、少批量、个性化订单、特殊的质量管理。所以，企业在制订营销计划，开展营销活动时，必须协调和处理好各部门之间的矛盾和关系。这就要求进行有效沟通，协调、处理好各部门的关系，营造良好的企业环境，更好地实现营销目标。

3) 营销中介

营销中介是指为企业营销活动提供各种服务的企业或部门的总称。营销中介对企业营销产生直接的、重大的影响，只有通过有关营销中介所提供的服务，企业才能把产品顺利地送达到目标消费者手中。营销中介的主要功能是帮助企业推广和分销产品。

4) 顾客

顾客是指使用进入消费领域的最终产品或劳务的消费者和生产者，也是企业营销活动的最终目标市场。顾客对企业营销的影响程度远远超过前述的环境因素。顾客是市场的主体，任何企业的产品和服务只有得到了顾客的认可，才能赢得这个市场。现代营销强调把满足顾客需要作为企业营销管理的核心。

5) 社会公众

社会公众是企业营销活动中与企业营销活动发生关系的各种群体的总称。公众对企业的态度会对其营销活动产生巨大的影响，它既可能有助于企业树立良好的形象，也可能妨碍企业的形象。所以企业必须处理好与主要公众的关系，争取公众的支持和偏爱，为自己营造和谐、宽松的社会环境。

6) 竞争者

竞争是商品经济的必然现象。在商品经济条件下，任何企业在目标市场进行营销活动时，不可避免地会遇到竞争对手的挑战。即使在某个只有一个企业提供产品或服务的市场，虽然没有“显在”的对手，但也很难断定在这个市场上没有潜在的竞争企业。

企业竞争对手的状况将直接影响企业营销活动。例如，竞争对手的营销策略及营销活动的变化会直接影响企业营销，最为明显的是竞争对手的产品价格、广告宣传、促销手段的变化以及产品的开发、销售服务的加强，这些变化都将直接对企业造成威胁。为此，企业在制定营销策略前必须先弄清竞争对手，特别是同行业竞争对手的生产经营状况，做到知己知彼，有效地开展营销活动。

【善学勤思】新媒体时代市场营销的功能是什么？

【案例 2-2】

2023 年 9 月 11 日晚，蜂花的抖音直播间开启了 7 天的直播。七天内，蜂花抖音官方账号共直播 5 场，场均观看人次达 388.1 万人次，最高观看人次达 1788.8 万人次，其中客单价为 50 元～100 元，场均销量为 7.5 万件～10 万件，场均销售额为 500 万元～750 万元。值得一提的是，9 月 11 日所创造的粉丝增量及带货销量，是其近 7 天乃至近一个月内的最高峰值。

“情怀”对国货品牌而言，显然是一个可贵的崛起机遇，例如，电子领域的华为、家电领域的四川长虹、美妆领域的完美日记、服饰领域的中国李宁等。

近年来，“国货”成为热频词，作为一种品牌潮流现象，“国潮概念”的兴起传递着对中国品牌的信心、对中国制造的信心以及对国内消费力的信心。

根据2022年新华网发布的《国潮品牌年轻消费洞察报告》，对比十年前，90后、00后在全行业国潮品牌消费中贡献了74%的份额。而在某头部电商平台，这一比例更是高达87%。因此，消费人群的变化就成了这一市场最大的变量。年轻一代提出了更多的精神文化需求，这体现在消费习惯和消费思维当中。但真正能让这一群眼光颇高的消费者们愉快买单，绝不仅仅是那一块老字号招牌，而品牌方面真正要做的是，生产出具有市场核心竞争力的产品。国货品牌应当将中华美学精神和当代审美追求结合起来，让科技、品质、创新成为中国创造新的内涵。

【案例思考】

(1) 新媒体时代市场营销的功能是什么？

(2) 在新媒体营销时代，国货品牌应当如何制造营销亮点？

第三节　消费者市场营销

本节主要内容

- 市场细分
- 市场定位
- 目标市场

一、市场细分

按照消费者的欲望与需求把因规模过大导致企业难以服务的总体市场划分成若干具有共同特征的子市场，处于同一细分市场的消费群被称为目标消费群。相对于大众市场而言，这些目标子市场的消费群就是分众了。

1. 理论依据

企业进行市场细分的目的是通过对顾客需求差异予以定位，以取得较大的经济效益。众所周知，产品的差异化必然导致生产成本和推销费用的相应增长，所以，企业必须在市场细分所得收益与市场细分所增成本之间做权衡。由此，我们得出有效的细分市场必须具备以下特征：

(1) 可衡量性，即市场特性的可衡量性，指各个细分市场的购买力和规模能被衡量的程度。如果细分变数很难衡量的话，就无法界定市场。

(2) 可盈利性或市场开发的效益性，指企业新选定的细分市场容量足以使企业获利。

(3) 可进入性或可实现性，指所选定的细分市场必须与企业自身状况相匹配，企业有优势占领这一市场。可进入性包括具体信息进入、产品进入和竞争进入。市场的可进入性实际上是研究其营销活动的可行性。

(4) 差异性或可区分性，指细分市场在观念上能被区别并对不同的营销组合因素和方案有不同的反应。具体细分如下。

① 对目标客户进行细分。对目标客户进行细分是市场营销对象细分化，以进行客户定位，市场需求定位。

② 对目标产品进行细分。对目标产品进行细分是市场营销客体细分化、市场提供物细分化，以进行产品定位，生产技术定位。

③ 对市场营销者进行细分。对市场营销者进行细分是市场营销资源优势、能力细分化，以进行战略定位，经营目标定位。

④ 对市场关系进行细分。对市场关系进行细分是市场媒介、市场通道细分化，以进行市场关系定位、市场渠道定位。

(5) 顾客需求的差异性。顾客需求的差异性是指顾客之间的需求是不一样的，在市场上，消费者总是希望根据自己的独特需求去购买产品。根据消费者需求的差异性可以把市场分为同质性需求和异质性需求两大类。同质性需求是指由于消费者的需求的差异性很小，甚至可以忽略不计，因此没有必要进行市场细分。而异质性需求是指由于消费者所处的地理位置、社会环境不同、自身的心理和购买动机不同，造成他们对产品的价格、质量款式上需求的差异性。这种需求的差异性就是市场细分的基础。

2. 顾客需求分类

在同一地理条件、社会环境和文化背景下的人们形成有相对类似的人生观、价值观的亚文化群，他们的需求特点和消费习惯大致相同。正是因为消费需求在某些方面的相对同质，市场上绝对差异的消费者才能按一定标准聚合成不同的群体。所以，消费者需求的绝对差异造成了市场细分的必要性，消费需求的相对同质性使市场细分有了实现的可能性。顾客需求可按以下类型进行细分。

1) 地理细分

地理细分是按地理特征细分市场，包括地形、气候、交通、城乡、行政区等因素。

2) 人口细分

人口细分是按人口特征细分市场，包括年龄、性别、家庭人口、收入、教育程度、社会阶层，宗教信仰或种族等因素。

3) 心理细分

心理细分是根据个性或生活方式等变量对客户细分。

4) 行为细分

行为细分是先对消费者行为进行评估，然后进行细分。

5) 社会文化细分

社会文化细分是按社会文化特征细分市场，如以民族或宗教为依据进行细分。

6) 使用者行为细分

使用者行为细分是按个人特征细分市场，如个人的职业、文化、家庭、个性。

3. 市场细分的作用

市场细分有以下作用。

(1) 有利于企业发掘和开拓新的市场机会。

(2) 有利于企业将各种资源合理利用到目标市场。

(3) 有利于制定适用的经销策略。

(4) 有利于调整市场的营销策略

4. 市场细分的意义

市场细分有以下意义。

1) 有利于选择目标市场和制定市场营销策略

市场细分后的子市场比较具体，有利于企业了解消费者的需求，企业可以根据自己的经营思想、方针及生产技术和营销力量，确定自己的服务对象(即目标市场)。较小的目标市场便于制定特殊的营销策略。同时，在细分市场上，信息容易了解和反馈，一旦消费者的需求发生变化，企业可迅速改变营销策略，制定相应的对策，以适应市场需求的变化，提高企业的应变能力和竞争力。

2) 有利于发掘市场机会，开拓新市场

通过市场细分，企业可以对每一个细分市场的购买潜力、满足程度、竞争情况等进行对比分析，探索出有利于本企业的市场机会，使企业及时作出投产、异地销售决策或根据本企业的生产技术条件编制新产品开拓计划，进行必要的产品技术储备，掌握产品更新换代的主动权，开拓新市场，以更好适应市场的需要。

3) 有利于集中人力、物力投入目标市场

任何一个企业的资源、人力、物力、资金都是有限的。通过细分市场，选择适合的目标市场，企业可以集中人力、财力、物力及资源去争取局部市场上的优势，然后再占领自己的目标市场。

4) 有利于企业提高经济效益

通过市场细分后，企业可以面对自己的目标市场，生产出适销对路的产品，既能满足市场的需要，又可增加企业的收入。适销对路的产品可以加速商品的流转，加大生产批量，降低企业的生产销售成本，提高生产工人的劳动熟练程度，提高产品质量，从而全面提高企业的经济效益。

5. 市场细分的局限性

市场细分有其局限性，具体如下。

(1) 市场细分的成本很高。

(2) 总投资成本上升，因为每个市场的风格(如颜色等)必须被保持。

(3) 由于每个细分市场必须有不同的广告宣传，所以导致广告成本上升。

(4) 由于管理部门必须计划和实施几个不同的市场项目，所以管理成本上升。

6. 消费者市场细分的依据

企业通常是组合运用有关变量来细分市场，而不是单一采用某一变量。概括起来，细分消费者市场的变量主要有地理变量、人口变量、心理变量、行为变量四大类。以这些变量为依据来细分市场就产生了地理细分、人口细分、心理细分和行为细分四种市场细分的基本形式。

1) 按地理变量细分市场

按地理变量细分市场，即按照消费者所处的地理位置、自然环境来细分市场，就是把市场分为不同的地理区域，如按国家、地区、省市、东部、西部、南方、北方、城市、农村、山区、平原、高原、湖区、沙漠等为基础细分市场。以地理变量作为市场细分的依据是因为地理因素影响消费者的需求和反应。各地区由于自然气候、交通通信条件、传统文化、经济发展水平等因素的影响，便形成了不同的消费习惯和偏好，具有不同的需求特点。例如，生活在我国不同区域的人们的食物口味就有很大差异，俗话说“南甜北咸，东辣西酸”，也由此形成了粤菜、川菜、鲁菜等著名菜系。又比如，我国不同地区的人洗浴习惯各不相同，由此形成对香皂的要求也不同。

2) 按人口变量细分市场

按人口变量细分市场，即按人口统计变量，如年龄、性别、家庭规模、家庭生命周期、收入、职业、教育程度、宗教、种族、国籍等为基础细分市场。

(1) 性别。由于生理上的差别，男性与女性在产品需求与偏好上有很大不同，例如在服饰、发型、生活必需品等方面均有差别。

(2) 年龄。不同年龄的消费者有不同的需求特点，例如，青年人对服饰的需求与老年人对服饰的需求就有差异，青年人需要色彩鲜艳、时尚的服饰，老年人则需要端庄素雅的服饰。

(3) 收入。低收入和高收入消费者在产品的选择、休闲时间的安排、社会交际与交往等方面都会有所不同。

(4) 职业与教育。消费者职业的不同、所受教育的不同会导致其所需产品的不同。例如，农民购买自行车偏好载重自行车，而学生、教师则喜欢轻型、样式美观的自行车。

(5) 家庭生命周期。一个家庭，按年龄、婚姻状况和子女状况，可分为单身、新婚、满巢、空巢和孤独五个阶段。在不同阶段，家庭的购买力、家庭成员对商品的兴趣与偏好也会有很大的差别。

3) 按心理变量细分市场

按心理变量细分市场，即根据购买者所处的社会阶层、生活方式、个性特点等心理因素细分市场。

(1) 社会阶层。社会阶层指在社会中具有相对同质性和持久性的群体。处于同一阶层的成员具有类似的价值观、兴趣爱好和行为方式，而不同阶层的成员对所需的产品也各不相同。准确识别不同社会阶层消费者所具有的不同特点可对产品的市场细分提供重要依据。

(2) 生活方式。生活方式指人们追求的生活方式的不同会影响他们对产品的选择。例如，有的人追求新潮时髦，有的人追求恬静、简朴，有的人追求刺激，有的追求稳定。例如，一些服装生产企业将女性消费者定位为“简朴的女性”“时髦的女性”和“帅气的女性”并设计不同的服装。烟草公司针对“挑战型吸烟者”“随和型吸烟者”及“谨慎型吸烟者”推出了不同品牌的香烟，这均是依据生活方式细分市场。

(3) 个性。个性指一个人比较稳定的心理倾向与心理特征，它会导致一个人对其所处的环境做出相对一致和持续不断的反应。一般情况下，个性会通过自信、自主、顺从、保守等性格特征表现出来。因此，个性可以按性格特征进行分类，从而为企业细分市场提供依据。例如化妆品、香烟、啤酒、保险等产品，一些企业以个性特征为基础对产品进行市场细分并取得了成功。

4) 按行为变量细分市场

行为变量细分是根据消费者对品牌的了解、态度、使用情况及其反应将他们分为不同的群体。许多营销人员认为，行为变量是市场细分的最佳起点。

(1) 时机。按消费者购买和使用产品的时机细分市场，这些时机包括结婚、离婚、购房、搬家、拆迁、入学、升学、退休、出差工、旅游、节假日等。时机细分有助于提高品牌使用率以及营销的针对性。例如，旅行社可以在“五一”黄金周提供专门的旅游服务，文具企业可以在新学期提供学习用品。如“新郎”牌西服、“喜临门”酒就是时机细分的产物。

(2) 利益。利益细分是根据消费者从产品中追求不同利益的一种分类方法。美国曾有人运用利益细分法对钟表市场进行研究，发现手表购买者可分为三类，即 23% 的消费者侧重价格低廉；46% 的消费者侧重耐用性及一般质量；31% 的消费者侧重品牌声望。当时美国各大钟表公司都把注意力集中于第三类细分市场，重点放在制造豪华昂贵的手表并通过珠宝店销售。唯有 TIME 公司慧眼独具，选定第一、二类细分市场作为目标市场，全力推出一种价廉物美的“天美时”牌手表并在一般钟表店或大型综合商店出售。该公司后来发展成为世界一流的钟表公司。

运用利益细分法时必须确定人们在产品种类中寻求的主要利益，如是谁在寻求这些利益，这些利益对他们的重要程度如何，哪些品牌可以提供这些利益，哪些利益还没有得到满足。这些问题确定后才能有针对性地进行品牌营销策划。美国学者 Haley 曾运用利益细分法对牙膏市场进行细分。他把牙膏需求者寻求的利益分为经济实惠、防治牙病、洁齿美容、口味清爽四类。牙膏公司可以根据自己所服务的目标市场的特点了解竞争者的品牌以及市场上未满足的需求，从而改进自己现有的产品或推出新产品，以适应牙膏市场上未满足的利益需要。

(3) 使用者状况。许多品牌可以按使用状况将消费者分为曾经使用者、未曾使用者、潜在使用者、初次使用者、偶尔使用者和经常使用者等类型，针对不同使用群体采用不同的营销策略和方法。市场占有率高的品牌特别重视将潜在使用者转化为实际使用者，例如领导型品牌。而一些小企业则只能以经常使用者为服务对象。

(4) 品牌忠诚度。消费者的忠诚是企业最宝贵的财富。美国商业研究报告指出，多次光顾商店的顾客比初次登门者可为企业多带来 20%～85% 的利润；固定客户数目每增长 5%，企业的利润则增加 25%。根据消费者的品牌忠诚度，可以将消费者分为四种类型，即专一忠诚者、潜在忠诚者、迟钝忠诚者和缺乏忠诚者。

① 专一忠诚者。专一忠诚者是四个类型中最高的一层，它是构成顾客群体的最重要的部分。例如，瑞士万用刀的爱好者会不断地告诉他们的朋友和邻居这种刀的好处、用途以及他们的使用频率。这些专一的忠诚者会成为品牌的免费宣传者，并不断地向别人推荐。对任何企业而言，这都是他们最欢迎的顾客类型。

② 潜在忠诚者。顾客高度偏好与低度重复购买的结合，意味着潜在忠诚。例如，美国有一个标准的中国食物迷，她家附近有一家她很喜欢的中国餐馆。但她的先生却对中国食物不感兴趣，所以她只是偶尔光顾这家中国餐馆。如果该餐馆了解潜在忠诚者的这些情况，就可以采取一些应对的策略。比如该餐馆可考虑增加一些美式餐点，以吸引像她先生这样顾客。

③ 迟钝忠诚者。顾客低度偏好与高度重复购买的结合，便形成了迟钝忠诚。这类顾客的购买原因不是因为偏好，而是因为“我们经常用它”或“它方便”。大多数经常购买一类产品的顾客都属于这种类型。例如，有人总在一条街上购买日常用品，在另一条街上的干洗店干洗衣物，修鞋子则是就近到自己家隔壁。如果能提高产品或服务质量，形成自己的特色，积极争取这类客户，这类顾客就可能会由迟钝的忠诚度转变为高忠诚度。

④ 缺乏忠诚者。由于不同的原因，某些顾客就是不会对某些品牌产生忠诚。一般来说，企业应避免将缺乏忠诚的顾客作为目标，因为他们永远不会成为真诚的顾客，他们对企业的发展只有很少的贡献。

(5) 使用率。使用率可以根据品牌的轻度、中度和重度等不同等级的使用者来细分市场。

品牌重度使用者一般在市场上所占的比例不大，但他们的消费量在全部消费量中所占的比例却相当高。营销广告界的巴莱多定律认为，20% 的品牌重度使用者的消费量占该品牌消费量的 80%。以啤酒为例，有调查表明，在啤酒消费者中，大量消费者与小量消费者各占一半，其中大量消费者的消费量占总销量的 88%，小量消费者的消费量只占 12%。而啤酒的大量消费者多为劳动阶层，年龄在 25～50 岁。而年龄在 25 岁以下和 50 岁以上的多为小量消费者。这种细分有助于企业作出相应的对策。

(6) 态度。消费者对品牌的态度大体可以分为五种，即热爱、肯定、冷淡、拒绝和敌意。态度是人们生活方式的一种体现，态度决定成败，也决定品牌定位。企业可以通过调查分析，然后根据不同态度的顾客采取不同的营销对策。例如，对抱有拒绝和敌意态度者就不必浪费时间去改变他们的态度；对冷淡者则应设法去争取他们。

7. 市场细分策略

根据各个细分市场的独特性和公司自身的目标，有无差异市场营销、密集性市场营销、差异性市场营销三种目标市场策略可供选择。

1) 无差异市场营销

无差异市场营销指公司只推出一种产品，或只用一套市场营销策略来招徕顾客。当公司断定各个细分市场之间存在较少差异时，可考虑采用这种大量市场营销策略。

2) 密集性市场营销

密集性市场营销指公司将一切市场营销努力集中于一个或少数几个有利的细分市场。

3) 差异性市场营销

差异性市场营销指公司根据各个细分市场的特点，相应扩大某些产品的花色、式样和品种，或制定不同的营销计划和办法，以充分适应不同消费者的不同需求，吸引各种不同的购买者，从而扩大各种产品的销售量。

(1) 差异性市场营销的优点是在产品的设计或宣传上有的放矢，满足不同地区消费者的需求，不仅能增加产品的总销售量，还能使公司在细分小市场上占有优势，从而提高企业的影响力，在消费者心中树立良好的公司形象。

(2) 差异性市场营销的缺点是会增加成本，如增加产品改良成本、制造成本、管理费用、储存费用等。

二、目标市场

1. 目标市场定义

目标市场指在市场细分的基础上，从满足现实或潜在的目标顾客的需求出发，并根据企业自身经营条件而选定的特定市场。

著名的市场营销学者麦卡锡提出，应当把消费者看作是一个特定的群体，并称这一个特定的群体为目标市场。市场细分有利于明确目标市场，通过市场营销策略的应用，有利于满足目标市场的需要。目标市场就是通过市场细分后，企业准备以相应的产品和服务满足其需要的一个或几个子市场。

营销学者科特勒认为，所谓目标市场，就是指企业在市场细分之后的若干子市场中，所运用的企业营销活动之“矢”而瞄准的市场方向之“的”的优选过程。

2. 选择目标市场策略

1) 市场集中化

市场集中化指企业选择一个细分市场，并集中力量为之服务。集中营销使企业深刻了解该细分市场的需求特点，采用有针对性的产品、价格、渠道和促销等策略，以获得强有力的市场地位和良好的声誉。但同时隐含较大的经营风险。

2) 产品专门化

产品专门化指企业集中生产一种产品，并向所有顾客销售这种产品。例如，服装厂商向青年、中年和老年消费者销售高档服装，企业为不同的顾客提供不同种类的高档服装，而不生产其他档次的服装。这样，企业在高档服装产品方面能树立较高声誉，但一旦出现其他品牌的替代品或消费者流行偏好的转移，企业将面临巨大的威胁。

3) 市场专门化

市场专门化指企业专门服务于某一特定顾客群，尽力满足他们的各种需求。例如，企业专门为老年消费者提供各种档次的服装。虽然企业能通过这样的专门化服务能建立良好的声誉，但目标顾客群的需求潜力和特点一旦发生突然的变化，企业就要承担较大风险。

4) 有选择的专门化

有选择的专门化指企业选择几个细分市场，每一个细分市场对企业的目标和资源利用都有一定的吸引力，但各细分市场彼此之间很少或根本没有联系。这种策略能分散企业的经营风险，即使其中某个细分市场失去了吸引力，企业还能在其他细分市场盈利。

5) 完全市场覆盖

完全市场覆盖指企业力图用各种产品满足各种顾客群体的需求，即以所有的细分市场作为目标市场。例如，服装厂商为不同年龄的顾客提供各种档次的服装。一般只有实力强的大企业才能采用完全市场覆盖策略。

3. 目标市场营销策略

根据目标市场策略（如表 2-1 所示）选择目标市场，明确企业应为哪一类用户服务和满足用户的哪一种需求是企业在营销活动中的一项重要策略。因为不是所有的子市场对本企业都有吸引力，并且任何企业都没有足够的人力资源和资金满足整个市场或追求过分大的目标，所以只有扬长避短，找到有利于发挥本企业优势的目标市场才不至于在庞大的市场上失去方向。

表 2-1　目标市场策略

考虑因素	无差异性市场策略	集中性市场策略	差异性市场策略
商品特性	同质性	异质性	异质性
市场需求	差异性小	差异性大	差异性大
市场竞争者	少	多	多
企业实力	强	弱	强
产品生命周期	引入阶段	成长或成熟阶段	成长或成熟阶段

1) 差别性市场策略

差别性市场策略指把整个市场细分为若干子市场，针对不同的子市场设计不同的产品，制定不同的营销策略，满足不同的消费需求。例如，根据人群对时尚的追求偏好，把人分为时髦型、气质型、朴素型，并有针对性地设计出不同风格的产品，使产品更具有吸引力。

2) 无差异市场营销策略

无差异市场营销策略指公司只推出一种产品，或只用一套市场营销办法来招徕顾客。当公司断定各个细分市场之间存在较少差异时可考虑采用这种大量市场营销策略，其最大的优点是性价比高；其最大的缺点是顾客的满意度低，适用范围有限。

3) 集中性市场策略

集中性市场策略指在细分后的市场上，选择二个或少数几个细分市场作为目标市场，实行专业化生产和销售，在个别少数市场上发挥优势，提高市场占有率。采用这种策略的企业需要对目标市场有较深的了解，这是大部分中小型企业应当采用的策略。

采用集中性市场策略能集中优势力量，有利于产品适销对路，降低企业成本，提高企业和产品的知名度。但该策略有较大的经营风险，因为它的目标市场范围小，品种单一。如果目标市场的消费者的需求和爱好发生变化，企业就可能因应变不及时而陷入困境。同时，当强有力的竞争者打入目标市场时，企业就会受到严重影响。因此，许多中小企业为了分散风险仍选择一定数量的细分市场作为自己的目标市场。

三种目标市场策略各有利弊。选择目标市场时，企业必须考虑面临的各种因素和条件，如企业的规模和原料的供应、产品类似性、市场类似性、产品寿命周期、竞争的目标市场等。选择适合本企业的目标市场策略是一个复杂多变的工作。由于企业的内部条件和外部环境在不断地发展变化，所以经营者要通过市场调查和预测来掌握与分析市场的变化趋势及竞争对手的情况，扬长避短，发挥优势，把握时机，灵活地调整策略，以争取较大的利益。

4. 影响目标市场战略的因素

影响目标市场战略的因素有以下几点。

(1) 企业能力，指企业在研发、生产、技术、分销、促销、管理和资金等方面力量的总和。

(2) 产品同质性。

(3) 产品寿命周期阶段。

(4) 市场的类同性。

(5) 竞争者战略。

三、市场定位

市场定位指企业及产品确定在目标市场上所处的位置。市场定位是市场营销学中一个非常重要的概念，市场上常见主流商业管理课程如 MBA、EMBA 等均对“市场定位”有详细的介绍。

1. 市场定位的定义

市场定位 (Marketing Positioning) 称作“营销定位”，是市场营销工作者用以在目标市场中塑造产品、品牌、组织形象或个性的营销技术。企业根据竞争者现有产品在市场上所处的位置，针对消费者或用户对该产品某种特征或属性的重视程度，强有力地塑造出本企业产品与众不同的、给人印象深刻的鲜明个性或形象，并把这种形象生动地传递给顾客，从而使该产品在市场上确定适当的位置。

2. 市场定位的目的

市场定位并不是你对一件产品本身做些什么，而是你在潜在消费者的心中做些什么。市场定位的实质是将本企业与其他企业进行严格区分，使顾客明显感觉和认识到这种差别，让本企业在顾客心目中占有特殊的位置。

3. 市场定位的步骤

市场定位的关键是企业要设法在自己的产品上找出比竞争者更具有竞争优势的特性。竞争优势一般有两种基本类型：一是价格竞争优势，就是在同样的条件下比竞争者定出更低的价格，这就要求企业采取一切努力来降低单位成本；二是偏好竞争优势，即能提供确定的特色来满足顾客的特定偏好，这就要求企业采取一切努力在产品的特色上下功夫。因此，企业市场定位的全过程可以通过以下三大步骤来完成。

1) 识别潜在竞争优势

识别潜在竞争优势的中心任务是回答以下三个问题。

(1) 竞争对手的产品定位是什么？

(2) 目标市场上顾客欲望的满足程度如何以及还需要什么？

(3) 针对竞争者的市场定位和潜在顾客真正需要的利益要求企业应该做什么以及能够做什么？

要回答这三个问题，企业市场营销人员必须对相关的资料和研究结果进行系统地设计、搜索、分析、总结并作报告。

通过回答上述三个问题，企业就可以从中把握和确定自己的潜在竞争优势。

2) 核心竞争优势定位

竞争优势指企业具备能够胜过竞争对手的能力。这种能力既可以是现有的，也可以是潜在的。选择竞争优势实际上就是一个企业与竞争者各方面实力相比较的过程。比较的指标应是一个完整的体系，只有这样，才能准确地选择相对竞争优势。通常的方法是比较分析企业与竞争者在经营管理、技术开发、采购、生产、市场营销、财务和产品等七个方面中的强项与弱项，借此选出最适合本企业的优势项目，以初步确定企业在目标市场上所处的位置。

2) 制定战略的意义

制定战略有以下意义。

(1) 制定战略的主要任务是企业要通过一系列的宣传促销活动，将其独特的竞争优势准确地传播给潜在顾客，并在顾客心目中留下深刻的印象。

(2) 制定战略有利于目标顾客了解、知道、熟悉、认同、喜欢和偏爱本企业的市场定位，使企业在顾客心目中建立与该定位相一致的形象。

(3) 制定战略有利于企业强化目标顾客心中的企业形象，保持目标顾客对企业的了解，稳定目标顾客对企业的态度和加深目标顾客对企业的感情，从而巩固与市场形象。

(4) 制定战略有利于企业注意目标顾客对其市场定位出现的理解偏差，或由于企业市场定位宣传上的失误而造成的目标顾客模糊、混乱和误会等问题，以便企业及时改正错误。即便企业产品在市场上的定位很恰当，但在下列情况下，还应考虑重新定位。

① 竞争者推出的新产品定位于本企业产品附近，侵占了本企业产品的部分市场，使本企业产品的市场占有率下降。

② 消费者的需求或偏好发生了变化，使本企业产品的销售量骤减。

重新定位是指企业为已在某市场销售的产品重新确定某种形象，以改变消费者原有的认识，争取有利的市场地位的活动。例如，某日化厂生产婴儿洗发剂，以该洗发剂不刺激眼睛为卖点来吸引有婴儿的家庭。但随着出生率的下降，该产品的销售量减少。为了增加销售量，该企业将产品重新定位，强调使用该洗发剂能使头发松软有光泽，以吸引更多、更广泛的购买者。重新定位对于企业适应市场环境、调整市场营销战略是必不可少的，可以视为企业的战略转移。重新定位可能导致产品的名称、价格、包装和品牌的更改，也可能导致产品用途和功能上的变动，企业必须考虑定位转移的成本和新定位的收益问题。

4. 市场定位方式

1) 避强定位策略

避强定位策略指企业避免与强有力的竞争对手发生直接竞争，而将自己的产品定位于另一个市场区域内，使自己的产品在某些特征或属性方面与强势对手有明显的区别。这种策略可使企业在市场上迅速站稳脚跟，并在消费者心中树立起一定的形象。由于这种做法的风险较小，成功率较高，所以常被多数企业采用。

2) 迎头定位策略

迎头定位策略指企业根据自身实力，为占据较佳的市场位置，不惜与市场上占支配地位、实力最强或较强的竞争对手发生正面竞争，从而使自己的产品进入与对手相同的市场位置。由于竞争对手强大，所以这一竞争过程往往相当引人注目，企业及其产品能较快地被消费者了解，达到树立市场形象的目的。但这种策略可能引发激烈的市场竞争，具有较大的风险。因此，企业必须了解市场容量，正确判定凭自己的资源和能力是否能比竞争者做得更好，或者是否能与竞争者平分秋色。

3) 重新定位策略

重新定位策略指企业对销路少、市场反应差的产品进行二次定位。企业产品在初次定位后，如果由于顾客的需求偏好发生转移，市场对本企业产品的需求减少，或者由于新的竞争者进入市场，选择与本企业相近的市场位置，这时，企业就需要对其产品进行重新定位。一般来说，重新定位是企业摆脱经营困境，寻求新的活力的有效途径。此外，企业如果发现新的产品市场范围，也可以进行重新定位。

5. 市场定位原则

各企业的产品不同，其面对的顾客也不同，所处的竞争环境也不同，因而市场定位所依据的原则也不同。总的来讲，市场定位所依据的原则有以下四点：

1) 根据具体的产品特点定位

构成产品内在特色的许多因素都可以作为市场定位所依据的原则，比如产品的成分、材料、质量、价格等。“七喜”汽水的定位是“非可乐”，强调它与可乐类饮料不同，是不含咖啡因的饮料。一件仿皮皮衣与一件真正的水貂皮衣的市场定位自然不会一样，同样，不锈钢餐具若与纯银餐具的定位相同，也是难以令人信服的。

2) 根据特定的使用场合及用途定位

为老产品找到一种新用途，是为老产品创造新的市场定位的好方法。例如，有人曾经将小苏打定位为冰箱除臭剂，另外还有公司把小苏打当作调味汁和卤肉的配料，更有一家公司发现它可以作为冬季流行性感冒患者的饮料。再举一个例子，有一家生产“曲奇饼干”的厂家最初将其产品定位为家庭休闲食品，后来发现不少顾客购买产品是为了馈赠，又将之定位为礼品。

3) 根据顾客得到的利益定位

顾客最能切实体验到的是产品提供给顾客的利益，所以可以将顾客得到的利益用作定位的依据。

某啤酒公司推出了一种低热量的“Lite”牌啤酒，将其定位为喝了不会发胖的啤酒，这就迎合了那些经常饮用啤酒而又担心发胖的顾客的需要。

4) 根据使用者类型定位

企业常常试图将其产品指向某一类特定的使用者，以便根据这些顾客的看法塑造恰当的形象。

某啤酒公司曾将其原来唯一的品牌“高生”啤酒定位于“啤酒中的香槟”，吸引了许多不常饮用啤酒的高收入女性。后来发现，30% 的狂饮者消费了约啤酒销量的 80%，于是，该公司在广告中展示石油工人钻井成功后狂欢的镜头，还有年轻人在沙滩上冲刺后开怀畅饮的镜头，塑造了一个“精力充沛的形象”。在广告中提出“有空就喝啤酒”，从而成功占领啤酒狂饮者市场达 10 年之久。

事实上，许多企业进行市场定位的原则往往不止一个，而是多个原则同时使用。因为想要全面地展示企业及其产品的形象，市场定位必须是多维度的、多方面的。

【案例 2-3】

每家企业都根据自身的发展方向与目标来进行定位，以下是一些公司的定位。

IBM 公司：适应企业界解决问题的需要。

美国电报电话公司：提供快速有效的通信能力。

壳牌石油公司：满足人类的能源需要。

国际矿业及化学公司：解决世界上的饥饿问题。

四川长虹：以产业报国，以民族昌盛为己任。

由此可见，能够长期经营发展，并得到市场认可的企业都有着强烈的社会责任感。这些企业将提高全体社会成员的生活水平和幸福指数作为经营企业的愿景和最终目标，赢得了全社会的尊重和支持，它们的业务分布广泛，员工众多，消费群体广阔。

【案例思考】

你还了解哪些长期践行社会责任的知名企业？这些企业的知名度和美誉度是否不断提升？请举例谈谈。

综 合 练 习

一．选择题

（一）单选题

1. 在目标市场上，可能会出现没有需求、需求很少或超量需求的情况。市场营销管理就是要应对（　　）。

A. 这些不同的需求情况　　B. 没有需求的情况

C. 需求很小的情况　　D. 超量需求情况

2. 除市场营销组合的“4P”理论外，还应该再加上两个“P”，即权力 (Power) 与公共关系 (Public Relations)，成为“6P”。这种新的战略思想称为（　　）。

A. 宏观市场营销　　B. 大市场营销

C. 微观市场营销　　D. 整合市场营销

3. “健力宝”饮料公司大力支持和赞助中国运动员参加奥运会、亚运会，使“健力宝”饮料名扬天下，畅销世界，这是赞助活动中的（　　）方式。

A. 赞助体育运动　　B. 赞助文化娱乐活动

C. 赞助宣传用品的制作　　D. 赞助社会慈善和福利事业

（二）多选题

1. 市场的主要因素包括（　　）。

A. 人口　　B. 购买力

C. 消费　　D. 购买欲望

2. 社会市场营销观念要求市场营销者在制定市场营销政策时要统筹兼顾（　　）。

A. 企业利润　　B. 竞争对手的利润

C. 社会利益　　D. 消费者需要的满足

3. 垂直分销渠道模式包括有（　　）的形式。

A. 所有权式　　B. 契约式

C. 管理式　　D. 水平式

4. 下列对市场营销组合的描述正确的是（　　）。

A. 市场营销组合因素对企业来说都是“可控因素”

B. 市场营销组合因素中各自包含若干小的因素

C. 市场营销组合是一个动态组合

D. 市场营销组合要受企业市场定位战略的制约

5. 产品线延伸策略有（　　）的实现方式。

A. 向下延伸　　B. 双向延伸

C. 向上延伸　　D. 中间延伸

6. “MAN 法则”说明认定顾客资格的条件包括（　　）。

A. 具有商品购买力　　B. 具有对信息服务的认识能力

C. 具有对商品的需求　　D. 具有商品购买决定权

二、简答题

1. 目标市场策略有哪些？

2. 什么是市场定位？其步骤和方法分别有哪些？

三、实训

1. 实训项目：目标市场的选择。

2. 实训目的：掌握目标市场营销的基本步骤，提高运用目标市场营销理论分析问题、解决问题的能力。

3. 实训类型：方案设计。

4. 实训内容：

某公司的新款运动鞋在今年发布。该款运动鞋脚部有弯折槽，可有效地引导跑步轨迹，轻量防滑，外观具有超时代感，其价位在 300～350 元之间。但该公司的产品库存积压多，使原有市场萎缩。

请根据以上资料，完成以下步骤。

① 细分运动鞋市场；

② 选定目标市场；

③ 制定目标市场营销策略；

④ 实施市场定位。

5. 实训方式：教师指导学生进行实训。

6. 实训过程：

(1) 根据学生兴趣，成立建议书起草小组(每组人数为5～8人)；

(2) 各建议书起草小组就实训内容要点进行广泛讨论；

(3) 各建议书起草小组组长代表本组发言，其他成员补充；

(4) 教师进行答疑并点评。

7. 实训要求：

确定新款运动鞋的市场营销策略，并拟出相应建议书。

8. 实训结果：

根据目标市场营销策略建议书，填写实训报告。

第三章 产品策略

第一节 产品的组合

本节主要内容

- 产品的概念
- 产品整体的市场意义
- 产品的分类
- 产品组合的概念
- 产品组合策略

一、产品的概念

产品是企业市场营销组合的首要因素。人们通常理解的产品是指具有某种特定物质形状和用途的物品，是看得见、摸得着的东西，这是一种狭义的定义。而市场营销学认为，广义的产品是指人们通过购买而获得的，能够满足某种需求和欲望的物品的总和，它既包括具有物质形态的产品实体，又包括非物质形态的利益，这就是“产品的整体概念”。

20 世纪 90 年代以来，菲利普 • 科特勒等学者倾向于使用五个层次来表述产品的整体概念，认为五个层次的表述方式能够更深刻、更准确地表述产品整体概念的含义。产品整体概念要求营销人员在规划市场供应物时要考虑到能提供顾客价值的五个层次 (如图 3-1 所示)。产品整体概念的五个基本层次分别为核心产品、形式产品、期望产品、延伸产品、潜在产品。

1. 核心产品

核心产品指向顾客提供的产品的基本效用或利益。例如，电视机产品的核心是通过图像和音响使消费者获得各种信息与娱乐的效用，而不是为了使消费者获得装有某些机械、电器零部件的一个盒子。从根本上说，每一种产品实质上都是为解决问题而提供的服务。因此，营销人员向顾客销售任何产品都必须具有反映顾客核心需求的基本效用或利益。

2. 形式产品

形式产品指核心产品借以实现的形式，它是企业向消费者提供的产品实体和服务的外观。形式产品由五个特征构成，即品质、式样、特征、品牌及包装。即使是纯粹的服务，也具有相类似的形式上的特点。

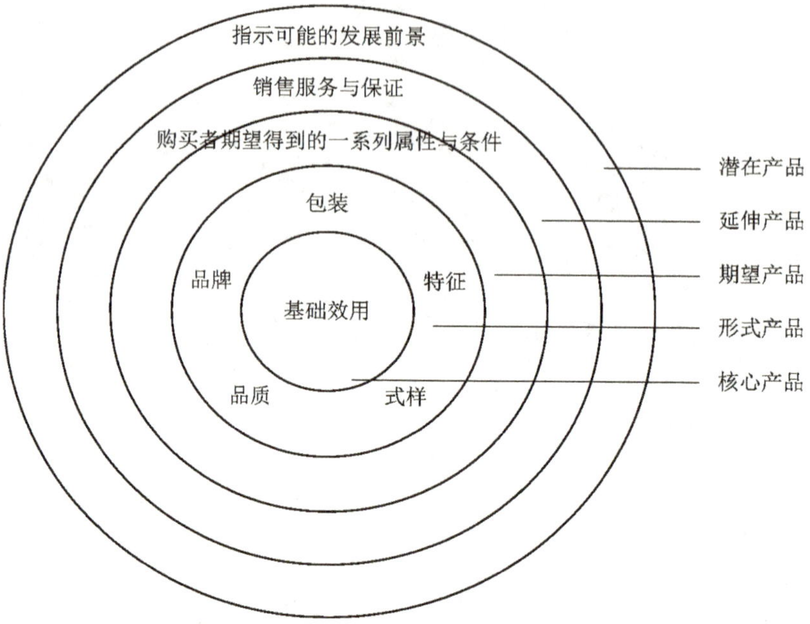

图 3-1　产品整体概念的五个层次

3. 期望产品

期望产品指购买者在购买产品时期望得到的与产品密切相关的一整套属性和条件。例如，消费者对冰箱产品的期望包括送货上门、质量、安装与维修保证。当消费者的期望产品得不到满足时，会影响其对产品的满意度程度、购后评价及重复购买率。

4. 延伸产品

延伸产品指顾客购买形式产品和期望产品时附带获得的各种利益的总和，包括产品说明书、保证、安装、维修、送货、技术培训等。很多企业的成功在一定程度上归功于它们能更好地认识到服务在产品整体概念中所占的重要地位。

5. 潜在产品

潜在产品指现有产品包括所有附加产品在内的，可能发展成为未来最终产品的潜在状态的产品。潜在产品指出了现有产品可能的演变趋势和前景。

社会需要是不断变化的，因此，产品的品种、规格、款式也会相应地改变。新产品的不断出现，产品质量的不断提高，产品数量的不断增加是现代社会经济发展的显著特点。

二、产品整体概念的市场意义

产品整体概念是对市场经济条件下产品概念的完整、系统、科学的表述，它对市场营销管理具有以下意义。

(1) 产品整体概念是企业贯彻市场营销观念的基础，它以消费者基本利益为核心指导整个市场营销管理活动。企业市场营销管理的根本目的是要保证消费者的基本利益。消费者购买电视机是希望业余时间充实和快乐；消费者购买计算机是为了提高生产和管理效率；消费者购买服装是要满足舒适、风度和美感的要求，等等。概括起来，消费者追求的基本利益大致包括功能和非功能两个方面的需求。消费者对前者的要求是出于实际使用的需要，而对后者的要求则是出于社会心理动机。功能与非功能的需求往往交织在一起，并且非功能的需求所占的比重变得越来越大。产品整体概念向产品的生产经营者明确指出，要竭尽全力地通过有形产品和附加产品去满足核心产品所包含的一切功能和非功能的要求，充分满足消费者的需求。不懂得产品整体概念的企业不可能真正贯彻市场营销观念。

(2) 产品整体概念的五个层次的最佳组合能确立产品的市场地位。营销人员要把为消费者提供的各种服务看作是产品实体的统一体。在当今社会中，科学技术的发展速度变快，消费者对切身利益的关注度也逐渐提高，他们会以产品的整体效果为标准来确认喜爱和满意的厂家和品牌，这使得产品保持独特性变得越来越困难。尤其是国内消费者在购买家电产品时，往往对有两层包装纸盒的产品 (双包装产品) 更为信赖，对于不少缺乏电器专业知识的消费者来说，辨别家电产品质量的可靠性往往是以包装的好坏作为决策依据的。对于营销者来说，产品越能以一种消费者易觉察的形式来体现消费者购物时所关心的因素，就越能获得好的产品形象，进而确立有利的市场地位。

(3) 产品差异构成企业特色的主体。企业要在激烈的市场竞争中取胜，就必须致力于创造自身产品的特色。不同产品项目之间的差异是非常明显的。这种差异或表现在功能上，如鸣笛水壶与一般水壶的区别；或表现在设计风格、品牌、包装的独到之处，甚至表现在与之相联系的文化因素上，如各种服装的差异；或表现在产品的附加利益上，如各种不同的服务可使产品各具特色。总之，在产品整体概念的三个层次上，企业都可以形成自己的特色，使其与竞争产品区别开来。此外，随着现代市场经济的发展和市场竞争的加剧，企业所提供的附加利益在市场竞争中也显得越来越重要。

三、产品的分类

市场中的产品是丰富多彩、多种多样的，但可以按不同的标志进行分类，如图 3-2 所示。

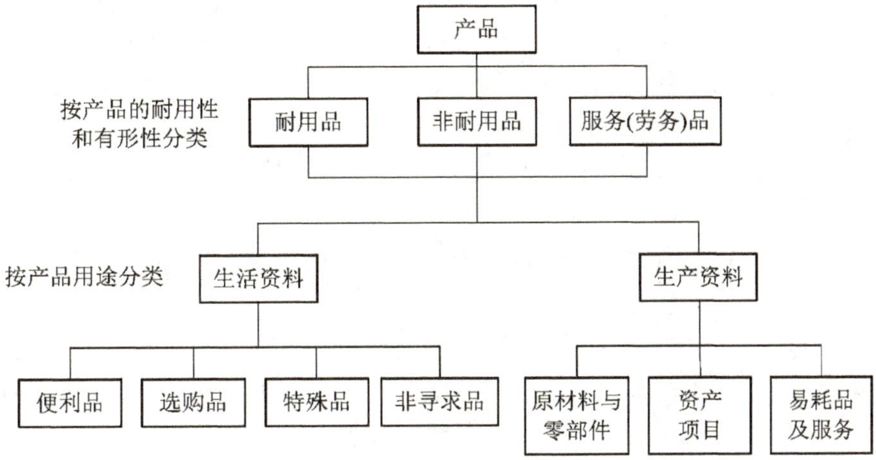

图 3-2 产品分类关系图

1. 按产品的耐用性和有形性分

按产品的耐用性和有形性可分为耐用品、非耐用品、服务(劳务)品。

(1) 耐用品。耐用品属于有形产品，它的使用期限或寿命较长，可以重复使用，如电视机、手机、汽车等。耐用品需要较多的推销人员和售后服务。

(2) 非耐用品。非耐用品属于有形产品，指在正常情况下一次或几次使用就被消费的有形物品。例如牙膏、糖果烟酒、肥皂、洗衣粉等。经营非耐用消费品要求网点设置要多且接近居民区，以便于消费者购买。同时，还要坚持薄利多销的销售方式，并注重广告宣传，以诱导消费者购买。

(3) 服务(劳务品)。服务是企业为出售产品而提供的活动和利益，如美容与理发行业。服务是无形的、不可分离的、可变的和易消失的。

2. 按产品的用途分

按产品的用途分，可分为生活资料和生产资料，或者分为消费品和产业用品。

1) 生产资料

生产资料指企业或组织购买后用于生产其他产品的产品。生产资料按进入生产过程的程度以及其相对成分划分，可以分为原材料与零部件、资产项目、易耗品及服务三类。

(1) 原材料与零部件。原材料与零部件指完全进入生产过程的产品，包括原料、材料和装配于产品之上成为产品的组成部分的零部件。

(2) 资产项目。资产项目指在生产过程中长期发挥作用，其价值逐渐分次地转移到所生产的产品中去的劳动资料，包括主要设备和附属设备。

(3) 易耗品及服务。易耗品及服务是维持企业生产经营活动所必需，但其本身完全不进入生产过程的产品，包括使用易耗品、维修易耗品和维修服务、咨询服务等。

2) 生活资料

生活资料指直接用于满足最终消费者生活消费的产品。生活资料按照消费者购买习惯可分为便利品、选购品、特殊品和非寻求商品。

(1) 便利品。便利品指顾客经常购买或即刻购买，并且几乎不做任何购买比较和购买努力的商品，如肥皂、报纸、牙膏等。便利品包括日用品、冲动用品和急用品三种。日用品是消费者经常购买的产品；冲动用品是消费者没有经过计划或寻找而购买的产品；急用品是当消费者的需求十分迫切时购买的产品，如因户外突然下雨临时购买的雨伞。

(2) 选购品。选购品指在选购过程中，消费者会对产品的适用性、质量、价格和式样等基本方面做有针对性比较的产品。通常选购行为发生在价格较高的产品，如房子、汽车等。选购品又可以进一步划分为同质选购品(质量相似，价格却明显不同，所以选择是必要的)和异质选购品(特色和服务上的区别比价格更重要)。

(3) 特殊品。特殊品指具有独有特征或品牌标记的产品。此类产品通常是有特别需要的人才会购买，如摄影器材、药物等。使用特殊品的人对产品知识有一定的了解，有习惯性的购买倾向，所以购买者往往不需花过多的时间进行选择。

(4) 非寻求品。非寻求品指消费者不会想到购买此类产品，或根本不知道有这类产品的存在，一直等到需求被唤醒时才会购买，如人寿保险、字典等。非寻求商品需要广告和人员推销的支持。

3) 产业用品

产业用品指不用于个人和家庭消费，而用于生产、转售或执行某种职能的产品，多属于中间产品或技术产品，一般分为原材料、耗材、工具、零部件、设备、固定资产和系统七大类别。例如咖啡机、放映机、叉车等。

产品除按上述标准进行分类外，还可以进一步细分。由于购买对象、购买目的、购买方式和购买组织的不同，导致了购买行为、市场范围、销售渠道和促销方式的差异，因此需要制定不同的营销策略。

产品好比人一样，都有其从成长到衰退的过程。因此，企业不能仅仅经营单一的产品，世界上很多企业经营的产品往往种类繁多。当然，并不是经营的产品越多越好，一个企业应该生产和经营哪些产品才是有利的？这些产品之间应该有哪些关系？这就是产品组合问题。

四、产品组合的概念

产品组合指某一特定销售商所能提供给消费者的一整套产品和项目。产品组合还包括产品项目、产品线和组合的维度。

1. 产品项目

产品项目指产品大类中各种不同品种、规格、质量的特定产品。企业产品目录中列出的每一个具体的品种就是一个产品项目。

2. 产品线

产品线又叫产品品类，指密切相关的能够满足同类需求的一组产品。产品线是许多产品项目的集合，这些产品项目能组成一条产品线是因为这些产品项目具有功能相似、用户相同、分销渠道相同、消费方式相似等特点。

3. 产品组合的维度

产品组合主要包括产品系列的宽度、长度、深度和关联性四个因素。这四个因素的不同构成了不同的产品组合。一个产品组合是由多个产品线组成的，因此，产品组合的维度主要指各产品线本身及其之间的关系。产品线也称产品大类、产品系列，是指一组密切相关的产品项目。这里的密切相关可以是相同的生产技术使产品有类似的功能，有同类的顾客群或同属于一个价格幅度。对于一个家电生产企业来说，可以有电视机生产线、电冰箱生产线。

1) 产品系列的宽度

产品组合的宽度指企业的产品线总数。产品组合的宽度说明了企业的经营范围，跨行业经营甚至实行多角化经营的程度。增加产品组合的宽度可以充分发挥企业的特长，使企业的资源得到充分利用，有助于提高经济效益，降低风险。例如，某公司拥有 5 条产品线，分别生产沐浴液、洗面奶、香皂、洗衣粉和杀虫剂，那么，该公司产品组合的宽度为 5，如表 3-1 所示。

表 3-1　某企业产品系列的宽度与长度

项目	产品系列的宽度				
	沐浴液	洗面奶	香皂	洗衣粉	杀虫剂
产品系列的长度	留春 蜜蜂 宝宝乐 百合 百草	维康 佳洁 洁美	呵护 洁盈 婷美	奥白 美佳	全效 杀无敌

2) 产品系列的长度

产品组合的长度指一个企业的产品项目总数。产品项目是企业产品线中具有不同规格、型号、式样或价格的最基本的产品单位。通常，每一条产品线中包括多个产品项目，企业各产品线的产品项目总数就是企业产品组合的长度。

3) 产品系列的深度

产品组合的深度指产品线中每一类产品有多少品种。如表 3-1 所示，该企业沐浴液的深度为 5。产品组合的深度反映了企业满足各个不同细分子市场的程度。增加产品项目和产品的规格、型号、式样、花色，可以迎合不同细分市场消费者的不同需要和爱好，吸引更多顾客。

4) 产品系列的关联性

产品系列的关联性指一个企业的各产品线在最终用途、生产条件、分销渠道等方面的相关联程度。例如，某公司的产品都是通过一样的分销渠道进行销售的，那么，该公司的产品线就具有较强的关联性。较高的产品关联性能提高企业的规模效益和企业的范围效益，以及企业在某一地区或行业的声誉。

【案例 3-1】

宝洁公司的产品组合

宝洁公司产品组合的宽度是 5 条产品线，如表 3-2 所示。实际上，该公司还有许多另外的产品线，如护发产品、保健产品、饮料、食品等。

表 3-2　宝洁公司的产品组合

项目	产品组合的宽度				
	洗涤剂	牙膏	香皂	方便尿布	纸巾
产品线长度	象牙雪 洁拂 汰渍 快乐 奥克多 达士 大胆 吉恩 黎明 独立	格里 佳洁士 登魁	象牙 柯柯 拉瓦 佳美 爵士 舒肤佳 海岸	帮宝适 露肤	查敏 白云 普夫 旗帜

【案例思考】

(1) 宝洁公司产品组合的长度、宽度和深度分别是多少?

(2) 如果宝洁公司的产品项目“佳洁士”牌牙膏有3种规格和2种配方(普通味和薄荷味),那么“佳洁士”牌牙膏的长度是多少?

(3) 如果宝洁公司的产品都通过同样的分销渠道出售,则该公司产品组合的关联性如何?就宝洁公司的产品对消费者的用途而言,该公司产品组合的关联性又如何?

4. 产品组合策略

产品组合策略指企业根据市场状况、自身资源条件和竞争态势对产品系列的宽度、长度、深度和关联度进行不同组合的过程。一个企业的产品组合决策并不是任意确定的,而应遵循有利于销售和增加企业总利润的原则,根据企业的资源条件和市场状况进行灵活选择。由于产品组合主要由产品线构成的,因此,产品组合策略主要包括产品线长度策略、产品线削减策略、产品线现代化策略和产品线特色化策略。

1) 产品线长度策略

产品线的最佳长度需要企业进行仔细的筹划和安排。如果产品线经理能够通过增加产品项目来增加利润的话,就说明现有的产品线太短。如果产品线经理能够通过削减产品项目来增加利润的话,就说明现有的产品线太长。产品线的长度一般受企业目标的影响。那些希望有较高的市场份额与市场增长潜力的企业一般有较长的产品线。企业可以采用的产品线长度策略主要有以下两种。

(1) 产品线扩展策略。产品线扩展策略指企业将产品线长度增加到超出现有范围的方法。每个企业的产品线只是该行业整个范围的一部分。企业可以通过向下扩展、向上扩展、双向扩展来实施产品线扩展策略。

(2) 产品线填补策略。产品线填补策略是指企业在现有产品线的范围内增加一些产品项目。采取产品线填补策略的企业有以下动机:一是为了获取增量利润;二是为了满足那些经常抱怨由于产品线不足而使销售额下降的经销商;三是为了充分利用剩余的生产能力;四是为了争取成为领先的产品线全满的企业;五是为了设法填补市场空隙,防止竞争者的入侵。

2) 产品线削减策略

采用产品线削减政策的情况主要有两种。

(1) 产品线中有使利润减少但却卖不掉的陈货,企业可以通过销售额和成本的分析来识别疲软的项目,然后对产品线作重大削减,以取得丰厚的长期利润。

(2) 企业如果缺乏生产能力,就必须集中生产利润较高的项目。另外,市场需求状况也可以影响产品线削减策略。例如,当需求紧迫时,企业通常缩短产品线;而在需求松缓时,则拉长产品线。

3) 产品线现代化策略

产品线现代化策略指对企业的产品线进行更新换代或技术升级的策略,其主要涉及两种现代化方式的选择，即是渐进式的现代化，还是激进式的现代化。

4) 产品线特色化策略

产品线经理通常会选择一个或多个产品项目作为产品线的特色。例如，西尔期公司推出低价的缝纫机来吸引顾客；劳斯莱斯公司也宣布推出定价仅 4.9 万美元的经济型车型，而该公司的高级汽车定价达 10.8 万元美元，推出经济型车型的目的是吸引顾客到它的汽车展销店去，一旦进了店，推销员会说服顾客买较高级的车子。

第二节 品 牌 战 略

本节主要内容

- 品牌的定义
- 品牌的策略

一、品牌

1. 品牌的定义

品牌是一种名称、术语、标记、符号或设计，或是它们的组合运用，其目的是借以辨认某个销售者，或某群销售者的产品及服务，并使之与竞争对手的产品和服务区别开来。

品牌是整体产品的重要组成部分，具有较广泛的含义。菲利浦·科特勒阐述了品牌的六层含义，具体如下。

(1) 属性，即一个品牌固有的外在印象；

(2) 利益，即使用该品牌带来的满足；

(3) 价值，即该品牌的使用价值和价值感；

(4) 文化，即附加和象征该品牌的文化；

(5) 个性，即品牌可以给人带来浮想和心理定式的特点；

(6) 使用者，即品牌还体现了购买或使用这种产品的是哪一类消费者。

一个品牌只有具备所有六层含义才是一个完整的品牌，而其核心是品牌的价值、文化和个性，它们确定了品牌的基础。

2. 品牌的功能

品牌具有以下功能。

1) 品牌的辨识功能

品牌最开始的功能就是将不同制造者的商品进行区分。现在，品牌确定了一个产品的来源者或者制造者，从而使制造商或者分销商可以对消费者负责。消费者可以通过对品牌的认识和评价去选购商品，而当消费者的生活越来越复杂、紧迫和繁忙时，品牌的辨别功能对简化顾客购买决策和降低购买风险至关重要。

2) 品牌的保护功能

品牌的保护功能指品牌可以为企业的不同特色的产品提供法律保护，如商标保护、专利保护、包装版权保护等。这些知识产权保证了企业可以安全地投资于某品牌并从其有价值的资产中获益。

3) 品牌的优势锁定功能

品牌的优势锁定功能主要包括以下几点。

(1) 品牌能体现出一定的产品质量水平，使满意度高的顾客再次选择此产品；

(2) 品牌忠诚度可为企业提供需求预测，且可以形成其他公司进入市场的障碍；

(3) 品牌忠诚度也可以转化成顾客出高价购买此产品的意愿；

(4) 竞争者可能很容易模仿产品的生产过程和设计，但却很难模仿本企业品牌多年在顾客心目中的形象。

4) 品牌的资产功能

品牌的资产功能指品牌代表着巨大的、能影响消费者行为的、有价值的、具有法律效力的资产，可以被买卖，并且给其拥有者提供未来收入的稳定支持。

3. 品牌内容

品牌内容包括属性、利益、价值观、文化、个性、使用者。

(1) 属性。一个品牌首先给人带来特定的属性。

(2) 利益。一个品牌不仅限于一组属性，顾客购买的不只是属性，还包括利益。品牌属性需要转换成产品的功能和情感利益。

(3) 价值观。品牌体现了该制造商的某些价值观。

(4) 文化。品牌可能象征了一定的文化。

(5) 个性。品牌代表了一定的个性，使得它所代表的产品区别于其他竞争者的产品。

(6) 使用者。品牌体现了购买或使用这种产品的是哪一类消费者。

二、品牌策略

企业的品牌策略指企业如何合理地使用品牌，以达到一定的营销目的。企业在进行品牌决策时，一般可以作以下选择。

1. 统一品牌策略

统一品牌策略指企业生产的一切产品均使用同一种品牌进入市场。例如，伊利集团的产品，无论是液态奶、奶粉，还是雪糕等，都冠以“伊利”这一品牌。采用这种策略有利于建立一整套企业识别体系和企业统一的品牌商标，广泛传播企业精神和特点，让产品具有强烈的识别性，提高企业的声誉和知名度。此外，企业还可以利用市场上的知名品牌推出新产品，这种方法有利于节省商标设计费用和促销费用，提高广告效果。但企业采用统一品牌策略必须具备以下两个条件：

(1) 企业品牌必须在市场上已经获得一定的信誉；

(2) 采用统一品牌的各种产品具有相同的质量水平，否则会因某一产品质量不佳波及到其他产品并影响整个企业形象。

2. 个别品牌策略

个别品牌策略指企业按产品的品种、用途和质量，分别采用不同的品牌。如五粮液酒厂生产的白酒采用“五粮液”“五粮醇”“五粮春”“尖庄”等不同品牌。采用这种策略能够严格区分不同产品和品种，区别质量档次，反映了不同产品的特色，以适应市场上不同层次的消费水平，有利于企业扩大市场容量，取得规模效益。企业采用这种策略承担的风险较小，因为即使有一两种品牌的商品不受市场欢迎，也不会影响到本企业其他品牌商品的销售，不会造成不良影响。但企业要为每一个产品设计品牌，为每一个品牌做广告宣传，就会导致成本增加，消费者也不易记住各品牌，难以树立企业的整体市场形象。

3. 品牌扩展策略

品牌扩展策略又称特殊品牌策略，指企业利用成功的品牌推出新产品或改良产品。例如，春兰集团以生产春兰空调而闻名遐迩，在他们推出摩托车产品时采用“春兰虎”“春兰豹”的品牌，采用这种策略可以节省新产品的宣传广告费用，利用消费者对品牌的信任感，使新产品能够顺利地迅速地进入市场。

4. 更换品牌策略

更换品牌策略就是更换原有企业的品牌，采用新的品牌。例如，科龙集团原先生产容声冰箱，后来该企业生产的空调采用科龙这一品牌。企业采用更换品牌策略的原因有很多，例如，原有品牌过时，需要更换；或采用某一特别著名产品的品牌；或企业生产方向的变更或扩大；或者企业认为需要重新设计产品形象等。

5. 中间商品牌策略

中间商品牌策略指在销售者品牌下从事市场营销活动。在传统上，品牌是厂商的制造标记，因为产品的设计、质量、特色都是由制造商决定的。但是，近年来越来越多的中间商大力提高自己的声誉，树立企业的形象，创立品牌，即中间商把制造商生产的产品大批量地买进来，再使用自己的品牌转让出去。例如，美国著名的零售商西尔斯百货公司，90% 以上的商品都用自己的牌子。采用这种策略可以利用中间商良好的品牌声誉以及庞大、完善的分销体系为生产企业在新的市场推销新的产品服务。但采用这种策略要求中间商严格控制制造者的产品质量，否则，不仅会影响产品销售，而且会砸掉中间商的牌子。

6. 借用品牌策略

借用品牌策略就是企业生产的产品不用自己的品牌，而用借来的品牌销售。国内许多联营企业常采用这种策略，即由主导厂提供技术，严把质量关，协作厂的产品用主导厂的品牌出售。采用这种策略看上去是无奈之举，是消极的举措，但从长远来看是积极的，借牌是为了使企业渡过难关，出现转机，开创未来。

7. 无品牌策略

一般来说，绝大部分企业或产品者使用品牌或注册商标，但在某些特殊情况下，可以不使用品牌或注册商标，只注明产地或生产厂家名称，也可使用未经注册的临时商标。无品牌策略适用以下三种情况。

(1) 产品技术要求简单，不同生产厂家其产品质量是同质的，故消费者没有必要再凭品牌去购买，如原材料、煤炭、电力等；

(2) 小范围的地产、地销产品习惯只标注产地或厂家，也可使用未注册商标，如土特产、手工艺品等；

(3) 企业临时性加工或一次性生产的产品，如接受外商的加工业务，一般是由经营单位重新包装使用经营者的商标。

【案例 3-2】

将传统文化元素与产品相融合是文化营销常见的手法之一，表现为包装上加入历史文化元素或者推出定制版产品等。品牌常与历史文化之间形成一种奇妙的契合点。例如，品牌冠名文化综艺可得到巨大的曝光量；当博物馆、美术馆、科技馆等与品牌发起联名活动时，能瞬间勾起消费者的兴趣，抓住消费者的好奇心，文化营销的目标也就实现了。

近年，腾讯公司联合故宫博物院共同推出“古画会唱歌”音乐创作大赛。大赛上线仅一个月便收到了 500 余首音乐作品，吸引 400 多万人次在平台上投票。腾讯的这一次活动为消费者提供了一个与传统文化亲密接触的平台。消费者与传统文化再一次碰撞出火花。

【案例思考】

结合上述文化营销案例，谈谈哪些行业适宜使用文化属性提高营销活动的效果？

第三节 新产品开发

本节主要内容

- 新产品开发概述
- 新产品开发策略

一、新产品开发概述

1. 新产品开发的定义

新产品开发指从研究选择适应市场需要的产品到产品设计、工艺制造设计，最后到投入正常生产的一系列决策过程。

不断开发新产品是形成竞争优势的一个主要因素。缩短新产品开发周期的方法是成功推出新产品的关键。市场营销学中使用的新产品概念不是从纯技术的角度来理解的，产品只要在功能或形态上得到改进，与原产品产生差异，并为顾客带来新的利益，即视为新产品。企业新产品开发的实质是推出不同内涵与外延的新产品。对大多数公司来说，开发新产品是改进现有产品而非创造全新产品。

2. 产品开发的基本方式

企业在开发新产品时选择合适的方式很重要。选择的方式得当并适合企业实际就能少承担风险，易获得成功。产品开发一般有独创方式、引进方式、结合方式和改进方式四种。

1) 独创方式

从长远考虑，企业开发新产品最根本的途径是自行设计、自行研制，即独创方式。采用这种方式开发新产品不仅有利于产品更新换代及形成企业的技术优势，还有利于产品竞争。自行研制、开发产品需要企业建立一支实力雄厚的研发队伍、一个深厚的技术平台和一道科学高效的产品开发流程。

2) 引进方式

技术引进是开发新产品的一种常用方式。企业采用这种方式可以快速地掌握新产品制造技术，并减少研制经费和力量的投入，从而争取时间缩短与其他企业的差距。但引进技术不利于形成企业的技术优势和促进企业产品的更新换代。

3) 改进方式

改进方式是以企业的现有产品为基础，根据用户的需要，采取改变性能、变换形式或扩大用途等措施来开发新产品的方法。采用这种方法需要依靠企业现有设备和技术力量，其优点是开发费用低，成功概率大。但是，如果长期采用改进方式来开发新产品，就会影响企业的发展速度。

4) 结合方式

结合方式是独创与引进相结合的方式，它是指在深入研究引进产品的结构、型号、外观、制作工艺等的基础上，保留原有的优势并利用本企业内部的人才与技术，创造性地对产品加以改进和升级，使得产品焕然一新，为本企业的产品打造一个新的产品定位与品牌形象，实现行业内产品的更新换代。

3. 新产品开发的程序

新产品开发是一项极其复杂的工作，从根据用户需要提出设想到正式生产产品并投放到市场，这过程会经历许多阶段，因其涉及面广、科学性强、持续时间长，所以必须按照一定的程序开展工作，这些程序只有互相促进、互相制约，才能使产品开发工作协调、顺利地进行。新产品开发过程一般包括以下环节。

1) 市场调研

市场调研旨在获得以下资料。

(1) 市场动向资料，即有关产品品种、规格、数量、价格、行情、供求状况及其发展趋势。

(2) 用户需求资料，即用户对现有产品的技术性能、工艺、产品的经济性、配套性、可维修性和安全性方面的意见和期望。

(3) 产品技术资料，即产品的技术现状和最新成果、发展趋势和未来可能出现的新技术。

企业应在充分调研的基础上，将所得资料进行整理和分析，发现外部环境要求以及可能给企业带来的机会，并根据企业的经营目标和资源条件确定新产品的开发目标。

2) 产品创意阶段

新产品开发是一种创新活动，产品创意是新产品开发的关键。在这一阶段，企业要根据掌握的市场需求情况以及企业的自身条件，充分考虑用户的使用要求和竞争对手的动向，有针对性地提出开发新产品的设想和构思。产品创意对新产品能否开发成功有至关重要的意义和作用。

企业新产品的创意主要来自三个方面。

(1) 来自用户。企业着手开发新产品，要先通过各种渠道掌握用户的需求。例如，了解用户在使用老产品过程中有哪些改进意见和新的需求等，并在此基础上形成新产品开发创意。

(2) 来自企业职工。企业职工，特别是经常接触用户的销售人员和技术服务人员，他们会比较清楚用户对老产品的改进意见与需求变化。

(3) 来自专业科研人员。专业科研人员具有比较丰富的专业理论和技术知识，企业要鼓励他们发扬这方面的专长，为企业提供开发新产品的创意。此外，企业还可通过情报部门、工商管理部门、外贸等渠道征集新产品开发创意。

产品创意包括三个方面的内容，即产品构思、构思筛选和产品概念的形成。

(1) 产品构思。产品构思是在市场调查和技术分析的基础上，提出关于新产品的构想或有关产品的改良建议。

(2) 构思筛选。并非所有的产品构思都能发展成新产品。有的产品构思可能很好，但与企业的发展目标不符，也缺乏相应的资源条件；有的产品构思可能本身就不切实际，缺乏开发的可能性。因此，企业必须对产品构思进行筛选。

(3) 产品概念的形成。经过筛选后的构思仅仅是设计人员或管理者头脑中的概念，离产品还有一段距离，还需要形成能够为消费者接受的、具体的产品概念。产品概念的形成过程实际上就是构思创意与消费者需求相结合的过程。

3) 新产品设计阶段

产品设计是指从确定产品设计任务书到确定产品结构的一系列技术工作的准备和管理，它是产品开发的重要环节，也是产品生产过程的开始，必须严格遵循“三段设计”程序。

(1) 初步设计阶段。这一阶段的主要工作就是编制设计任务书，并对设计任务书提出体现产品合理设计方案的改进性和推荐性意见。待意见经上级批准后，即可作为新产品技术设计的依据。该阶段的主要任务是正确地确定产品最佳总体设计方案、设计依据、产品用途及使用范围、基本参数及主要技术性能指标、产品工作原理及系统标准化综合要求、关键技术解决办法及关键元器件等。

(2) 技术设计阶段。技术设计阶段是新产品的定型阶段，它是在初步设计的基础上完成设计过程中必需的试验研究（如新原理结构、材料元件工艺的功能或模具试验等），并写出试验研究大纲和研究试验报告，完成产品设计计算书，画出产品总体尺寸图、产品主要零部件图，并进行校准。该阶段还需运用价值工程对产品中造价高的、结构复杂的、体积笨重的、数量多的主要零部件的结构、材质精度等选择方案进行成本与功能关系的分析，并编制技术经济分析报告，绘出各种系统原理图，列出特殊元件、外购件、材料清单，对技术任务书的某些内容进行审查和修正，最后对产品进行可靠性、可维修性分析。

(3) 工作图设计阶段。工作图设计的目的是在技术设计的基础上完成供试制 (生产) 及随机出厂用的全部工作图样和设计文件。设计者必须严格遵守有关标准规程和指导性文件的规定来设计绘制各种产品工作图。

4) 新产品试制与评价鉴定阶段

新产品试制阶段又分为样品试制和小批试制阶段。

(1) 样品试制阶段。该阶段的目的是考核产品设计质量，考验产品的结构、性能及主要工艺，验证和修正设计图纸，使产品设计基本定型。此外，还要验证产品结构工艺性，审查主要工艺上存在的问题。

(2) 小批试制阶段。这一阶段的工作重点在于工艺准备，主要目的是考验产品的工艺，验证它在正常生产条件下 (即在生产车间条件下) 能否保证所规定的技术条件、质量和良好的经济效果。

试制后，企业必须对产品进行鉴定，并从技术上、经济上对新产品作出全面评价，然后才能得出全面定型结论，并确定新产品能否投入正式生产。

5) 生产技术准备阶段

在生产技术准备阶段，企业应完成全部工作图的设计，确定各种零部件的技术要求。

6) 正式生产和销售阶段

在正式生产和销售阶段，企业不仅需要做好生产计划、劳动组织、物资供应、设备管理等一系列工作，还要考虑如何把新产品引入市场。例如，企业研究产品的促销宣传方式、价格策略、销售渠道和提供服务等问题。新产品的市场开发既是新产品开发过程的终点，又是下一代新产品再开发的起点。通过市场开发，企业可确切地了解开发的产品是否适应需要以及适应的程度。此外，分析与产品开发有关的市场情报，可为企业制定开发产品决策、改进下一批 (代) 产品、提高开发研制水平提供依据，同时还可取得有关潜在市场的相关数据资料。

二、新产品开发策略

新产品开发策略是企业产品策略的重要组成部分。新产品开发的策略有领先策略、超越自我策略、紧跟策略、补缺策略。

1. 领先策略

领先策略指在激烈的产品竞争中采用新原理、新技术、新结构优先开发出全新的产品，从而抢先占领市场。这类产品的开发多从属于发明创造范围，其特点是投资数额大，科学研究工作量大，新产品实验时间长。

2. 超越自我策略

超越自我策略的着眼点不在于眼前利益而在于长远利益。这种暂时放弃一部分眼前利益，最终以更新更优的产品去获取更大利润的经营策略要求企业有长远的“利润观”，要注意培育潜在市场，更需要有强大的技术作后盾。

3. 紧跟策略

采用紧跟策略的企业往往针对市场上已有的产品进行仿造或进行局部改进和创新，但新产品的基本原理和结构与已有产品相似。这种企业跟随既定技术的先驱者，以求用较少的投资得到成熟的定型技术，然后利用其特有的市场或价格方面的优势，在竞争中对早期开发者的商业地位进行侵蚀。

4. 补缺策略

每一个企业都不可能完全满足市场的所有需求，所以市场上总存在着未被满足的需求，这就为企业留下了一定的发展空间。这就要求企业采用补缺策略详细地分析市场上现有产品及消费者的需求，从中发现尚未被占领的市场。

第四节　产品生命周期

本节主要内容

- 产品生命周期
- 产品生命周期各阶段的营销策略

一、产品生命周期

1. 产品生命周期的含义

产品生命周期 (Product Life Cycle，PLC) 指产品的市场寿命。一种产品进入市场后，它的销售量和利润都会随时间的推移而改变，呈现出一个由少到多的过程。就如同人的生命一样，由诞生、成长到成熟，最终走向衰亡，这就是产品的生命周期现象。所谓产品生命周期，指产品从进入市场开始，直到最终退出市场为止所经历的市场生命循环过程。产品只有经过研究开发、试销，然后进入市场，它的市场生命周期才算开始。产品退出市场，则标志着生命周期的结束。

2. 产品生命周期各阶段的特点

典型的产品生命周期一般分为四个阶段，即导入期、成长期、成熟期和衰退期，如图 3-3 所示。

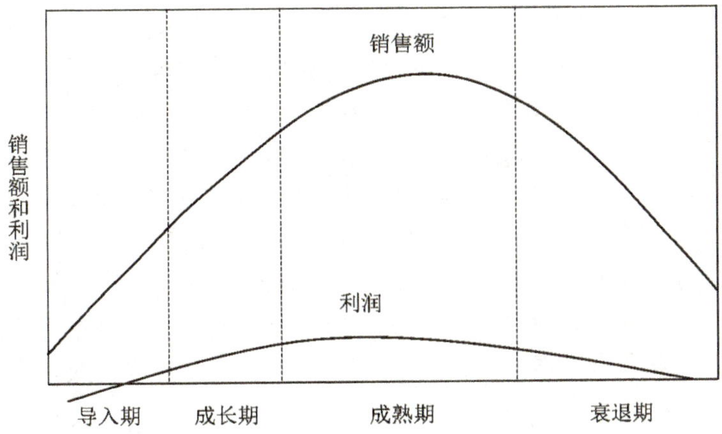

图 3-3　产品生命周期曲线

1) 导入期

新产品投入市场后便进入到了导入期。此时，顾客对新产品还不了解，可能只有少数追求新奇的顾客购买，新产品的销售量很低。为了扩宽销路，企业需要花费大量的促销费用对产品进行宣传。在这一阶段，由于技术方面的原因，新产品不能大批量生产，所以生产新产品的成本高，销售额增长缓慢，在此期间，企业不但得不到利润，反而可能会亏损。新产品也有待进一步完善。

2) 成长期

成长期是新产品被市场迅速接受和利润大量增加的时期。这一阶段，消费者对产品已经熟悉，大量的新顾客开始购买新产品，新产品的分销渠道逐渐顺畅，产品销售量迅速增长，几乎呈直线上升。在成长期中，因为产品已定型，生产工艺基本成熟，产品可大批量生产，所以生产成本相对降低，企业的销售额迅速上升，利润也迅速增长。竞争者看到有利可图，便纷纷进入市场参与竞争，使同类产品供给量增加，产品的价格随之下降，企业利润增长速度逐步减慢，最后达到生命周期利润的最高点。

3) 成熟期

市场需求趋向饱和，潜在的顾客已经很少，销售额增长缓慢直至转而下降，出现这些现象标志着产品进入了成熟期。在这一阶段，竞争逐渐加剧，产品的售价降低，促销费用增加，企业利润下降。

4) 衰退期

随着科学技术的发展，新产品或新的代用品出现使顾客的消费习惯发生改变，转向其他产品，从而使原来产品的销售额和利润额迅速下降。于是，产品进入了衰退期。

【案例 3-3】

老物件普遍处于产品生命周期的衰退期，但是近几年，各地举办的一系列传统文化复兴活动给了老物件一个换新颜的机会。

为了庆祝改革开放四十五周年，济宁的居民们欢聚一堂，纷纷将自己收藏的老物件拿出来，为年轻人讲述四十五载身边的生活变化，与大家分享老物件带给他们的回忆。

“这些是我在部队每次与家人通过信件联络时留下的邮票。现在这些邮票都已经没有什么价值了，但在我的心里，它们是最珍贵的。”73 岁的姬忠义抱着一本破旧的邮票收集册说。20 世纪 80 年代，他远在南方部队与家人之间相隔千里，相互的思念与牵挂都是通过信件来互相传送的。“现在生活好了，通讯设备齐全，千里之外也能‘见面’了。”

84 岁的郑广伦指着手里的“购粮本”陷入了回忆。20 世纪 50 年代初，粮食开始实行计划供应，一直到 90 年代初才取消，那个时候几乎家家户户都有居民粮证。“因为有了它，每家每户的粮食才有了基本的保证，我将粮食证一直保留了下来，也是对那段日子的一种纪念。”郑广伦说，“现在生活吃穿住行样样都不缺，孙子们也都上了学，自己就剩下享清福了。”社区居民通过一个个老物件，讲述着改革开放四十五年带来的生活变化。“改革开放四十五年来，居民的生活发生了翻天覆地的变化，未来我们也将努力做好自己的本职工作，不忘初心，砥砺前行，为居民获得更多的幸福感不断努力。”社区工作人员说。

【案例思考】

处于衰退期的产品如何突破营销困境?

二、营销策略

产品生命周期的四个阶段呈现出不同的市场特征，企业的营销策略就以各阶段的特征为基点来制定和实施。

1. 导入期的营销策略

导入期的特征是产品销量少、促销费用高、制造成本高、销售利润低(甚至为负值)。根据这一阶段的特点，企业应努力提高产品的针对性，把握好进入市场的时机，设法把销售力量直接投向最有可能的购买者上，使市场尽快接受该产品，以缩短导入期，更快地进入成长期。

在产品的导入期，一般可以将产品、分销、价格、促销四个基本要素组合成不同的市场营销策略。仅将价格的高低与促销费用的高低结合起来考虑，可以形成四种典型的策略，如图 3-4 所示。

价格水平 \ 促销水平	高	低
高	快速撇脂	缓慢撇脂
低	快速渗透	缓慢渗透

图 3-4　导入期的营销策略

1) 快速撇脂策略

快速撇脂策略指企业以高价格和高促销水平的方式推广新产品。实行高价策略可在每单位销售额中获取最大利润，尽快收回投资；高促销费用使企业能够快速建立知名度，占领市场。实施这一策略须具备以下条件：产品有较大的需求潜力；目标顾客求新心强，急于购买新产品；企业面临潜在竞争者的威胁，需要及早树立品牌形象。一般而言，在产品引入阶段，只要新产品比替代的产品有明显的优势，市场对其价格就不会那么计较。

2) 缓慢撇脂策略

缓慢撇脂策略指企业以高价格和低促销水平方式推出新产品，其目的是以尽可能低的费用开支求得更多的利润。实施这一策略的条件是：① 市场规模较小；② 产品已有一定的知名度；③ 目标顾客愿意支付高价；④ 潜在竞争的威胁不大。

3) 快速渗透策略

快速渗透策略指企业以低价格、高促销水平的方式推出新产品，其目的在于先发制人，以最快的速度打入市场，取得尽可能大的市场占有率，然后再随着销量和产量的扩大，使单位成本降低，取得规模效益。实施这一策略的条件是：① 该产品市场容量相当大；② 潜在消费者对产品不了解，且对价格十分敏感；③ 潜在竞争较为激烈；④ 产品的单位制造成本可随生产规模和销售量的扩大迅速降低。

4) 缓慢渗透策略

缓慢渗透策略指企业以低价格、低促销费水平推出新产品。其中，低价可扩大销售，低促销费用可降低营销成本，增加利润。这种策略的适用条件是：① 市场容量很大；② 市场上该产品的知名度较高；③ 市场对价格十分敏感；④ 存在某些潜在的竞争者，但威胁不大。

2. 成长期市场营销策略

产品进入成长期的主要标志是销售迅速增长。进入成长期以后，老顾客会重复购买产品，并且带来新的顾客，使产品的销售量激增，企业的利润随之迅速增长，利润在这一阶段将会达到高峰。随着销售量的增大，企业生产规模也逐步扩大，产品成本逐步降低，新的竞争者会投入竞争。随着竞争的加剧，新的产品特性开始出现，产品市场开始细分，分销渠道也逐渐增加，企业为维持市场的继续成长，需要保持或稍微增加促销费用，由于销量增加，平均促销费用就会有所下降。针对成长期的特点，企业若想维持其市场增长率，延长获取最大利润的时间，可以采取以下几种策略。

1) 改善产品品质

改善产品品质可以采用增加产品的功能、改变产品的款式、发展新的产品型号、开发产品的新用途等方式对产品进行改进。这样不仅可以提高产品的竞争能力，还可以满足顾客更广泛的需求，从而吸引更多的顾客。

2) 寻找新的细分市场

企业可通过市场细分找到新的尚未满足的细分市场，并根据其需要组织生产，迅速进入新的市场。

3) 改变广告宣传的重点

企业可以把广告宣传的重心从介绍产品转移到建立产品形象上来，这样做有利于树立产品品牌，维系老顾客，吸引新顾客。

4) 适时降价

在适当的时机，企业可以采取降价策略，以激发那些对价格比较敏感的消费者产生购买动机和采取购买行动。

3. 成熟期市场营销策略

进入成熟期以后，产品的销售量增长缓慢，逐步达到最高峰，然后缓慢地下降。产品的销售利润也从成长期的最高点开始下降。市场竞争变得非常激烈，各种品牌、各种款式的同类产品不断出现。

对成熟期的产品，宜采取主动出击的策略，使成熟期延长，或使产品生命周期出现再循环。为此，可以采取以下三种策略。

1) 市场调整策略

市场调整策略不是要调整产品本身，而是发现产品的新用途、寻求新的用户或改变推销方式等，以使产品销售量得以扩大。

2) 产品调整策略

产品调整策略通过调整产品来满足顾客的不同需要，以吸引有不同需求的顾客。整体产品概念的任何层次的调整都可视为产品再推出。

3) 市场营销组合调整策略

市场营销组合调整即通过对产品、定价、渠道、促销四个市场营销组合因素加以综合调整，刺激销售量的回升。常用的方法包括降价、提高促销水平、扩展分销渠道和提高服务质量等。

4. 衰退期市场营销策略

衰退期的主要特点是：① 产品销售量急剧下降；② 企业从产品中获得的利润很低甚至为零；③ 大量的竞争者退出市场；④ 消费者的消费习惯已发生改变等特点。

面对处于衰退期的产品，企业需要进行认真的研究分析，从而决定采取什么市场营销策略，在什么时间退出市场。在衰退期，企业通常有以下几种策略可供选择。

1) 继续策略

继续策略指企业继续延用过去的策略，按照原来的细分市场，使用相同的分销渠道、定价及促销方式来推广某产品，直到这种产品完全退出市场为止。

2) 集中策略

集中策略是把企业能力和资源集中在最有利的细分市场和分销渠道上，并从中获取利润。集中策略不仅有利于缩短产品退出市场的时间，还能为企业创造更多的利润。

3) 收缩策略

收缩策略指抛弃无希望的顾客群体，大幅度降低促销水平，尽量减少促销费用，以增加利润。收缩策略虽然可能导致产品在市场上的衰退加速，但也能从忠实于这种产品的顾客中得到利润。

4) 放弃策略

放弃策略指对于衰退比较迅速的产品，应该当机立断，放弃经营，可以采取完全放弃的形式，如把产品完全转移出去或立即停止生产；也可采取逐步放弃的方式，使其所占用的资源逐步转向其他产品。

【案例 3-4】

“品牌 + 新媒体”5 分钟卖出 100 台车

著名汽车品牌 MINI 与拥有 450 万粉丝的时尚博主合作，通过公众号卖车，100 台 MINI 加勒比蓝色限量版 5 分钟售空，50 分钟内全部付款完成。是什么营销策略让汽车销售如此成功？让我们一同来揭晓。

活动开始前两周，时尚博主的公众号发出一张预热海报，透露将联合 MINI 品牌为 100 位车主带来蓝色 MINI 的信息。

活动开始前一周，时尚博主的公众号发出 MINI 加勒比蓝色限量版的预约通道，规定每个手机号只能预约一次。同日，MINI 官方微信订阅号首次发布与该时尚博主的合作。

活动当天，时尚博主的公众号正式公布抢购渠道，从活动发布之日起，短短一周时间，加勒比蓝色限量版MINI预约信息已过千。100辆MINI限量加勒比蓝5分钟内售空，50分钟内全部付完款。

在本案例中，有以下几个方面值得注意。

(1) 合作模式成熟。作为拥有450万粉丝的时尚博主，该公众号曾与故宫博物院合作系列主题首饰，并上线100套限量礼盒，仅20分钟便售罄；与故宫博物院合作推出的手账本，10 000本上线当天被抢售一空……这些案例证明该公众号的合作模式已经成熟。

(2) 产品与IP结合，带动产品曝光。该时尚博主在粉丝中的影响力以及粉丝的购买力使其成为时尚圈的意见领袖，MINI品牌与高关注度、强号召力的IP博主合作，能够使品牌得到充分曝光，而粉丝的购买力有助于提高产品的销售量。

(3) 合作双方产品调性适合，双方粉丝重叠。该时尚博主的影响力以及其产出内容的风格、推荐产品的方式等与MINI品牌相符，并运用公众号传达出品牌不盲从、有想法、坚持真我的态度。

综 合 练 习

一、选择题

(一) 单选题

1. 产品的整体概念体现了以(　　)为中心的现代市场营销观念。

A. 服务　　B. 顾客

C. 产品　　D. 企业

2. 人们购买化妆品并不是为了获得它的某些化学成分，而是要获得“美”，从这个角度来说，化妆品所提供的“美化”功能属于(　　)。

A. 潜在产品层　　B. 附加产品层

C. 形式产品层　　D. 核心产品层

3. 包装、品牌、质量等属于产品整体概念中的(　　)产品层。

A. 核心　　B. 附加

C. 形式　　D. 潜在

4. 安装、送货、保证、提供信贷、售后服务等属于(　　)产品层。

A. 核心　　B. 附加

C. 形式　　D. 潜在

5. 与现有产品相关的、未来可发展的潜在性产品是(　　)产品层。

A. 核心　　B. 附加

C. 形式　　D. 潜在

6. 正常情况下，能够多次使用的物品叫作(　　)。

A. 耐用品　　B. 非耐用品

C. 服务　　D. 便利品

7. 像肥皂、报纸等消费者通常频繁购买或需要随时购买，并且只花最少精力和最少时间去比较品牌、价格的消费品属于（　　）。

A. 便利品　　B. 选购品

C. 特殊品　　D. 非寻求品

8. 对于能够识别的独特产品或名牌产品，消费者习惯上愿意多花时间和精力去购买，则该类消费品属于（　　）。

A. 便利品　　B. 选购品

C. 非寻求物品　　D. 特殊品

9. 顾客不知道的物品，或者虽然知道却没有兴趣购买的物品属于（　　）。

A. 便利品　　B. 选购品

C. 非寻求物品　　D. 特殊品

10. 资本项目包括装备和附属设备两个部分。这种产品指（　　）。

A. 部分进入产成品中的商品

B. 成为最终产品的商品

C. 在生产过程中起主导作用的商品

D. 在销售过程中起辅助作用的商品

11. 企业生产经营各种不同类型产品之间的组合和量的比例是（　　）。

A. 产品组合　　B. 产品线

C. 产品项目　　D. 产品系列

12.（　　）是指在技术上和结构上密切相关，具有相同使用功能，规格不同而满足同类需求的一组产品。

A. 产品组合　　B. 产品线

C. 产品项目　　D. 产品系列

13. 企业拥有的不同产品线的数目是（　　）。

A. 宽度　　B. 长度

C. 深度　　D. 关联性

14. 每条产品线内不同规格的产品项目的数量是（　　）。

A. 宽度　　B. 长度

C. 深度　　D. 关联性

15. 产品线上平均具有的产品项目数是（　　）。

A. 宽度　　B. 长度

C. 深度　　D. 关联性

16. 雅芳化妆品公司拥有 30 条产品线，共有 1200 个产品项目，则其产品组合的深度为（　　）。

A. 30　　B. 40

C. 50　　D. 60

17. 对于产品组合来说，产品组合深度越大说明（　　）。

A. 企业的产品线越多

B. 企业产品的规格、品种越多

C. 企业每条产品线内产品规格越多

D. 各产品线在最终用途、生产条件、分配渠道方面的密切相关程度越高

18. 一个企业缩减自己的产品组合是指（　　）。

A. 产品线减少

B. 产品线更新

C. 产品线号召

D. 剔除那些获利小甚至亏损的产品线或产品项目

19. 一个企业把自己的产品线长度延伸超过现有范围是指（　　）。

A. 产品线延伸　　B. 产品线更新

C. 产品线号召　　D. 扩大产品组合

20. 丰田公司为优化产品组合，在其中档产品卡罗纳品牌的基础上，为高档市场增加了佳美品牌，为低档市场增加了小明星品牌。丰田公司的这种策略是（　　）。

A. 向下延伸　　B. 向上延伸

C. 双向延伸　　D. 扩大产品组合

21. 某空调公司在市场上推出了一种只卖999元的经济型空调，而它的高档产品要卖20 000多元，从而在吸引顾客来看经济型空调时，尽力设法影响他们购买更高档的空调。该公司产品大类决策属于（　　）。

A. 扩大产品组合决策　　B. 产品线更新决策

C. 缩减产品组合决策　　D. 产品线号召决策

（二）多选题

1. 按产品的耐用性和有形性可将产品划分为（　　）。

A. 耐用品　　B. 非耐用品

C. 服务　　D. 便利品

2. 按消费者的购买习惯，可以把消费品划分为（　　）。

A. 耐用品　　B. 便利品

C. 选购品　　D. 特殊品

3. 便利品可分为（　　）。

A. 常用品　　B. 冲动品

C. 救急品　　D. 耐用品

4. 按照消费者的消费习惯对消费品进行划分，下列属于选购品的有（　　）。

A. 名牌男服　　B. 儿童衣料

C. 家具　　D. 人寿保险

5. 非寻求物品指顾客不知道的物品，或者虽然知道却没有兴趣购买的物品。下列属于非寻求物品的是（　　）。

A. 刚上市的新产品　　B. 墓地

C. 人寿保险　　D. 牙膏

6. 根据如何进入生产过程和相对成份这两点，可以把工业品分成（　　）。

A. 原材料和零部件　　B. 资产项目

C. 易耗品　　D. 服务

7. 根据工业品（　　），可以把工业品分成三类：原材料和零部件、资产项目以及易耗品与服务。

A. 如何进入生产过程　　B. 相对成分

C. 如何折算成本　　D. 如何加工

8. 下列关于产品组合的说法中，正确的是（　　）。

A. 产品组合的宽度越大，说明企业的产品线越多

B. 产品组合的深度越大，企业产品的规格、品种就越多

C. 产品组合的深度越浅，宽度越窄，则产品组合的关联性越大

D. 增加产品线和扩大经营范围，可以使企业获得新的发展机会

9. 产品组合决策就是企业根据市场需求、竞争形势和企业自身能力对产品组合的（　　）方面做出的决策。

A. 宽度　　B. 长度

C. 深度　　D. 关联性

10. 产品组合策略主要有（　　）。

A. 扩大产品组合　　B. 产品线现代化决策

C. 缩减产品组合　　D. 产品线号召决策

11. 企业扩大产品组合的方式有（　　）。

A. 扩展产品组合的宽度　　B. 产品线更新

C. 加强产品组合的深度　　D. 品牌扩展

12. 企业的下列各种措施中，属于扩大产品组合的是（　　）。

A. 在原产品组合中增加产品线，扩大经营范围

B. 逐步实现技术改造，以更快的速度用全新设备更换原有产品大类

C. 在原有产品线内增加新的产品项目

D. 选择一个或者少数几个产品项目成为号召性产品去吸引顾客

13. 产品延伸策略的实现方式（　　）。

A. 向上延伸　　B. 向下延伸

C. 向左延伸　　D. 向右延伸

14. 在进行产品线延伸时，向下延伸的必要条件有（　　）。

A. 利用高档产品的声誉，吸引购买力水平较低的顾客来购买此产品线中的廉价产品

B. 高档产品销售增长缓慢，企业资源设备没有得到充分利用，为争取更多的顾客

C. 企业已利用高档产品建立起信誉，再进入中、低档以扩大市场占有率

D. 补充企业的产品线空白

15. 在进行产品线延伸时，向上延伸的主要目的有（　　）。

A. 高档产品市场具有较大的潜在增长率和较高利润率的吸引

B. 企业的技术设备和营销能力已具备加入高档产品市场的条件

C. 企业要重新进行产品线定位

D. 抵御高档产品品牌向下延伸

16. 逐步实现技术改造的产品线现代化决策的特点是（　　）。

A. 可以节省资金耗费

B. 可以出其不意，击败竞争对手

C. 使竞争者有充足的时间设计产品大类

D. 时间短

二、简答题

1. 什么是产品？它分为哪些类型？

2. 试述产品生命周期各阶段的特点以及可供选择的营销策略。

3. 举例说明开发新产品的步骤。

4. 什么是品牌？树立品牌可使用哪些策略？

三、实训

1. 实训项目：制定产品在各阶段的营销策略。

2. 实训目的：研究感兴趣的行业产品或品牌，分析该产品或品牌在产品生命周期的不同阶段使用的营销策略。

3. 实训类型：对产品的营销活动进行调查研究。

4. 实训内容：某产品或品牌的产品生命周期不同阶段的营销活动。

5. 实训方式：教师指导学生进行实训。

6. 实训过程：

(1) 学生选择各小组感兴趣的产品或者品牌。

(2) 分小组讨论该产品或品牌在不同阶段的营销策略。

(3) 组织各小组同学在班内讨论发言。

7. 实训要求：小组成员积极发言，共同讨论，得出结论。

8. 实训结果：提交小组实训作业，明确在不同阶段，某产品或品牌应当采取的营销策略。

第四章　产品定价策略

第一节　定价的概念与因素

本节主要内容

- 定价的概念
- 影响定价的因素

一、定价的概念

定价是市场营销学中最重要的组成部分之一，它主要研究商品和服务的价格制定和变更策略，以求得最佳的营销效果和收益。从经济学和市场营销学的观点来看，产品价格的含义是不同的。

从经济学的观点来看，价格是严肃的，它是商品价值的货币表现形式，是不可随意变动的。价格总是与利润的实现紧密联系在一起，可表示为

$$价格 = 总成本 + 利润$$

因此，从经济学的角度来说，定价是一门科学。

从市场营销学的观点来看，价格是活泼的，它是可以随时随地根据需要而变动的。定价可根据整个市场的变化做出灵活的反应。价格也可根据消费者的接受程度为出发点。价格是决定企业盈利的重要因素，但绝不是唯一的决定性因素。

尽管市场对产品的定价采取的是宽松的策略，但价格的制定仍须遵循客观经济规律。即使在完全的市场经济条件下，产品的定价也只能在客观经济规律允许的有限范围内自由定价，即必须按照经济学的原理和原则，遵循客观的经济规律来进行决策和调节定价。

二、影响定价的因素

影响产品定价的因素有很多，有企业内部因素，也有企业外部因素；有主观因素，也有客观因素。概括起来，影响产品定价的因素大体有产品成本、市场需求、竞争因素和其他因素四个方面。

1. 产品成本

在实际工作中，产品的价格是按成本、利润和税金三个部分来制定的。成本可分解为固定成本和变动成本。产品的价格有时由总成本决定，有时由变动成本决定。成本有时又分为社会平均成本和企业个别成本。社会同类产品的市场价格主要受社会平均成本影响。

在竞争充分的情况下，企业个别成本高于或低于社会平均成本对产品价格的影响不大。

企业在进行定价时，不应孤立地对待成本，而应将其同产量、销量、资金周转等因素综合起来考虑。成本因素还要与影响价格的其他因素结合起来考虑。

2. 市场需求

除受成本影响外，产品价格还受市场需求的影响，即受商品供给与需求的相互关系的影响。当商品的市场需求大于供给时，价格应高一些；当商品的市场需求小于供给时，价格应低一些。反过来，价格变动影响市场需求总量，从而影响销售量，进而影响企业目标的实现。因此，企业制定价格就必须了解价格变动对市场需求的影响程度，反映这种影响程度的一个指标就是商品的价格需求弹性系数。

3. 竞争因素

竞争因素包含完全竞争与不完全竞争两种情况。

(1) 完全竞争是一种理想化的极端情况。在完全竞争的条件下，买者和卖者都大量存在，产品同质化严重，且产品间不存在质量与功能上的差异，企业自由地选择产品生产，买卖双方能充分地获得市场情报。在这种情况下，无论是买方还是卖方都不能影响产品的价格，只能在市场既定价格下从事生产和交易。

(2) 不完全竞争是现实中存在的典型的市场竞争状况。不完全竞争条件下，最少有两个以上买者或卖者，少数买者或卖者对价格和交易数量起着较大的影响作用，买卖双方获得的市场信息是不充分的，它们的活动受到一定的限制，而且它们提供的同类商品是有差异的，因此，它们之间存在着一定程度的竞争。在不完全竞争情况下，企业的定价策略有较大的回旋余地，它既要考虑竞争对象的价格策略，也要考虑本企业定价策略对竞争态势的影响。

(3) 完全垄断指一种商品的供应完全由独家控制，形成独占市场。在完全垄断竞争的情况下，交易的数量与价格由垄断者单方面决定。完全垄断在现实中很少见。

【案例 4-1】

4. 其他因素

其他因素包括政府或行业组织干预、消费者心理和习惯、企业或产品的形象。

第二节　一般定价方法

本节主要内容

- 成本导向定价法
- 需求导向定价法
- 竞争导向定价法

定价方法是企业在特定的定价目标指导下，依据对成本、需求及竞争等状况的研究，运用价格决策理论，对产品价格进行计算的具体方法。定价方法主要包括以下三种类型。

一、成本导向定价法

成本导向定价法是以产品单位成本为基本依据，再考虑预期利润来确定价格的定价方法。成本导向定价法是企业定价首先需要考虑的方法。成本是企业生产经营过程中所发生的实际耗费，客观上要求通过商品的销售来得到补偿，并且要获得大于其支出的收入，超出的部分表现为企业利润。成本导向定价法又衍生出了总成本加成定价法、目标收益定价法、边际成本定价法、盈亏平衡定价法等几种具体的定价方法。

1. 总成本加成定价法

总成本加成定价法是按产品单位成本加上一定比例的利润制定产品价格的方法。大多数企业是按成本利润率来确定所加利润的大小的。价格与单位成本的关系可表示为

$$\begin{aligned}\text{单位产品的价格} &= \text{单位产品总成本} + \text{单位产品总成本} \times \text{成本利润率} \\ &= \text{单位产品总成本} \times (1 + \text{成本利润率})\end{aligned}$$

总成本加成定价法是企业较常用的定价方法。

【例 4-1】某电视机厂生产 2 000 台彩色电视机，总固定成本为 600 万元，每台彩台的变动成本为 1 000 元，确定目标利润率为 25%。采用总成本加成定价法确定价格的过程如下：

$$\text{单位产品固定成本} = \frac{6\ 000\ 000}{2\ 000} = 3\ 000(\text{元})$$

$$\text{单位产品变动成本} = 1\ 000(\text{元})$$

$$\begin{aligned}\text{单位产品总成本} &= \text{单位产品固定成本} + \text{单位产品变动成本} \\ &= 3\ 000 + 1\ 000 = 4\ 000(\text{元})\end{aligned}$$

$$\text{单位产品价格} = 4\ 000 \times (1 + 25\%) = 5\ 000(\text{元})$$

用总成本加成方法计算价格时，对成本的确定是在假设销售量达到某一水平的基础上进行的。因此，若产品销售出现困难，则预期利润很难实现，甚至成本补偿也无法实现。但是，这种方法也有一些优点。首先，总成本加成定价法简化了定价工作，便于企业开展经济核算。其次，若某个行业的所有企业都使用总成本加成定价法，那么该类产品的价格就会近似，因而价格竞争就会减到最少。最后，在总成本加成的基础上制定出来的价格对买方和卖方来说都比较公平，卖方能得到正常的利润，买方也不会觉得受到了额外的剥削。

2. 目标收益定价法

目标收益定价法又称目标利润定价法，或投资收益率定价法，它是在成本的基础上，按照目标收益率的高低来计算价格的方法。运用目标收益定价法时，企业试图确定一个能带来企业所追求的投资收益率的价格。其计算步骤如下：

(1) 确定目标收益率。目标收益率可表现为投资收益率、成本利润率、销售利润率、

资金利润率等多种不同的方式。目标收益率的计算公式为

$$目标收益率 = \frac{1}{投资回收期} \times 100\%$$

(2) 确定单位产品目标利润额。目标利润额的计算公式为

$$单位产品目标利润额 = \frac{投资总额 \times 目标收益率}{预期销售}$$

(3) 确定计算单位产品价格。计算单位产品价格的计算公式为

$$单位产品价格 = 单位产品成本 + 单位产品目标利润$$

目标收益定价法的优点是可以保证企业既定目标利润的实现。这种方法一般适用于在市场上具有一定影响力的企业或是在市场占有率较高、具有垄断性质的企业。目标收益定价法的缺点是只从卖方的利益出发，没有考虑竞争因素和市场需求的情况。

【例 4-2】投资建设电视机厂的总投资额为 800 万元，投资回收期为 5 年，单位产品成本为 4 000 元，则采用目标收益定价法确定价格的基本步骤为

$$目标收益率 = \frac{1}{5} \times 100\% = 20\%$$

$$\begin{aligned}单位产品目标利润额 &= \frac{总投资额 \times 目标收益率}{预期销量} \\ &= \frac{8\ 000\ 000 \times 20\%}{2\ 000} \\ &= 800(元)\end{aligned}$$

$$\begin{aligned}单位产品价格 &= 单位产品成本 + 单位产品目标利润额 \\ &= 4\ 000 + 800 \\ &= 4\ 800(元)\end{aligned}$$

3. 边际成本定价法

边际成本指每增加或减少单位产品所引起的总成本的变化量。由于边际成本与变动成本比较接近，而变动成本的计算更容易一些，所以在定价实务中多用变动成本代替边际成本，故边际成本定价法又称为变动成本定价法。

边际成本定价法以单位产品变动成本作为定价依据和可接受价格的最低界限。在价格高于变动成本的情况下，企业出售产品的收入除完全补偿变动成本外，尚可用来补偿一部分固定成本，甚至可能提供利润。边际成本定价法改变了售价低于总成本便拒绝交易的做法，在竞争激烈的市场条件下具有极大的定价灵活性，对于有效地对付竞争者、开拓新市场、调节需求的季节差异、形成最优产品组合可以发挥巨大的作用。

【例 4-3】某制鞋厂在一定时期内发生的固定成本为 80 000 元，单位变动成本为 0.7 元，预计销量为 100 000 双。在当时市场条件下，同类产品的价格为 1 元 / 双。那么，企业是否应该继续生产呢？

其决策过程如下：

固定成本 = 80 000 元

变动成本 = 0.7 × 100 000 = 70 000(元)

销售收入 = 1 × 100 000 = 100 000(元)

盈亏(按总成本) = 销售收入 − (固定成本 + 变动成本)

= 100 000 − (80 000 + 70 000)

= −50 000(元)

根据边际成本定价法，企业出现了 50 000 元的亏损，但是作为已经发生的固定成本，在不生产的情况下，已支出了 80 000 元，这说明按变动成本定价时可减少 30 000 元固定成本的损失，并补偿了全部变动成本 70 000 元。若低于变动成本定价，如市场价格降为 0.7 元 / 双以下，则企业应该停产，因为此时的销售收入不仅不能补偿固定成本，连变动成本也不能补偿，生产得越多，亏损便越多，企业的生产活动变得毫无意义。

4. 盈亏平衡定价法

盈亏平衡定价法也叫保本定价法或收支平衡定价法，它是指在销量既定的条件下，企业产品的价格必须达到一定水平才能做到盈亏平衡、收支相抵。

既定的销量就称为盈亏平衡点。科学地预测销量和已知固定成本、变动成本是盈亏平衡定价的前提。

盈亏平衡定价法就是运用盈亏平衡分析原理来确定产品价格的方法。盈亏平衡分析的关键是确定盈亏平衡点，即企业收支相抵，利润为零时的状态。盈亏平衡点价格的计算公式为

$$\text{盈亏平衡点价格} = \frac{\text{固定总成本}}{\text{销量}} + \text{单位变动成本}$$

【例 4-4】某机械厂年固定成本为 100 000 元，单位产品变动成本为 10 元 / 件，年产量为 5 000 件，则该企业盈亏平衡点价格是多少？

$$\text{盈亏平衡点价格} = \frac{100\ 000}{5\ 000} + 10 = 30(\text{元})$$

根据盈亏平衡定价法确定的价格是企业的保本价格。若产品的价格低于保本价格，那机械厂会亏损；若产品的价格高于此价格，则机械厂有盈利，实际售价高出保本价格越多，机械厂盈利越大。在实际营销过程中，由于盈利点之间的相互补充，可能会导致企业的产品价格低于保本价格(更多的是与保底价持平)，以增加其他盈利点的收入。

从本质上看，盈亏平衡定价法是一种卖方定价导向，它忽视了市场的需求和竞争以及价格水平的变化，有些时候甚至与定价目标脱节，不能与之很好地配合。此外，运用这一方法制定的价格均建立在对销量主观预测的基础上，从而降低了价格制定的科学性。因此，在采用盈亏平衡定价法时，企业需要充分考虑市场的需求和竞争状况后才能确定最终的市场价格水平。

二、需求导向定价法

需求导向定价法以市场需求强度为定价基础，根据消费者对产品价值的认识和需求的程度来决定价格，而不是根据成本来制定价格。需求导向定价法在具体运用中有以下几种

方法。

1. 理解价值定价法

理解价值定价法也称觉察价值定价法，它以消费者对商品价值的感受及理解程度作为定价的基本依据，把买方的价值判断与卖方的成本费用相比较，定价时更侧重考虑前者。因为消费者购买商品时总会在同类商品之间进行比较，选购那些既能满足其消费需要，又符合其支付标准的商品。消费者对商品价值的理解不同会形成不同的价格限度，这个限度就是消费者宁愿付货款也不愿失去这次购买机会的价格。如果价格刚好定在这一限度内，消费者就会进行购买。

为了加深消费者对商品价值的理解程度，提高其愿意支付的价格限度，零售店定价时要确定好商品的市场定位，拉开本企业的商品与市场上同类商品的差异，突出本企业商品的特征，并运用营销手段加深消费者对商品的印象，使消费者感到购买这些商品能获得更多的相对利益，从而提高他们接受价格的限度，零售店则据此提出一个可销价格，进而估算在此价格水平下商品的销量、成本及盈利状况，最后确定实际价格。

2. 需求差异定价法

需求差异定价法以不同时间、地点、商品及不同消费者的消费需求强度差异为定价的基本依据，针对每种差异决定其在基础价格上是加价还是减价。其主要有以下几种形式：

(1) 因地点而异。例如，国内机场的商店、餐厅向乘客提供的商品价格普遍要远高于市内的商店和餐厅。

(2) 因时间而异。例如，节假日时的商品价格较平时有一些增长。

(3) 因商品而异。例如，在奥运会举办期间，标有奥运会会徽或吉祥物的商品的价格比其他同类商品的价格要高。

(4) 因顾客而异。零售店根据顾客的职业、阶层、年龄等因素产生的不同需求在定价时给予相应的优惠或提高价格，可获得良好的促销效果。

采用需求差异定价法要具备以下条件：

(1) 市场能够根据需求强度的不同进行细分；

(2) 细分后的市场在一定时期内相对独立，互不干扰；

(3) 高价市场中不能有低价竞争者；

(4) 价格差异适度，不会引起消费者的反感。

3. 逆向定价法

逆向定价法重点考虑的不是产品成本，而是需求状况。该方法是依据消费者能够接受的最终销售价格逆向推算出中间商的批发价和生产企业的出厂价格。采用逆向定价法确定的价格比较灵活，能反映市场需求情况，有利于加强与中间商的良好关系，保证中间商的正常利润，使产品迅速向市场渗透，并可根据市场供求情况及时调整。

三、竞争导向定价法

竞争导向定价法 (Competition-based Pricing) 是以市场上相互竞争的同类商品价格为基

本依据，以随竞争状况的变化确定和调整价格水平为特征，并与竞争商品价格保持一定的比例，而不过多考虑成本及市场需求因素的定价方法。竞争导向定价法主要有通行价格定价、主动竞争定价、密封投标定价、竞争价格定价等方法。

1. 通行价格定价法

通行价格定价法是竞争导向定价法中广为流行的一种定价方法。价格定价法使零售店商品的价格与竞争者商品的平均价格保持一致。这种定价法目的是使平均价格水平在人们观念中常被认为是“合理价格”，让消费者更容易接受；试图与竞争者和平相处，避免激烈竞争产生的风险；通过价格定价法一般能为零售店带来合理、适度的盈利。

这种定价法适用于竞争激烈的均质商品，如大米、面粉、食用油以及某些日常用品的价格的确定。在完全寡头垄断竞争条件下也很普遍。

2. 主动竞争定价法

与通行价格定价法相反，主动竞争定价法不是追随竞争者的价格，而是根据零售店商品的实际情况及与竞争对手的商品差异状况来确定价格。一般为富有进取心的零售店所采用。采用该方法定价时，首先需将市场上竞争商品的价格与零售店估算价格进行比较，分为高、中、低三个价格层次。其次，将零售店商品的性能、质量、成本、式样、产量等与竞争零售店进行比较，分析产生价格差异的原因。再次，根据以上综合指标确定零售店商品的特色、优势及市场定位，在此基础上，按定价所要达到的目标确定商品价格。最后，跟踪竞争商品的价格变化，及时分析原因，相应调整零售店的商品价格。

3. 密封投标定价法

密封投标定价法主要用于投标交易方式。投标价格是零售店根据竞争者的报价估算的，而不是按零售店自身的成本费用或市场需求来制定的。零售店参加投标的目的是希望中标，所以它的报价应低于竞争对手的报价。一般说，报价高、利润大，但中标机会小，如果因价高而招致败标，则利润为零；反之，报价低，虽中标机会大，但利润低，其机会成本可能大于其他投资方向。因此，报价时，既要考虑实现零售店的目标利润，也要结合竞争状况考虑中标概率。最佳报价应是使预期利润达到最高水平的价格。此处，预期利润指零售店目标利润与中标概率的乘积，显然，最佳报价即为目标利润与中标概率两者之间的最佳组合。

运用这种方法最大的困难在于估计中标概率，因为这涉及对竞争者投标情况的掌握。零售店只能通过市场调查及对过去投标资料的分析进行大致估计。

4. 现行价格定价法

现行价格定价法是指公司产品的价格与主要竞争者价格或一般市场价格相当，而不太考虑成本或市场需求状况。当产品的需求弹性难以衡量时，采用这种定价法不仅能保证相当的利润，还能避免因恶性竞争破坏行业和谐。

5. 投标定价法

投标定价法是大多数通过投标争取业务的公司采取的竞争导向定价法。竞标的目的是争取合同，因此公司考虑的重点是竞争者会报出何种价格。公司制订的价格应比竞争者的低，而不局限于成本或需求状况。当然，公司必须事先确定一个最低的获利标准来投标，如果价格低于成本将有损利益；如果价格高于成本，虽然增加了利润但不利于中标。

第三节　定价策略与价格调整

本节主要内容

- 定价策略
- 价格调整

一、定价策略

在生产经营过程中，企业和竞争者都会根据不断变化的环境来调整产品价格，由此可能引发一系列的价格竞争。定价策略是企业争夺市场的重要武器，是企业为了实现预期的经营目标，根据企业的内部条件和外部环境对某种商品或劳务选择最优定价目标所采取的应变谋略和措施。因此，企业必须善于根据市场状况、产品特点、消费者心理和营销组合等因素，正确选择定价策略，保持价格的适应性。

1. 新产品的定价策略

新产品定价策略是一种必不可少的营销策略，它是企业价格策略的一个关键环节，关系到企业开发的新产品能否及时打开销路、占领市场和获得满意的利润。常见的新产品定价策略有以下三种。

1) 撇脂定价策略

撇脂定价策略是一种高价策略，指在新产品上市之初，将价格定得较高，在短期内获取丰厚利润，尽快收回投资。就像从牛奶中提取奶油一样，只取其精华，所以称之为撇脂定价策略。之后随着商品的进一步成长再逐步降低价格。

实行撇脂定价策略必须具备一定的条件。首先，新产品比市场上现有产品有显著的优点，能使消费者“一见倾心”；其次，产品在新上市阶段，其需求价格弹性较小或者早期购买者对价格反应不敏感；最后，短时期内由于仿制等方面的困难，类似仿制产品出现的可能性小，竞争对手少。

这种方法适合需求弹性较小的细分市场，优点如下。

(1) 新产品上市时，顾客对产品无理性认识，企业可利用较高价格提高产品身价，以适应顾客的求新心理；

(2) 主动性大，产品进入成熟期后，企业可分阶段逐步下调价格，有利于吸引新的购买者；

(3) 如果制定的价格高，那么需求量会被限制，使其与生产能力相适应。

2) 渗透定价策略

渗透定价策略是一种低价策略，即在新产品投入市场时，价格定得较低，以便消费者容易接受，能很快打开和占领市场。采用渗透定价策略的条件是：商品的市场规模较大，存在着强大的竞争潜力；商品的需求价格弹性较大，稍微降低价格，需求量会大大增加，通过大批量生产能降低生产成本。

渗透定价策略具有以下优点。

(1) 产品能迅速为市场所接受，打开销路，增加产量，使成本随生产的发展而下降；

(2) 低价薄利，使竞争者望而却步，有利于减缓竞争，获得一定的市场优势。

当新产品没有显著特色，市场竞争激烈，需求弹性较大时宜采用渗透定价策略。

3) 满意定价策略

渗透定价策略是一种介于撇脂定价和渗透定价之间的折中定价策略，其新产品的价格水平适中，同时兼顾生产企业、购买者和中间商的利益，能较好地使各方面接受，是一种中间价格。正是由于这种定价策略既能保证企业获得合理的利润，又能兼顾中间商的利益，还能为消费者所接受，所以被称为满意定价策略。满意价格对企业和顾客都较为合理公平，又由于价格比较稳定，在正常情况下企业盈利目标也可按预期实现。但在该策略中，产品的价格往往比较保守，不适于竞争激烈或复杂多变的市场环境，而适用于需求价格弹性较小的商品，如重要的生产资料和生活必需品等。

以上三种新产品定价策略各有利弊，并有其相应的适用环境，企业在具体运用时，应根据实际情况，如市场需求特征、产品差异性、生产能力、预期收益、消费者的购买能力和对价格的敏感程度等因素出发，综合分析，灵活运用。

2. 折扣定价策略

大多数企业通常都酌情调整其基本价格(即直接或间接降低价格)，以鼓励顾客及早付清货款、大量购买或增加淡季购，这种价格调整叫作价格折扣和折让。这一策略能增加销售的灵活性，给经销商和消费者带来利益和好处，因而在现代市场营销中经常被企业所采用。折扣的形式有现金折扣、数量折扣、功能折扣、季节折扣。

1) 现金折扣

现金折扣是对在规定时间内提前付款或用现金付款者所给予的一种价格折扣，其目的是鼓励顾客尽早付款，加速资金周转，降低销售费用，减少财务风险。例如“2/10 净30”，表示付款期是30天，如果在成交后10天内付款，给予2%的现金折扣。许多行业习惯采用此法以加速资金周转，减少收账费用和坏账。

2) 数量折扣

数量折扣是企业给那些大量购买某种产品的顾客的一种折扣，以鼓励顾客购买更多的产品。购买数量愈多，折扣愈多。购买大量产品能使企业降低生产、销售等环节的成本费用。数量折扣是企业运用得较多的一种价格折扣策略。例如，顾客购买某种商品100单位以下，每单位10元；购买100单位以上，每单位9元。

3) 功能折扣

功能折扣又称贸易折扣，是由生产企业给予中间商或零售商的价格折扣，折扣的大小因企业在商品流通中的不同功用而各异。例如，批发商来厂进货的折扣一般要大些，零售商从厂方进货的折扣低于批发企业。例如，某生产企业的产品报价为 200 元，按价目表给中间商和零售商分别为 15% 和 10% 的职能折扣，以鼓励其经销自己的产品。

4) 季节折扣

季节折扣是指企业鼓励顾客淡季购买产品的一种减让策略，它能使企业的生产和销售一年四季能保持相对稳定。例如，羽绒服生产企业为夏季购买其产品的客户提供较大的折扣。

3. 心理定价

心理定价是一种针对消费者心理活动和变化所使用的定价策略，它运用心理学的原理，依据不同类型的消费者在购买商品时的不同心理要求来制定价格，以诱导消费者增加购买，扩大企业销售量。这种定价策略一般在零售企业中应用得比较多，具体分为以下几类。

1) 尾数定价或整数定价

许多商品的价格宁可定为 0.98 元或 0.99 元，而不定为 1 元的原因是适应消费者购买心理的一种取舍。尾数定价让消费者产生一种“价廉”的错觉，使他们对 0.99 元的反应比定为 1 元的反应积极，更利于促进销售。相反，有的商品不定价为 9.8 元，而定为 10 元，同样使消费者产生一种错觉，迎合消费者“便宜无好货，好货不便宜”的心理。

2) 声望性定价

声望性定价是依照人们的虚荣心理来确定商品价格的一种策略，即同样的商品在有名的商店经销，虽然价格略高，但顾客仍乐意购买。此种定价法有两个目的：一是提高产品的形象，以价格说明其品质优良；二是满足购买者的地位欲望，适应购买者的消费心理。

3) 习惯性定价

习惯性定价是指由于同类产品较多，在市场上形成了一种习惯价格，价格难以改变。因为降价易引起消费者对品质的怀疑，涨价则可能受到消费者的抵制。

4) 招徕定价策略

一般顾客都有以低于一般市价的价格买到同质商品的心理要求，企业抓住顾客这一心理，特意将商品价格定得略低于同类产品，以招徕顾客，这种策略称为招徕策略。例如，企业在节假日实行“大减价”销售。这种以廉价为优势招徕顾客的策略往往会吸引不少顾客，在购买这种商品的同时也购买其他商品，从而达到扩大连带商品销售的目的。

4. 差别定价策略

差别定价策略是指在给产品定价时可根据不同需求强度、不同购买力、不同购买地点和不同购买时间等因素采取不同的价格。

1) 以顾客为基础的差别定价

以顾客为基础的差别定价是指同一种商品对不同的消费者可以采用不同的价格。例如，电影院对普通观众收取正常的票价，对学生收取较低的学生票价；同一产品卖给批发商、零售商或消费者时采用不同的价格等。

2) 以产品式样为基础的差别定价

以产品式样为基础的差别定价是指对同种产品进行某些改动，如变化其外观样式、增加某些功能等，以采取不同的价格。例如，加上液晶显示屏的冰箱的售价会比没有安装液晶显示屏的高 300 元。

3) 以时间为基础的差别定价

以时间为基础的差别定价是指对不同季节、不同日期甚至不同地点的商品或劳务可以制定不同的价格。例如，酒店、饭店在旅游旺季和淡季的收费标准不同；话费在不同时间 (白天、夜晚、节假日、平日等) 的收费标准不同等。

4) 以地点为基础的差别定价

以地点为基础的差别定价指对处于不同地点或场所的产品或服务制定不同的价格。例如，同一地区或城市的影剧院、游乐场、宾馆等因地点或位置的不同，价格也不同。

二、价格调整

1. 企业主动调整产品价格

1) 降价策略

企业在下面几种情况下，必须考虑降价。

(1) 企业在通过加强促销、产品改进等手段都不能达到扩大销售的目的时，应该考虑降价。

(2) 企业面临激烈的价格竞争并且市场占有率正在下降时，为了增强竞争能力、维持和提高市场占有率，企业必须降价。

(3) 企业为应对竞争者降价压力，采取“反价格”战，即制定比竞争者的价格更有竞争优势的价格。

(4) 企业产品成本低于竞争者但在市场上并未处于支配地位时，也应该降价。通过降价可以提高企业的市场占有率，再利用销量的增加和生产的扩大进一步降低成本和提高市场占有率，形成良性循环。

(5) 在宏观经济不景气或行业需求不旺盛时，降低价格是企业借以渡过难关的重要手段。

2) 提价策略

在有些情况下，企业必须考虑提价。提价一般会引起顾客、中间商甚至企业推销人员的不满，但成功的提价决策会增加企业的利润。

(1) 由于通货膨胀引起的成本增加，且企业无法在内部自我消化这部分成本，这时企业必须考虑提高产品价格。

(2) 企业的产品供不应求，无法满足所有顾客的需求，通过提价可将产品卖给需求强度最大的顾客，不但平衡了需求，而且也增加了收益。

企业决定提高产品价格时，还必须考虑到底是一次性大幅度提价还是多次小幅度提价。

顾客对后一种方式比较容易接受。企业提价的方法有多种，每种方法对顾客产生不同的影响，如表 4-1 所示。

表 4-1 企业提价的方法

提价方法	内 容
采用延缓报价	企业决定到产品制成或者交货时再制定价格
使用价格自动调整条款	企业要求顾客按当前价格付款，并且支付交货前由于通货膨胀引起增长的全部或部分费用
分别处理产品价目	企业为了保持其产品价格，将先前供应的免费送货与安装的产品分解为各个零部件，并分别为单一或多个构件定价出售
减少折扣	企业减少常用的现金和数量折扣，并指示其销售人员不要为了抢生意而不按目录价格报价
保持价格不变	采用更便宜的材料或配件作替代品，或采用廉价的包装材料或减少产品的功能、服务和价量等方法来降低成本，保持价格

2. 顾客对价格变动的反应

衡量调价成功与否的重要标志是企业所确定的价格能否被消费者所接受，并促使其接受产品。为此，企业必须重视顾客对企业调价的反应，并根据反应制定相应的策略。

顾客对企业降价做出的反应是多种多样的。有利的反应是认为企业让利于顾客。不利的反应会带来负面的想法。例如，过时的产品存在某些缺陷，会很快被新产品所替代；企业资金周转出现困难，可能难以继续经营下去；产品的价格还将继续下跌。

当企业提价时也会出现各种反应。有利的反应会认为企业产品的质量提高，价格自然应该提高，或认为这种产品畅销，供不应求，因此，提高了售价，而且价格还可能继续上涨，不及时购买就可能买不到等。不利的反应是认为企业想通过提价获取更多的利润。顾客还可能做出对企业无害的反应，如认为提价是通货膨胀的自然结果。

企业在决定提高产品的价格时，必须慎重研究顾客可能出现的反应，加强与顾客的沟通，争取顾客的理解与支持。

3. 竞争者对企业调价的反应

在市场上，企业调整价格的效果还取决于竞争者的反应。当企业采取降价策略而竞争对手不作任何调整的情况下，降价可以扩大市场份额，提高市场占有率。而当企业降价时，竞争对手采取“反价格战”——降价幅度更大，这不仅会抵消企业的降价效果，甚至会恶化企业的销售环境。同样，企业调高价格后，如果竞争者并不提高价格，则对企业来说，原来供不应求的市场可能变成供过于求。鉴于此，企业在实施价格调整行为前，必须分析竞争者的数量，以及其反应的剧烈程度和可能采取的措施。

【案例 4-1】

轿车的价格策略

中级轿车市场是中国轿车市场的主流，同时也是竞争最激烈的市场，这一汽车板块为中国汽车业带来了巨大的利益。在20世纪初，上海通用汽车推出当时全新的中级车“别克凯越”，豪华版售价14.98万元，顶级版售价17.98万元。当时，别克凯越的市场主要竞争对手包括爱丽舍、日产阳光、宝来、威驰、福美来、捷达、桑塔纳等。中档车市场面对的是中国社会中具有经济实力的一个阶层，一般来讲，这样的消费者具有以下特征：男性，已婚，30～45岁，家庭月收入超过一万元，具有大专以上文化教育程度，在国企或私企担任中级经理或是中小型私营企业主，他们购买凯越的用途是以公务商务为主，兼顾私用。因此，别克凯越是专为中层经理人、小型私企业主打造的中档公务商务兼私用座驾，它以现代动感外观、高效人性化空间、卓越先进科技配置满足了潜在车主实用、可靠、时尚、符合身份档次的用车需求，成为其事业和生活的可靠伴侣。在市场已经被占领的情况下，别克凯越只有更好的性价比才可以在市场中占有一席之地。在性能上，别克凯越配置了许多高档车的设备，而在价格上，别克凯越在同档次的车型中价格居中上。

别克凯越的市场定价不高，采用了满意定价的方法，兼顾厂商、中间商及消费者利益。作为当时的同类车型，其他品牌的标配版售价是15.5万元，1.8舒适型售价是18.5万元。而别克凯越的售价比同档次的另一品牌产品低了近10 000元，这对另一品牌造成了巨大的冲击。同时，别克凯越采用了尾数定价的技巧，14.98万元的定价虽然离15万只是差了200元，但是消费者在心理上没有突破15万的心理防线，给顾客价廉的感觉。

别克凯越进入市场不到3个月，其销量已突破2万辆大关，创造了中国轿车业的奇迹。

【案例思考】

(1) 影响别克凯越定价的主要因素有哪些?

(2) 作为一个消费者，当你面对14.8万和15万的价格时，你首先会有什么样的印象?

(3) 为什么别克凯越会采取变相降价的策略?

【案例4-2】

珠宝的定价策略

位于美国加州的一家珠宝店专门经营纯手工制作的珠宝首饰。几个月前，珠宝店进了一批由珍珠质宝石和白银制成的手镯、耳环和项链。该宝石同商店以往销售的绿松石不同，它的颜色更鲜艳，价格也更低。很多消费者还不了解它。对他们来说，珍珠质宝石是一种新的品种。副总经理十分欣赏这些造型独特、款式新颖的珠宝，她认为这个新品种将会引起顾客的兴趣，形成购买热潮。她以合理的价格购进了这批首饰，为了让顾客感觉物超所值，她在考虑进货成本和平均利润的基础上，为这些商品确定了销售价格。一个月过去了，商品的销售情况令人失望。副总经理决定尝试运用她本人熟知的几种营销策略。比如，把这些珠宝装入玻璃展示箱，摆放在店铺入口醒目的地方。但是，陈列位置的变化并没有使销售情况好转。在工作会议上，副总经理向销售人员详细介绍了这批珠宝的特性，下发了书面材料，以便他们能更详尽、准确地将信息传递给顾客。副总经理要求销售员花更多的精力来推销这个产品系列。不幸的是，这个方法也失败了。副总经理对助手说，“看来顾客是不接受珍珠质宝石。”于是，她准备另外选购商品了。在去外地采购前，她决定减少商品库存，她向下属发出把商品半价出售的指令后就匆忙启程了。然而，降价也没有奏效。一周后，副总经理从外地回来，店主对她说："将那批珠宝的价格在原价基础上提高两倍再进行销售。"她很疑惑，"现价都卖不掉，提高两倍会卖得出去吗？"

【案例思考】

(1) 副总经理对这批珠宝采取了哪些营销策略？销售失败的关键原因是什么？

(2) 店主为什么提高售价？

(3) 结合案例，说明影响定价的主要因素、基本的定价方法及定价策略。

综合练习

一、选择题

(一) 单选题

1. 企业在制定价格时，首先应确定期望凭借(　　)效用所要达到的目的。

A. 价格　　B. 产品

C. 促销　　D. 地点

2. 一般来说，企业的价格制定决策的程序不包括(　　)。

A. 测定需求弹性

B. 估算成本费用，分析竞争状况

C. 选择定价方法，核定最佳价格

D. 调查顾客需求

3. 需求弹性是指(　　)。

A. 不同产品具有不同的需求弹性

B. 需求的可调节程度

C. 指因价格变动而引起需求相应变动的比率

D. 市场需求会按照与价格变动相反的方向变动

4. 企业选定某城市作为基点，然后按一定的原价加上从基点城市到顾客所在地的运费来定价的方法属于(　　)。

A. 统一交货定价　　B. 分区定价

C. 运费免收定价　　D. 基点定价

(二) 多选题

1. 一般来说，企业的定价目标包括(　　)。

A. 市场份额领先　　B. 产品质量领先

C. 当期利润最大化　　D. 维持企业生存

2. 价格是市场营销组合的一个变量，与之相关的决策包括(　　)。

A. 高价投放　　B. 低价渗透

C. 基本价格　　D. 价格折扣

3. 企业的成本包括（ ）。

A. 固定成本　B. 可变成本

C. 流动成本　D. 投入成本

4. 一般说来，产品的价格取决于（ ）。

A. 市场需求　B. 总成本费用

C. 竞争状况　D. 价格折扣

5. 采用撇脂定价策略的条件有（ ）。

A. 市场有足够的购买者，他们的需求缺乏弹性

B. 在高价情况下，仍然独家经营，别无竞争者

C. 某种产品的价格定得很高，使人们产生这种产品是高档产品的印象

D. 高价使需求减少一些，因而产量减少一些，单位成本增加一些，但这不至于抵消高价所带来的利益

6. 需求差别定价的形式主要有（ ）。

A. 因顾客而异　B. 因时间而异

C. 因地点而异　D. 因产品而异

7. 心理定价策略有（ ）。

A. 整数定价　B. 尾数定价

C. 习惯定价　D. 基点定价

二、简答题

1. 影响企业定价的因素有哪些？为什么说争取最高利润不等于制定最高价格？

2. 企业采用需求导向定价法时，主要有哪些形式？

3. 试以实例来说明心理定价策略。

4. 什么情况下，企业应当提价或降价？

三、实训题

1. 实训项目：产品价格调整。

2. 实训目的：熟悉影响企业定价的主要因素，掌握基本的定价方法，学习应用定价的技巧和变价策略；了解当前主要商品价格的变动趋势，价格变动对国家、企业、消费者的影响。

3. 实训类型：方案设计。

4. 实训内容：

在收集企业定价所需信息的基础上，制定某种产品的变价方案。

5. 实训方式：教师指导学生进行实训。

6. 实训过程：

(1) 教师给出市场上某行业某类产品的价格竞争现状的基本资料，并布置学生以组为单位收集补充资料。

(2) 学生以小组为单位在市场上收集该类产品价格的补充资料，如不同企业同类产品

的定价情况及存在的问题，产品生产成本的变动趋势和原因，当前市场的零售价格水平，国家采取的价格管理办法与措施等。

(3) 每个小组拟出相应的变价策划方案，并说明理由。

(4) 教师总结。

7. 实训要求：

(1) 每个学生都要独立收集 3～5 条信息，完成收集资料的任务；

(2) 每个小组都要以实际市场情报为依据，为其中的一项产品提出变价的依据，并拟出相应的变价策划方案。

8. 实训结果：填写实训报告，跟踪价格变动趋势。

第五章　渠道供应链策略

第一节　渠道与供应链概述

本节主要内容

- 渠道与供应链
- 分销渠道

一、渠道与供应链

在整个市场营销战略中，渠道的决策与管理起到极为重要的作用，渠道的选择直接制约和影响着基本营销策略的制定。近些年出现了一个与营销渠道意义相近的概念——供应链，这一概念在流通研究和实践中被频繁地使用。渠道和供应链虽然听起来不再陌生，但对大多数人而言，它们之间却仍有一些模糊不清的关系。那么应该如何正确地理解二者及其联系，让它们更好地服务于企业呢？下面我们将对渠道和供应链及其管理作一些比较分析。

1. 渠道与供应链

市场营销渠道又称分销渠道。美国营销协会 (American Marketing Association，AMA) 把营销渠道定义为“公司内部的组织单位和公司外部的代理或经销商、批发商与零售商形成的结构，通过这种结构，进行商品、产品或服务的交易。”从技术意义上讲，渠道是一批企业在从最初所有者到最终所有者的营销过程中进行产品或服务的所有权交换。在我国，有的学者把营销渠道定义为“产品在其所有权转移过程中从生产领域进入消费领域的途径。”从上面两个定义可以发现，人们在考察营销渠道时通常是与商品所有权的转移，也就是说是与商流联系在一起的。

供应链指涉及将产品或服务提供给最终消费者的过程和活动的上、下游企业组织所构成的网络。而供应链管理指对商品从最初的原材料采购直到最终消费的整个过程中的物流和相关信息流进行管理，为顾客创造和提供附加价值。

大多数制造商并非把产品直接卖给用户，而是要通过中间商层层往下销售。进一步观察，可以发现渠道中存在几种物质或非物质形式的运动流，如商流、物流、资金流、信息流和促销流，渠道则表现为这些“流”的载体。因此，营销渠道包含的范围和内容非常广泛。

对供应链而言，一条完整的供应链除消费者外，还包括供应商 (原材料供应商和零配件供应商)、制造商(加工厂或装配厂)、分销商(代理商或批发商)、第三方物流公司(储运公司或配送中心)和零售商(百货商场、超市、专卖店、便利店和杂货店)等企业或机构。一般情况下，供应链不包括广告公司、咨询公司和银行等，因为它们的活动与商品实体的移动关系不大。

供应链是由上述实体构成的网络，这个网络上同样产生物流、资金流和信息流。随着人们对供应链研究的不断深入，供应链所包含的内容越来越丰富，Martha C. Cooper 等人就认为供应链管理是对商业过程的管理，供应链中的过程共有七个过程，分别为客户关系管理过程、客户服务管理过程、需求管理过程、订单满足过程、生产管理过程、采购过程、产品开发与商品化过程。供应链管理的目标是对上述七个过程实施统一管理。可以说物流管理只是供应链管理的一个方面，但就目前而言，供应链管理应用较多并且最为成功的领域还是物流。为使整个供应链中的物料和产品流动合理通畅，供应链管理甚至会把生产过程中的物料和零配件供应都涵括进来，而这并不是营销渠道管理的内容。

因此，不能简单地说营销渠道和供应链的范围哪一个大，哪一个小，二者不是包含关系，而是存在一定程度的交叉。

2. 营销渠道管理与供应链管理

无论是营销渠道还是供应链，它们对企业而言都是非常重要的，企业在进行营销渠道管理和供应链管理时应根据二者的不同特点采用不同的管理方法。

1) 营销渠道管理

营销渠道的管理主要解决下面两个问题。

(1) 构建合适的营销渠道。构建营销渠道时需要考虑的问题很多，企业应根据消费者的特点、产品的性质、企业状况和市场环境等因素，从营销成本和营销效益两个角度综合权衡，选择合适的营销渠道。

渠道选择是营销渠道决策的核心内容。其实，对于同一类产品可以使用不同的营销渠道，例如，美国 REVLON 和 AVON 都是制造和销售化妆品的著名厂家。尽管它们采取了截然不同的市场营销渠道战略，但是都取得了成功。REVLON 公司选择传统消费品间接渠道，通过较多的批发商和零售商，并作大量广告宣传推销其产品；而 AVON 公司由于无法进入正规的百货商场销售，不得不使用自己的推销队伍直接上门向消费者边宣传边推销，但销售业绩同样很好，并且很少进行广告宣传。

(2) 营销渠道成员的合作。渠道合作指渠道成员共同努力以实现自己或大家的目标。在渠道合作中，各方的态度应是双赢(或者三赢、四赢)，而不是相互对立，把别人视为自己利益的障碍。渠道合作主要有以下几种形式。

① 联合促销，包括合作广告、样品、联合销售访问、回扣或返利；

② 联合库存管理和支援，如提供专门产品，既可以增强渠道凝聚力，也可以减少消费者购买时对价格的比较；

③ 信息共享，包括制造商、批发商和零售商共同加入 EDI 项目，渠道成员共享市场调查、竞争形势、渠道动态等信息；

④ 培训，包括批发商和零售商参加制造商的销售培训及产品培训活动；

⑤ 销售区域保护，制造商为批发商和零售商确定独家销售区域，可以在很大程度上加强渠道合作。

2) 供应链管理

供应链管理的 7 项原则具体如下。

(1) 根据客户所需的服务特性来划分客户群。传统意义上的市场划分基于企业自己的状况如行业、产品、营销渠道等，然后对同一区域的客户提供相同水平的服务；供应链管理则强调根据客户的状况和需求决定服务方式和水平。

(2) 根据客户需求和企业可获利情况，设计企业的物流网络。一家造纸公司发现两个客户群存在截然不同的服务需求：大型印刷企业允许较长的前置期，而小型的地方印刷企业则要求在 24 小时内供货，于是该公司建立了 3 个大型配送中心和 46 个紧缺物品快速反应中心。

(3) 关注市场的需求信息。销售和营运计划必须监测到整个供应链，以及时发现需求变化的早期警报，并据此安排和调整计划。

(4) 时间延迟。由于市场需求的剧烈波动，那么需求预测距离客户接受最终产品和服务的时间越早，预测就越不准确，而企业还不得不维持较大的中间库存。因此供应链管理的一个目标是针对客户的实际需求做出快速反应。

(5) 与供应商建立双赢的合作策略。

(6) 在整个供应链领域建立信息系统。

(7) 建立整个供应链的绩效考核准则，而不仅仅是局部的个别企业的孤立标准，供应链的最终验收标准是客户的满意程度。

很明显，为实现供应链管理的目标，必须基于整个供应链建立一个高效的物流系统。此外，供应链管理的另外一个目标是通过优化供应链的作业流程降低整个供应链的库存量。

供应链管理与营销渠道管理相比，前者更倚重信息技术和数量分析，引入了很多数量分析方法。例如，为了达到供应链的优化，需要一个合理科学的逻辑分析方法来描述企业和供应链的作业系统，并能最终表现整个企业和供应链当前和未来产品流的状态。在优化供应链的各环节时，首先应根据整个物流的瓶颈来确定被优化的等级次序，这就是说需要设计一个衡量等级顺序的程序，对实际情况进行监控，并具有可持续发展功能。业界为供应链管理提出了众多的解决方案，约束理论和最优生产技术在供应链管理系统设计应用实施中起着主导作用，被业界公认为是一种最成功的供应链实施方法论。而营销渠道管理对信息技术和数量分析方法的依赖性却小得多。

事实上，营销渠道与供应链之间还是有一定联系的，营销渠道的建立、营销渠道的长短、营销渠道成员之间的关系在很大程度上会对供应链管理产生影响，反过来说，供应链管理的成功与否会在一定程度上会加强或削弱营销渠道的稳固性。企业想在市场中获得持续发展，营销渠道与供应链二者应该并重，厚此薄彼的做法将对企业的长期经营造成不利影响。

二、分销渠道的含义及类型

1. 分销渠道的含义

在市场营销理论中，有两个与渠道相关的术语易被混用或交替使用，即市场营销渠道和分销渠道，实则两者有所区别。

市场营销渠道是指配合或参与生产、分销和消费某一生产者的产品和服务的所有企业和个人，包括某种产品供、产、销、过程中的所有相关企业和个人，如供应商、生产者、商人中间商、代理中间商、辅助商以及最终消费者和用户等。

分销渠道是指某种产品和服务从生产领域向消费领域转移过程中，取得这种产品和服务的所有权或协助所有权转移的企业和个人。因此，分销渠道包括商人中间商（取得所有权）、代理中间商（其帮助转移所有权）、处于分销渠道起点和终点的生产者和最终消费者，但不包括供应商、辅助商等。

2. 分销渠道的类型

分销渠道存在一定的差异，可以按照一定的标准划分成不同的类型。

1) 按照中间机构的级数划分

按照中间机构级数的多少可以将分销渠道划分为零级渠道、一级渠道、二级渠道、三级渠道和更高层次的分销渠道，如图 5-1 所示。在消费者市场和产业市场，这种划分方法下的各个分销渠道类型有些区别。

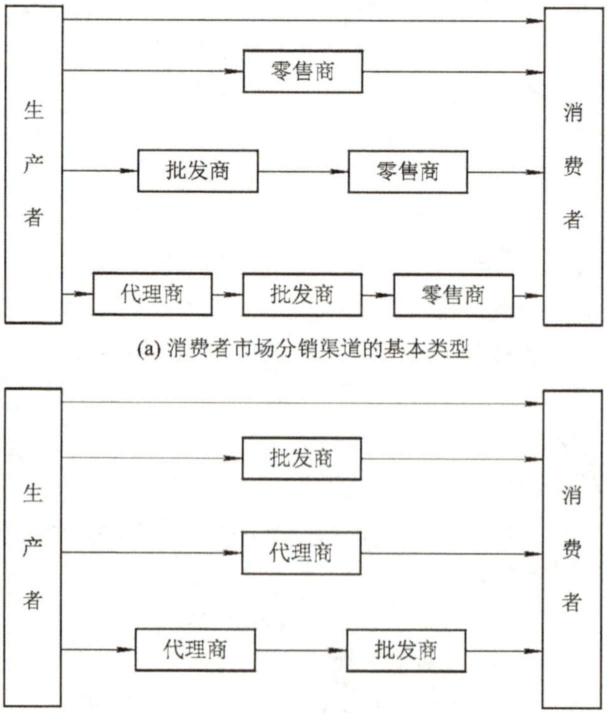

(b) 产品市场分销渠道的基本类型

图 5-1　产业市场分销渠道的基本类型

零级渠道也叫直接分销渠道，是指产品从制造商流向最终用户的过程中不经过任何中间商转手的渠道，而凡是存在中间商的分销渠道都可称为间接分销渠道。零级渠道的主要营销方式是上门推销、家庭展示会、邮购、电话营销、网络直售和制造商自设商店。这种分销渠道主要用于销售工业用品。

(1) 一级渠道指分销渠道中只包括一个中间机构。在消费者市场，中间机构通常是零售商；在产业市场，中间机构则可能是产业分销商、制造商的销售代表或分支机构。

(2) 二级渠道指分销渠道中包括两个中间机构。在消费者市场，通常是批发商和零售商；在产业市场，则可能是产业分销商、制造商的销售代表和分支机构中的两个。

(3) 三级渠道指分销渠道中包括三个中间机构。市场上通常有一些专业批发商处于大批发商和零售商之间，即专业批发商向大批发商进货，再卖给无法直接从大批发商进货的小零售商；或是制造商通过代理商将产品批发给批发商、零售商。而在产业市场上，则可能是产业分销商、制造商的销售代表和分支机构并存。

更高层次的分销渠道虽然存在，但较少见。从制造商的角度来看，随着渠道级数的增多，控制渠道需要解决的问题和需要付出的成本会增加。

2) 按照渠道中每个层次同类中间商的数目划分

按照渠道中每个层次同类中间商的数目可以将分销渠道划分为宽分销渠道与窄分销渠道。宽分销渠道是指制造商在各个层次上选择两个以上的同类中间商的渠道类型。窄分销渠道是指制造商在某一地区或某一产品分类中只选择一个中间商的渠道类型。这两种分销渠道各有优点，究竟采用宽的还是窄的分销渠道，取决于市场需求总量、中间商能力、产品特性、企业策略等多种因素。

3) 按照渠道中间环节和层次的多少划分

按照渠道中间环节和层次的多少可以将分销渠道划分为长分销渠道和短分销渠道。一般来说。产品从制造商向消费者转移过程中只通过一个中间环节的渠道称为短分销渠道；产品转移过程中通过两个或两个以上中间环节的渠道称为长分销渠道。这种划分方法相比于按照中间机构级数划分的分销渠道类型虽然有相似之处，但差别还是比较明显的。这种划分方法并不要求区分渠道中的级数，从而有利于制造商在设计分销渠道时着眼于确定分销渠道的长短。

3. 分销渠道的流程

分销渠道在发挥着多种功能的同时，也在完成着商品转移所需的各种流程。从分销活动的实际情况来看，一方面分销渠道成员的性质是多样的，另一方面商品并不固定地在相同性质的渠道成员之间转移或发生交易。因此，存在着多种物质和非物质形式的“流”，它们交织地伴随着商品在渠道成员之间的移动，分销渠道正是这些“流”的载体。菲利普•科特勒以铲车的分销渠道流程为例，将这些复杂的“流”归纳为商流、物流、货币流、信息流和促销流，如图 5-2 所示。

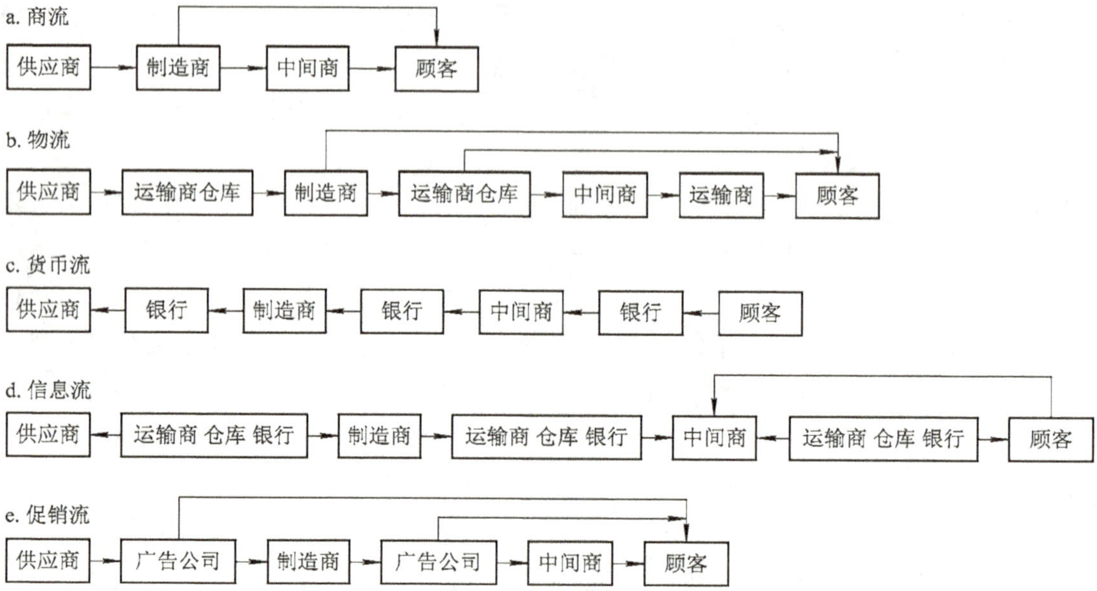

图 5-2　分销渠道中的五个流程

4. 分销渠道的系统

分销渠道的系统指突破传统的由一个或一组生产者、批发商、零售商和消费者组成的分销渠道，形成多个中间商密切联系的更具分销能力和拥有更多资源的系统。

1) 垂直分销系统

垂直分销系统是由生产者、批发商和零售商所组成的统一联合体。在该分销系统中，某个渠道成员会作为渠道领袖拥有其他成员的产权(或拥有一种特许经营的关系)，或者这个渠道成员实力较强，其他成员愿意与其合作。垂直分销系统的特点是专业化管理、计划集中，分销系统中的各成员为共同的利益目标，均采用不同程度的一体化经营或联合经营模式。垂直分销系统主要有三种形式：一是公司式垂直分销系统，即指一家企业拥有和统一管理相关的生产部门和分销部门，这种分销系统对渠道的控制水平较高；二是管理式垂直分销系统，即指制造商和零售商共同协商和管理分销业务，或由一家规模大、实力强的企业出面组织生产和分销活动；三是合同式垂直分销系统，即指各自独立的、不同层次的制造商和经销商，以合同为基础统一协调分销行动，以求使各方获得单独经营达不到的经济利益。

2) 水平分销渠道系统

水平分销渠道系统又称为共生型分销渠道系统，指由两个或两个以上成员携手合作，共同开拓新市场或提高组织化程度。它是渠道系统中处于同一层次的成员之间的合作，这种合作可以是生产者之间、批发商之间和零售商之间的。例如，可口可乐公司和雀巢公司合作，雀巢公司以其专门技术开发新的咖啡饮料和茶饮料，然后交给熟悉饮料市场分销的可口可乐公司销售。

3) 多渠道分销系统

多渠道分销系统也称复合渠道系统，是企业同时利用数条渠道分销其产品的渠道系统。

这样可以增加产品的市场覆盖面和销售量，但渠道之间的竞争有可能带来“窜货”，从而造成渠道冲突，增加渠道运行成本。例如，某纸张生产企业利用自己的销售分公司和独立的经销商来销售产品，经销商必须从销售分公司进货，而销售分公司同时也向出版社、印刷厂等客户推销，导致销售分公司以较大的价格优势使经销商很难开展业务。所以，企业采用多渠道分销系统时，必须加强对渠道的管理。

第二节　零售与批发

本节主要内容

- 零售商的概念
- 批发商的概念

中间商是介于生产者和消费者之间，专营商品由生产领域向消费领域转移业务的经济组织。根据中间商在流通领域或分销渠道中的作用和功能的不同，一般将其分为批发商和零售商。

一、零售与零售商

1. 零售商的概念

零售指针对最终消费者的销售活动。菲利普・科特勒将其定义为：“将商品或服务直接销售给最终消费者供其个人非商业性使用的过程中所涉及的一切活动。”零售商指向最终消费者提供产品或服务的所有组织和个人。

零售商在分销渠道中连接生产企业 (或批发企业) 与广大消费者。零售商是分销渠道系统中数量最多的组织，又是商品流通过程中的最后一道中间环节，因此它在整个分销渠道中具有举足轻重的作用。对于生产商而言，不论它采取何种渠道战略，零售商都是不可缺少的合作伙伴。

2. 零售商的功能

1) 分类、组合、备货功能

在市场经济条件下，个人消费者与生产者或批发商直接交易成本巨大。因此，个人消费者很难与生产者或批发商进行直接交易。零售商可以代替消费者从生产者或批发商那里采购商品，并将这些商品按照个人消费者最适合的购买批量进行分类、组合、包装，使消费者不仅易于购买，而且还可以从零售商那里获得其他服务。

2) 物流功能

物流功能主要体现在商品的储存和保管上，它是由社会化生产的单一性和消费需求的多样性，以及消费者的需求与生产者的供给在时间上存在的矛盾所决定的。因此，零售商必须储存和保管一定数量、种类繁多的商品，这样才可能较好地解决供求双方在商品集散上的矛盾，从而最大限度地满足消费需求。

3) 服务功能

零售商的特点之一是注重服务。其在销售商品时，还必须向消费者提供多种服务，尤其是在买方市场业已形成的条件下。零售商的服务功能不仅是指与商品交易直接相关的订货、送货、包装、安装、退货、换货、维修等方面，还体现在提供购物咨询、商品展示、消费信用、展览、餐饮、游乐场等方面的服务。

4) 信息传递功能

零售商处于商品流通的最终环节，直接连接消费市场，因而能够最快获得消费市场的各种信息，并将这些信息迅速反馈给批发商或生产商，使其能够及时购进或组织生产适合消费者需求的商品。同时零售商还可以将批发商或生产商以及自身的商品供给信息通过各种渠道传递给消费者，激发其购买欲望，指导其科学消费。

5) 融资功能

融资功能主要是通过向消费者提供赊销、分期付款等消费信用来实现，不仅方便消费、刺激消费，而且还加速商品流通，有利于商品流通规模的扩大。

6) 承担风险功能

商品从生产领域到消费领域，客观上存在着诸多风险，如物流风险、价格波动风险、财务风险、信用风险和外汇风险等。虽然流通风险大部分由批发商承担，但零售商作为消费者的采购代理人，则需要承担余下的风险。

7) 娱乐休闲功能

零售店铺的商品陈列、店内装饰及文化设施会使消费者在购买商品的同时得到休闲娱乐。随着零售商业竞争的加剧，很多零售商为了吸引消费者，越来越重视娱乐休闲功能的开发。

3. 零售商的类型

1) 百货商店

百货商店是指在一个大型建筑内，根据不同商品部门设立销售区，满足顾客对时尚商品多样化需求的零售业态。其基本特点是：选址位于城市商业中心或历史形成的商业聚集地；商圈一般比较大，目标顾客以追求时尚和品位的流动顾客为主；商品经营门类齐全，综合性强；售卖普遍采取柜台销售和开架面售相结合的方式。

2) 食杂店

食杂店指以经营烟、酒、饮料、休闲食品为主，传统的无明显品牌形象的零售业态。食杂店的选址一般位于居民区或传统商业区内，商圈较窄，其目标顾客以相对固定的居民为主，其商品结构以烟、酒、饮料和休闲食品为主。

3) 便利店

便利店又称方便店，指满足消费者便利需求的零售业态。便利店的选址一般位于商业中心、交通要道，以及车站、码头、医院、学校、加油站等公共活动区。便利店商品经营结构以即食食品、日用百货为主，具有即时消费、小容量、应急性等特点，其注重服务，营业时间一般在 16 小时以上。

4) 超市

超市又称超级市场，指开架售货、集中收款，满足社区消费者日常生活需求的零售业态。小型超市一般位于市、区商业中心和居民区；大型超市一般位于市、区商业中心、交通要道或大型居民区。超市商品经营结构以包装食品、生鲜食品和日用品为主，大型超市一般可以满足顾客一次性购齐所有日常生活用品的需要，其售卖方式采取自选销售，分设出入口，在收银台统一结算，其营业时间一般在 12 小时以上，大型超市具备与经营面积相适应的停车场。

5) 专业店

专业店指以专门经营某一大类商品为主的零售业态，如办公用品、家具、药品、服装、体育用品等各类商品的专业店。专业店是目前世界各国零售业态发展势头良好的一种零售形式，具有如下优势：

(1) 满足顾客挑选性的要求。专业店虽然经营的商品种类单一，但是商品的规格、档次、花色、款式齐全，消费者容易买到称心如意的商品。

(2) 经营者以某一顾客群为目标市场，针对性强，对消费者需求反应敏感。

(3) 容易树立商店的品牌形象。经营者一般具有较深入的专业商品知识，能够为消费者提供商品使用、维护、保养等方面的专业化建议。

6) 专卖店

专卖店指专门经营或授权经营制造商品牌，适应消费者品牌选择需求的零售业态。专卖店多设在繁华商业区、商业街、百货商店或购物中心，商品结构以著名品牌、大众品牌为主，其销售上具有量小、质优、高毛利的特点，商店的陈列、装潢、灯光、包装布局、广告讲究。专卖店常采用定价销售的方式，它们注重品牌的名声。

7) 折扣店

折扣店指提供有限服务，商品价格低廉的零售业态。折扣店的商品虽然齐全但销售的商品主要是家庭生活用品。折扣店的所有商品都标有折扣价，且价格大幅度低于一般商店。折扣店采取自我服务方式，设备简单，很少提供送货服务，其选址大多位于物业租金较低且交通又较方便的地区。折扣店能够以折扣价格出售商品，主要是由于商店节约了投入费用，而并非是经营质次价高、不合时令的商品。

8) 仓储会员店

仓储会员店指以会员制为基础，实行储销一体、批零兼营，以提供有限服务和低价格商品为主要特征的零售业态。仓储会员店是仓库与商场相结合，采用货仓式销售，其一般选在交通便利的区域。仓储会员店采用自由选购与导购相结合的销售方式，以廉价吸引顾客，具有成本优势、价格优势和地域优势。

9) 购物中心

购物中心指多种零售店铺、服务设施集中在一个建筑物内或一个区域内，由开发商有计划开发、管理、运营的为消费者提供综合服务的商业集合体。购物中心不仅满足消费者购物需求，而且还成为丰富消费者生活的综合服务中心。购物中心一般设有银行、剧场、儿童游乐场、理发店、美容店等服务设施，能够满足顾客购物、餐饮、娱乐、休闲等“一站终点”的多层次需要。

10) 无门市销售

无门市销售涵盖的范围很广，是近年来发展很快的零售形式，大致有邮购、电话购物、电视购物、网上购物、上门推销、自动售货机等。

二、批发商

1. 批发的概念

批发商指从生产企业购进商品，然后转售给其他批发商、零售商、生产用户以及各种非营利组织，一般不直接向个人消费者销售商品的商业机构。

2. 批发商的功能

1) 商品集散

生产者出于规模经济的考虑，一般从事大批量、少品种的生产。而零售商作为消费者的采购代理，希望小批量、多品种地供货，这样既减少资金占压，又能更好地满足消费者需求。批发商的首要职能是解决供给和需求在商品集散上的矛盾。批发商从生产者那里大批进货，然后进行编配，批发给零售商、其他生产者等业务用户，从而满足了供求双方在品种、数量上的各自要求，完成了商品的集中和分散，疏通流通渠道，促进商品流通顺畅进行。

2) 供求调节

供求调节功能是商品流通的重要功能。在社会化、专业化生产条件下，生产(供给)与消费(需求)不仅在时间上是分离的，而且在空间上也是分离的。为了调节生产与消费在时间和空间上的矛盾，客观上需要有专门的流通机构，而批发商正是调节这一矛盾的主体。

3) 信息沟通

批发商能够担负起信息传递功能是由其在商品流通过程中的地位决定的。批发商在集散商品过程中，既可以获得来自生产者的消息，也可以获得来自零售商的信息。一般来说，批发商向生产者提供的信息主要是从许多零售商那里搜集来的有关商品流行趋势的变化、购买力投向和同行业竞争者的动向等情报信息；向零售商提供的信息则主要是有关生产者的新产品开发、产量变化、成本变动等方面的信息情报。通过批发商的信息沟通，促使供求彼此协调，有利于实现社会资源的优化配置。

4) 商品整理

批发商在进行批发业务时，往往要对其采购的商品进行分类、分级、分割、整理、包装和初加工。只有这样，才能增加商品的可流通性，适应零售商或其他产业用户的需求，从而提高流通效率，降低流通成本。

5) 资金融通

对于生产者而言，批发商不仅可以在商品进入最终消费之前垫付资金，而且可以为生产者提供预付货款等信用服务，从而保证了社会生产的延续。对于零售商和其他企事业用户而言，批发商作为其采购代理，可以提供赊销、延期付款等商业信用，缓解其资金困难，有利于生产经营及业务活动的顺利进行。

6) 承担风险

商品在从生产领域向消费领域转移的过程中，客观上存在着各种各样的流通风险。例如，既有变质、腐败、破损、受潮等物理化学性的风险，还有商品跌价、过时、积压、拖欠等经营风险。由于批发商交易量大，同时承担着相应的物流功能，因此，自然也是以上商业风险的主要承担者。

3. 批发商的类型

1) 商人批发商

商人批发商又称独立批发商，指不依附于其他经济主体，独立地专门从事批发交易活动并对所经营的商品拥有所有权的批发商。商人批发商是最传统、最标准的批发商，也是现代批发商业的主要形式。商人批发商可从不同角度进一步细分。

(1) 根据经营商品（经营客体）范围宽窄的不同，可分为综合批发商（或称普通批发商）、专业批发商。

(2) 根据市场覆盖（商圈）的大小，可分为全国性批发商、区域性批发商、地方性批发商。

(3) 根据承担职能的不同，可分为两种：一是完全服务职能批发商，指承担批发商的全部职能和提供全方位服务的批发商，如承担商品集散、供求调节、商品整理、信息沟通、资金融通、承担风险等职能和提供购销运存等服务。二是有限服务职能批发商，指部分承担批发商职能和提供部分商业服务的批发商，如现购自运批发商、直运批发商、卡车批发商、邮购批发商、货架批发商。

2) 代理商和经纪人

与商人批发商相比，代理商和经纪人没有商品的所有权，他们不是经营商品，也不是先买后卖，而是代表买方寻找卖方，或是代表卖方寻找买方，并通过促成买卖双方的商品交易，从而从委托人处获取佣金作为报酬。由于代理商和经纪人对商品不拥有所有权，因此也不承担商品流通过程中的风险。在商品流通领域，代理商与经纪人的不同之处在于，代理商与客户的关系往往比较持久，而经纪人与客户关系一般比较短暂。

根据代理商承担的职责不同，可将其分为以下几类。

(1) 厂商代理商指受生产者委托签订合同，在一定区域内为生产者代销全部或部分产品的代理商。此类代理商通常按照生产者规定的产品销售价格或价格幅度销售商品，对商品售价及销售条件的决策权有限。

(2) 销售代理商指在签订合同的基础上，为委托人销售某些特定商品或全部商品的代理商。销售代理商常常起到企业销售部门的作用，在很大程度上控制着厂商的营销活动。虽然他们不拥有商品所有权，但却能代替委托人就产品价格、合同条款以及销售条件等与买方谈判、签约。

(3) 采购代理商指代理商与委托人有着长期的业务往来，代替其进行采购，同时也负责收货、验货、储运等商务活动。采购代理商大多对市场行情比较了解，并能向客户提供市场信息，还能代替买方以合理的价格购买高品质的商品。

3) 制造业批发商

制造业批发商指属于生产者所有、专门从事批发销售业务的独立商业组织。其一般设有仓库，有一定量的商品储存，形式如同专业批发商。有一些生产者的销售组织，也批发和销售从其他生产商购进的产品，执行储存、运输、销售和服务等职能，其组织形式类似于完全服务职能批发商。

第三节　分销渠道设计策略

本节主要内容

■ 影响分销渠道设计的因素

■ 分销渠道设计的步骤

一、影响分销渠道设计的因素

分销渠道策略指制造商通过分析多种影响因素，制定出的有利于制造商将其产品以最有效的方式传递给消费者的渠道计划和方案。针对不同的情况，制造商的渠道策略是不同的，渠道策略的设计取决于多种复杂的因素，如表 5-1 所示。

表 5-1　影响渠道设计的因素

顾客因素	产品因素	制造商因素	中间商因素	竞争因素	环境因素
顾客需求 顾客分布	体积和重量 储藏性和保质性 品质 技术特性服务要求 生命周期	企业规模 资金水平 产品组合 渠道偏好 战略目标	资源和能力 经营范围 分销经验 信誉 财务状况	销售地点 渠道类型 分销渠道密度 产品性质 渠道成员结构	经济环境 政策环境 法律环境

影响渠道策略设计主要考虑以下因素。

1. 顾客因素

顾客因素包括顾客需求和顾客分布两个方面。

(1) 顾客需求。顾客对不同产品的差异性需求是制定分销渠道策略所必须考虑的根本因素。

(2) 顾客分布。顾客的人数和地理分布对分销渠道策略的制定有重要的影响。如果顾客的数量较大，并且地理分布范围较广，那么就适用长而宽的分销渠道。

2. 产品因素

产品本身具有的特性常常决定了仓储、运输和中间商的类型，如表 5-2 所示。

表 5-2　产品特性对分销渠道策略设计的影响

产品特性	对分销渠道策略设计影响
体积和重量	运输工具的动力是有限度的和固定的，产品的体积和重量与分销渠道的长度呈反方向变动关系。比如大型的工程机械通常采用直接分销渠道分销
储藏性和保质性	对于那些在短时期内容易腐烂、变质的，或在运输装卸过程中易发生损坏的产品，适用短分销渠道；对于易于储藏和保质期长的产品，则可以采用长分销渠道
品质	对于那些具有较高的品牌知名度、质量好和收藏价值大的产品，其顾客群体也较小且较为固定，为了保持产品形象和知名度，应用短而窄的分销渠道
技术特性和服务要求	有些产品涉及到专业技术的保护和转移，而且需要特殊的服务支持，这类产品就适用于短而窄的分销渠道。比如飞机、精密仪器、大型通信交换设备等
生命周期	随着产品生命周期的演进，分销渠道一般会由短变长，由窄变宽，而对于生命周期较短的产品，应在投入期和成长期选择短而宽的分销渠道，以实现快速撇脂

3. 制造商因素

制造商因素包括制造商企业的规模、制造商的资金水平、制造商的产品组合、渠道偏好、战略目标。

(1) 制造商企业的规模。制造商企业的整体规模决定了其市场占有率、较大客户的规模以及与渠道中间商合作或讨价还价的能力，从而决定了企业所应选择的分销渠道类型。

(2) 制造商的资金水平。制造商的资金水平决定了对渠道成员的激励水平和力度，从而影响企业选择哪些中间商组成分销渠道。

(3) 制造商的产品组合。制造商的产品组合的宽度越大，与顾客直接交易的能力就越强，其深度越大，则采用独家销售和选择性代理商就越有利；其关联性就越强，就越容易在同一条分销渠道上分销多个产品，从而节省企业营运成本

(4) 渠道偏好。制造商过去的营销经验会左右对新产品分销渠道的选择。

(5) 战略目标。分销渠道要为实现企业营销战略的目标服务，如企业营销战略目标是扩大市场覆盖率，那么制造商就会选择长而宽的分销渠道，来实现广泛分销。

4. 中间商因素

在进行分销渠道设计和选择时，中间商的资源和能力以及不同中间商的优势和劣势也需要认真考虑。中间商在执行运输、广告、储存、接洽顾客等功能，及要求信用条件、退货权力、训练人员和送货频数等方面，有不同的倾向。除这些行为上的差异外，中间商的数目、地点、规模大小和产品分类等的不同也会影响分销渠道策略的设计。一般来说，具有有利的地理位置，较广的经营范围和丰富的分销经验，良好的信誉和财务状况的中间商，会得到制造商们的青睐。

5. 竞争因素

在制定分销渠道策略时，市场中竞争对手的销售地点、渠道类型、产品特点和服务

特点、市场规模、顾客特性与规模，以及竞争对手分销渠道的密度、销售性质、渠道成员及结构等因素，都要进行细致的分析。这样有助于制造商充分了解竞争者的分销渠道情况，以决定对其采取避开、迂回还是正面进攻的渠道竞争策略。

6. 环境因素

如果经济不景气，一般要求制造商以最经济的方法把产品分销出去，因而采取短分销渠道比较合适。另外，政府的法规和政策也要及时透彻地了解，在开展分销时要避免与法规相冲突。比如在价格歧视、非法回扣、搭售、有碍竞争的排他性分销和地区限制等做法，都要慎行。

二、分销渠道设计的步骤

分销渠道策略设计的过程包括以下几个步骤。

1. 对顾客需要的服务水平进行分析

服务产出水平指分销渠道的服务产出水平。在设计营销渠道中，营销人员必须了解目标顾客需要的服务产出水平。分销渠道可提供的服务产出主要有以下几种。

(1) 可购买批量指在一次购买中分销渠道能够提供给消费者的产品单位数量。例如，在购买汽车时，出租汽车公司偏好能够大批量购买的渠道；而家庭夫妇只需要那种至少能买到一辆汽车的渠道就可以了。

(2) 等待时间。分销渠道的快捷性非常重要，绝大多数消费者喜欢快捷的分销渠道。

(3) 便利性。便利性指分销渠道在空间上能为消费者提供产品的方便程度。

(4) 选择性。选择性即要求分销渠道尽可能地提供更多的商品花色品种，扩大产品组合的宽度。

(5) 服务支持，即分销渠道能够提供的配套服务或附加服务，比如信贷、送货、安装、保修等服务。

2. 确定分销渠道的目标

分销渠道目标是渠道设计的基础。一定的分销渠道是为一定的细分市场服务的，因而分销渠道的目标应表现为一定的目标服务产出水平。在竞争条件下，分销渠道的有效性取决于在其实现预定功能与服务的同时整个渠道运营成本是否最小。因此，渠道目标设定时应考虑分销渠道效率、分销渠道控制程度、财务开支三点。分销渠道绩效包括销售量、市场占有率、目标利润率等；分销渠道控制程度取决于制造商在渠道协调中扮演的角色和对渠道控制的欲望而定；财务开支则依据制造商愿意支付多少财务资源来建立和控制渠道而定。

3. 识别主要的渠道选择方案

渠道选择方案由中间机构的类型、中间机构的数目、每个渠道成员的条件及相互责任三个方面的要素来确定。中间机构的类型主要包括零售商、批发商和后勤组织三种，企业应该清楚地知道能够承担其分销渠道工作的中间机构的类型。中间机构的数量决定了分销渠道的宽度，而分销渠道中不同层次所用中间机构数目的多少受企业追求的市场展露程度的影响，即受到营销密度的影响。每个渠道成员的条件和责任要通过价格政策、销售条件、地区权利以及每一方所应提供的具体服务进行详细的规定，这属于分销渠道成员管理的内容。

4. 对分销渠道的方案进行评估

对分销渠道方案的评估标准有以下三个。

(1) 经济性标准。分销渠道评估的经济性标准主要是指每个分销渠道方案可能达到的销售量及销售成本水平，从而确定在特定的销售量水平上选择何种分销渠道方案的成本更低，即更经济性。

(2) 可控性标准。可控性是制造商对分销渠道控制能力的评估。一般来说，只用中间商就意味着制造商对分销渠道失去了部分或全部的控制。那么，中间商的数量越多，制造商对分销渠道的可控性就越小。因此，制造商对直接分销渠道、短分销渠道和窄分销渠道的可控性较大，而对间接分销渠道、长分销渠道和宽分销渠道的可控性较小。企业必须进行全面比较、权衡，选择最优分销渠道方案。

(3) 适应性标准。在一个特定的时期内，分销渠道成员之间都会允诺在某种程度上维持合作关系和履行分销义务。但是，如果制造商与所选择的中间商签订的合约时间较长，而在此期间其他分销方法更有效，制造商又不能随便解除合同，这样制造商在选择分销渠道上便缺乏适应性和灵活性。因此，在快速变化和充满不确定性的市场上，制造商要寻求并建立起适应性更强的分销渠道结构和策略。

第四节　渠道管理决策

本节主要内容

- 激励渠道成员
- 处理渠道冲突

渠道管理是指制造商为实现公司分销的目标而对现有渠道进行管理，以确保渠道成员间、公司和渠道成员间相互协调和通力合作的一切活动。

基本的渠道管理决策包括渠道成员的选择、渠道成员的培训、激励渠道成员、处理渠道冲突和渠道的评估及改进。

1. 渠道成员的选择

制造商需要评估和分析中间商的因素包括：经商的年数；经营的其他产品的状况；企业成长和盈利的记录；财务状况；合作的态度及声誉。如果中间商是销售代理商，制造商还要评价其所销售的其他产品的数量和特征，以及其推销力量的规模和素质。

2. 渠道成员的培训

制造商对其渠道成员进行培训，将会给双方带来利益。因为对渠道成员进行培训，可以提高中间商的销售业绩，从而为制造商带来利益。中间商可以被看成是制造商的用户。

制造商应该有计划地、定期地对中间商进行系统的培训，让其掌握和精通产品的特性、相关技术、目标顾客的信息、服务及维修知识、市场调研、相关的推销能力等。此外，制造商还应对培训的师资、方法、器材、和地点进行精心安排。

3. 激励渠道成员

为了更好地实现制造商的营销目标，制造商必须采取各种措施不断对中间商给予激励，以此来调动中间商销售其产品的积极性，并通过这种方式与中间商建立一种良好的关系。

激励渠道成员的方式有正反两种。正面激励的方式包括销售奖金、交易折扣折让、销售竞赛等奖励的方式；负面激励包括提高产品售价、减少销售优惠等惩罚的方式。正确的激励方式应该注意渠道成员间的长期性配合，考虑彼此的基本需要及利益，互助互利。

4. 处理渠道冲突

制造商希望渠道成员之间展开合作，以获得更好的协同利润。然而在渠道成员合作的过程中，又产生了利害冲突和竞争。渠道冲突是指各种分销系统中渠道成员之间的不和谐。渠道冲突包括渠道的水平冲突、垂直冲突和多渠道冲突。水平冲突是指发生在同一渠道层次内公司间的冲突，可通过限制经销商的销售区域的方法使其不至于产生低价越区销售争抢顾客而导致冲突。垂直冲突是指发生在不同渠道层次的公司间冲突，为避免该冲突发生，需明确渠道各层次成员之间彼此所应有的权利及义务。多渠道冲突是指一个制造商建立了两条或两条以上的分销渠道，而这些分销渠道在向同一市场销售产品时产生的冲突。

解决渠道冲突有以下方法。

(1) 激励手段，即利用对渠道成员的激励可以一定程度上解决渠道冲突。

(2) 说服协商，即将分销渠道成员相互之间的问题找出来，通过协商和沟通，共同寻找普遍接受的冲突解决方案。

(3) 适当惩罚，即在激励和协商不起作用的情况下，可利用团体规范，通过警告、减少服务、降低经营援助，甚至取消合作关系，迫使冲突某一方放弃不合作行为。

(4) 分享管理权，即通过建立合同式垂直分销渠道系统，使自主活动的制造商、批发商和零售商，以契约的形式联合起来，实行有计划的管理，以减少成员内部的冲突。

5. 渠道的评估及改进

公司必须定期对渠道进行评估及改进以维持渠道竞争优势。对渠道成员的评估有两类方法。

(1) 以产出为基础的定量测算方法，如销售额、利润、利润率和存货周转率等

(2) 以行为为基础的定性评估方法，如服务质量、顾客满意度、中间商竞争能力、顾客投诉处理能力、中间商忠诚度等。

对渠道改进分析有以下方法。

(1) 流通结构分析，指分析是否应在流通结构上作适当的调整，以增加渠道成员的利润。

(2) 边际分析。边际分析指分析增加或减少某一家中间商，对整体销量、利润及成本的影响及变化。

(3) 中间商替换分析。中间商替换分析主要分析当由一家中间商取代另一家中间商时

所产生的正、负影响。分析除了包括销售、利润、成本的影响外，同时也要考虑渠道功能的整体性问题及变化。

【案例 5-1】

小米分销渠道

小米打通全渠道，把零售全渠道从上到下分为三层，分别是米家有品、小米商城、小米之家。米家有品和小米商城是线上电商，拥有更多的商品。米家有品有大约两万种商品，主要是小米自己和小米生态链的产品；线下的小米之家有大约200种商品。

在这个全渠道中，小米之家还有一个重要的工作，就是从线下往线上引流，向用户介绍更丰富的小米产品系列。用户在小米之家购买商品时，店员会引导用户在手机上安装小米商城的APP，如果用户喜欢小米的产品，下次购买就可以通过手机完成，而且在小米商城，可以在更全的品类中选择，并且没有线下的租金成本。

通过打通线上线下，爆品在店内立刻就能拿到，使得顾客享受了体验性和既得性。如果店内没有商品，顾客可以扫码在网上购买。这样，一次到店的顾客就会成为小米的会员，有机会成为小米真正的粉丝，产生惊人的复购率。

【案例思考】

(1) 根据本章的学习，综合分析小米分销渠道网络有何特点？

(2) 为实现新的目标，小米分销系统还有哪些可以改进之处？

(3) 从本案例中总结分销渠道对企业发展的战略意义？

【案例 5-2】

某电商平台因售卖假冒伪劣商品被线上用户批评。该电商平台为行业独角兽，在扩张路上一路狂奔。它被公众用放大镜集中检视，一方面表明这些企业已经大到可以影响巨量百姓的生活，另一方面也显示了社会对它们的成熟度的焦虑。

该电商平台抓住电商领域的红利，一举获得数以亿计的用户，但代价和前提是平台机制为假冒伪劣产品提供了大量的生存甚至发育机会，在赢得了用户的同时，也让作坊拼装家电的行为泛滥。这一有毒平台规则与商业伦理双双沦陷。

【案例思考】

本案例中的两家企业网络平台违反了哪些法律法规？存在哪些职业道德问题？

综 合 练 习

一、选择题

（一）单选题

1. 分销渠道是指（　　）。

A. 分销商的总和

B. 零售商的总和

C. 产品或服务从生产者向消费者转移过程中，所经过的、由各中间环节所联结而成的路径

D. 分销商和零售商的总和

2. 分销渠道的起点是(　　)。

A. 生产者　　B. 批发商

C. 代理商　　D. 中介机构

3. 分销渠道的终点是(　　)。

A. 零售商　　B. 批发商

C. 消费者　　D. 专卖店

4. 企业分销渠道中中间机构层次的数目构成了(　　)。

A. 分销渠道系统　　B. 分销渠道长度

C. 分销渠道宽度　　D. 分销渠道深度

5. 市场营销渠道的主要职能不包括(　　)。

A. 研究　　B. 促销

C. 接洽　　D. 协调

6. 传统分销渠道模式比较适合于(　　)。

A. 大型企业　　B. 中型企业

C. 垄断企业　　D. 小型企业

7. 下列渠道形式中不属于垂直分销渠道模式的是(　　)。

A. 管理式　　B. 分散式

C. 公司式　　D. 契约式

8. 下列关于垂直分销渠道模式的说法中正确的是(　　)。

A. 维持垂直分销系统的成本比较低

B. 垂直分销系统能合理管理库存

C. 垂直分销系统不易于安排生产与销售

D. 垂直分销系统渠道控制力弱

9. 可口可乐公司和雀巢咖啡公司有一个合作项目。雀巢公司以其专门的技术开发新的咖啡及茶饮料，然后交由熟悉饮料市场分销的可口可乐去销售。这种渠道类型叫作(　　)。

A. 传统分销渠道模式　　B. 垂直分销渠道模式

C. 水平分销渠道模式　　D. 多渠道分销渠道模式

10. 像麦当劳、肯德基等公司通过特许经营而建立的销售网络属于(　　)。

A. 管理式分销系统　　B. 公司式分销系统

C. 产权式分销系统　　D. 契约式分销系统

11. 某公司建立了三条渠道进行分销活动，则该公司的渠道模式属于(　　)。

A. 传统分销渠道模式　　B. 垂直分销渠道模式

C. 水平分销渠道模式　　D. 多渠道分销渠道模式

12. 契约式分销系统与公司式分销系统的最大区别是（　　）。

A. 成员之间不形成产权关系　　B. 成员之间不形成经营关系

C. 用契约来规范各方的行为　　D. 用管理来规范各方的行为

13. 下列渠道形式中不属于垂直分销渠道模式的是（　　）。

A. 管理式　　B. 分散式

C. 公司式　　D. 契约式

14. 美国西尔斯统一控制众多制造型企业和中小商业企业，形成工贸商一体化的销售网络。该渠道模式是（　　）。

A. 管理式分销系统　　B. 公司式分销系统

C. 产权式分销系统　　D. 契约式分销系统

15. 对经销商而言，最重要的是（　　）。

A. 客户　　B. 制造商

C. 政府　　D. 竞争者

16. 通常不必要实行直接营销的产品是（　　）。

A. 顾客订制的产品　　B. 建筑材料

C. 易腐烂的产品　　D. 标准化产品

17. 分销渠道的（　　）是指厂商选择几条渠道进行某产品的分销活动，而非几个批发商或几个零售商的问题。

A. 长度　　B. 宽度

C. 广度　　D. 深度

（二）多选题

1. 市场营销渠道的主要职能包括（　　）。

A. 谈判　　B. 实体分销

C. 融资　　D. 风险承担

2. 下列对传统分销渠道模式的优缺点的描述正确的是（　　）。

A. 具有较大的灵活性，可以随时、任意地淘汰或选择分销渠道

B. 易于安排生产与销售，渠道控制力强

C. 渠道成员各自追求自己利益最大化，会使整体分销效率下降

D. 渠道成员之间缺乏信任感和忠诚度，难以形成长期的渠道成员关系

3. 垂直分销渠道模式包括（　　）等几种形式。

A. 管理式分销系统　　B. 公司式分销系统

C. 股权式分销系统　　D. 契约式分销系统

4. 下列对垂直分销渠道模式的优点的描述正确的是（　　）。

A. 合理管理库存　　B. 削减分销成本

C. 易于安排生产与销售　　D. 渠道控制力强

5. 影响市场营销渠道设计的因素主要有（　　）。

A. 顾客特性　　B. 产品特性

C. 中间商特性　　D. 竞争特性

二、简答题

1. 什么是分销渠道？分销渠道有哪些基本类型？

2. 什么是市场营销渠道的职能？

3. 设计分销渠道要考虑哪些因素？其基本过程是怎样的？

三、实训

1. 实训项目：分销渠道策略。

2. 实训目的：使学生加深对分销渠道理论的理解，培养学生运用相关知识解决实际问题的能力。

3. 实训类型：收集信息。

4. 实训内容：了解企业现有渠道运行的状况及存在的问题，掌握企业选择分销渠道模式和化解渠道矛盾的做法，提出改进措施。

5. 实训方式：学生实训后教师指导。

6. 实训过程：分组→选择企业→深入企业调查、收集资料→整理、分析资料→小组讨论并得出结论→填写实训报告。

7. 实训要求：

(1) 在人员组织分工上要合理，视班级人数来确定小组，每一小组人数以 5～8 人为宜，小组人员要合理分工。

(2) 小组根据所选企业确定调查目的和调查内容，并确定标准，制作调查问卷。

(3) 以小组为单位进行实地调查，对所选择的企业进行走访，了解其渠道选择、渠道运行、渠道管理的状况。

(4) 总结走访企业的渠道状况及渠道选择的一般模式，指出调查企业渠道设计、运行、管理中的问题，提出具体的解决方案。

(5) 在参观访问、收集信息和资料的过程中，注意安全。

8. 实训结果：组长填写实训报告。

第六章　促销沟通策略

第一节　促 销 概 述

本节主要内容

- 促销的含义
- 促销的方式
- 促销组合

一、促销的含义

促销即促进销售，指工商企业通过人员和非人员的方式把企业的产品及提供的服务信息传递给顾客，激发顾客的购买欲望，影响和促成顾客购买行为的全部活动的总称。

促销活动的实质是一种沟通、激发活动。在市场经济条件下，社会化的商品生产和商品流通决定了生产者、经营者与消费者之间客观上存在着信息的分离，因为顾客不一定知晓企业生产和经营的商品性能、特点，所以要求工商企业将有关商品和服务的存在及其性能等信息，通过声音、文字、图像或实物传播给顾客，增进顾客对商品及其配套服务的了解，引起顾客的注意和兴趣，帮助顾客认识商品或其配套服务所能带给他们的利益，为顾客最终做出购买决定提供依据。可以这样说，在市场日益广阔、供求关系日益复杂的社会主义市场经济条件下，促销活动体现了企业开拓市场、扩大销售、满足消费者的主动精神、进取精神和创造精神。

促销的主要任务是将商品和服务的信息传递给顾客，以达到扩大销售、增加效益的目的。促销作为一种沟通活动，其帮助和说服消费者的传递方式可分为单向传递和双向传递两类。

(1) 单向传递，指单方面将商品或服务信息传递给消费者的方式，即以“卖方→买方”方式传递商品或服务信息。

(2) 双向传递，指双方沟通信息的方式，即以“卖方⇌买方”方式传递商品和服务信息。双向传递一方面向消费者宣传介绍商品和服务信息，激发其购买欲望；另一方面可直接获得消费者的反馈信息，便于企业不断完善商品和其配套服务的适销对路程度，以更好地满足消费者的需要。

做好促销工作有助于提高信息沟通的效率与质量，消除生产者和消费者之间由时空和信息分离引起的矛盾；有助于刺激、创造需求，开拓市场；有助于突出企业和产品的特色；有助于稳定和扩大销售。

二、促销的方式

现代市场营销学认为，促销的方式包括人员促销和非人员促销两大类，具体分为人员推销、广告宣传、公共关系、营业推广四种方式。

1. 人员推销

人员推销又称人员销售，是企业通过派出推销人员或委托推销人员亲自向顾客介绍、推广、宣传产品，以促进产品销售的方式。人员推销可以是面对面的交谈，也可以通过电话或信函交流，推销人员的任务除了完成一定的销售量，还必须及时发现顾客的需求并开拓新的市场，创造新的需求。

2. 广告宣传

广告宣传是企业以付费的形式，通过一定的媒介向广大目标顾客传递企业的营销形式和产品品种、规格、质量、性能、特点、使用方法以及劳务信息的一种宣传方式。现代广告不应只是一味地单向沟通，而是形如单向沟通的双向沟通，即应结合企业与顾客的共同关心点来考虑广告的制作与传播。

3. 公共关系

公共关系指企业通过各种有计划的活动来使社会各界了解本企业，以取得他们的信赖和好感，从而为企业创造一种良好的舆论环境和社会环境。公共关系的核心是交流信息，促进企业与社会各界的相互了解，宣传企业的经营方针、经营宗旨、经营项目、产品特点和服务内容等，提高企业的知名度和社会声誉，为企业争取一个良好的外部环境，间接促进产品的销售，以推动企业不断向前发展。

4. 营业推广

营业推广指企业在比较大的目标市场中，为刺激早期需求而采取的能够迅速产生鼓励作用、促进商品销售的一种措施。营业推广一般只作为人员推销和广告宣传的补充方式。与人员推销和广告宣传相比，该方式的刺激性强，吸引力大，是一种能够临时性地使顾客迅速产生购买行为的措施。营业推广的措施有很多，大致可分为以下三类：

(1) 面向消费者的营业推广，如展销、现场表演、赊销、消费信贷、现场服务、有奖销售、赠送纪念品或样品等；

(2) 属于促成交易的营业推广，如举办展览会、供货会、订货会、物资交流会，提供购货折扣、补贴利息、延期付款服务等；

(3) 鼓励推销人员的营业推广，如发放推销奖金、红利，实行接力推销等。

三、促销组合

促销组合就是将人员推销、广告宣传、公共关系和营业推广四种形式有机结合起来，综合运用，形成一种促销策略或技巧。这四种促销形式又可归纳为人员推销(即“推”式策略)和非人员推销(即“拉”式策略)，而这两类推销的形式和作用是不同的。

1.“推”式策略

人员推销活动是采取主动的、直接的方式，利用推销人员与中间商促销，将产品和服务推入渠道的策略，称为“推”式策略(如图6-1所示)。实行“推”式策略的企业，主要是运用人员推销和营业推广手段把商品推向市场——从制造商推向批发商，从批发商推向零售商，直至最终消费者和用户。实行“推”式策略要求推销人员针对不同的商品、不同的对象采取不同的方法进行推销。该策略花费在现有产品、新产品开发、现有用户和潜在用户上的力量不是均等的，而是有针对性的。

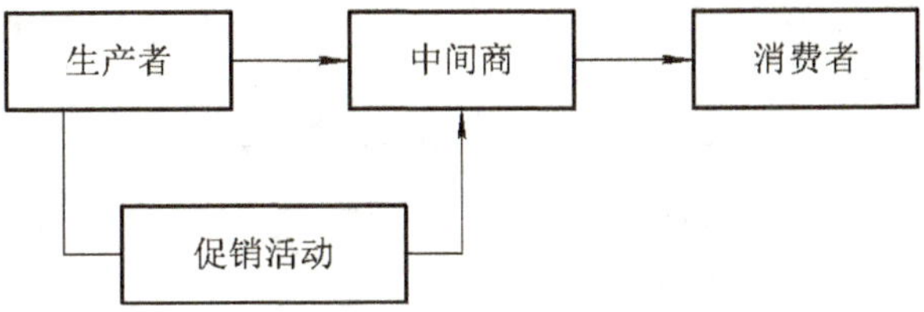

图6-1　“推”式策略示意图

2.“拉”式策略

非人员推销采取间接的方式，即企业针对最终消费者展开广告攻势，把产品信息介绍给目标市场的消费者，使消费者产生强烈的购买欲望，形成急切的市场需求，然后“拉引”中间商纷纷要求经销这种产品，称为“拉”式策略(如图6-2所示)。实行“拉”式策略的企业将主要的促销预算用于广告或其他宣传措施上，通过一系列的宣传报道使消费者产生兴趣，吸引他们购买。

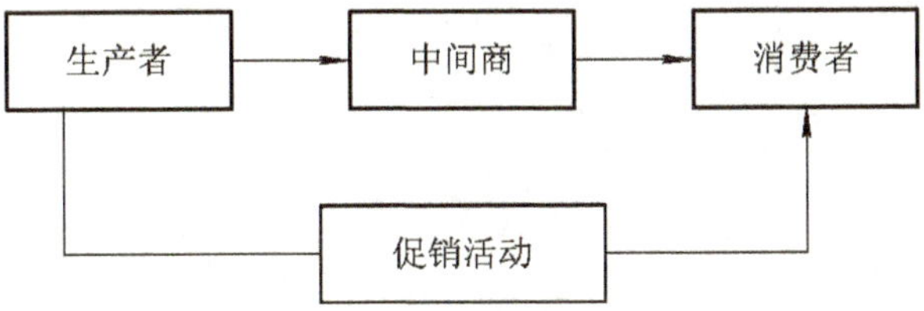

图6-2　“拉”式策略示意图

企业在促进产品销售过程中，究竟是实行“推”式策略，还是实行“拉”式策略，要根据具体情况而定。一般来说，应当二者兼顾，各有侧重。这两种策略和四种促销形式各具特点，在促销中各有作用、相辅相成。企业应有计划地将各种促销方式有机地结合起来，适当选择、编配和运用，使之相互配合。人员推销必须借助广告宣传介绍才能引导更多的潜在消费者；广告宣传最终也要通过人员推销才能实现销售产品的目的。因此，促销组合实质上是综合运用四种促销方式，使之成为一个有机整体，发挥其整体功能。促销组合结构模式如图6-3所示。

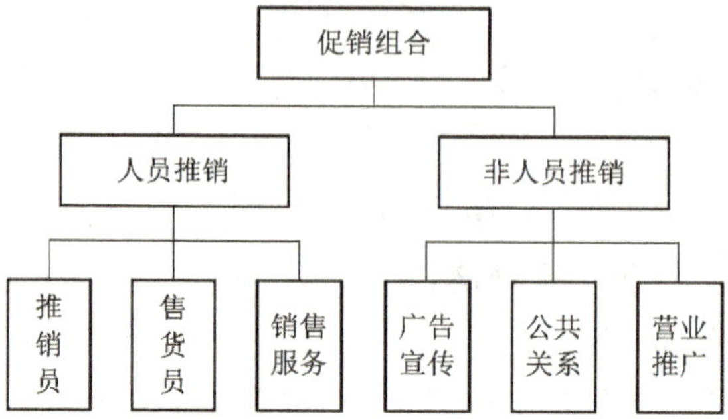

图 6-3　促销组合结构模式

鉴于四种促销方式各有特点，适用于不同对象，企业在进行促销活动时就要根据营销目标和商品特点，有针对性地进行选择。一般来说，工业品和消费品在采用促销方式时有不同的组合，如图 6-4 所示。

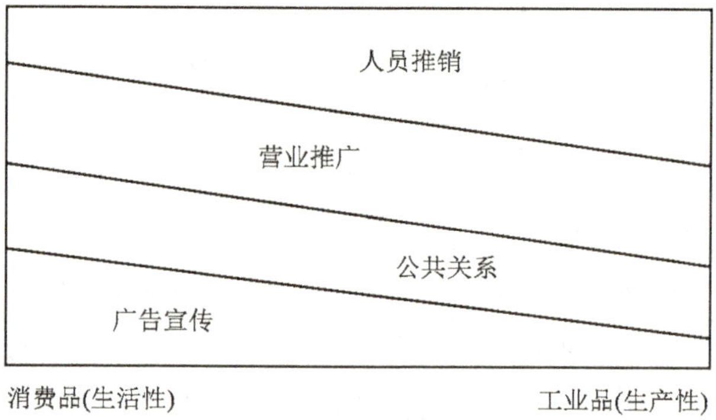

图 6-4　工业品与消费品的不同促销组合

因此，企业在制定促销策略时应综合考虑产品的性质、产品市场生命周期、市场性质、促销费用等因素，具体分析如下：

1) 产品的性质

不同的产品有不同的用途，满足不同的消费者需求需要采取不同的促销组合。一般来说，高技术的工业品偏向人员推销，而生活消费品由于技术性较低，标准化程度高，市场面广，消费者人数多，所以宜于采用非人员促销的方式。

2) 产品市场生命周期

由于在产品市场生命周期的不同阶段有不同的促销目标，所以企业应选择不同的促销组合策略。

在产品的投入期，企业的促销目标就是让消费者认识和了解产品，因此需要采用广告宣传，辅之以人员推销，导入 CIS 策略。

在产品的成长期，销售量迅速增长，企业的促销目标是进一步引导消费者的购买兴趣，激发其购买行为，因此应着重宣传产品特点，以改变消费者使用产品的习惯，逐步对产品产生偏好。

在产品的成熟期，企业的促销目标主要是巩固老顾客，增加消费者对产品的信任感，保持市场占有率，因此，应尽可能多地运用公共关系宣传，以提高企业和产品的声誉。

在产品的衰退期，企业的促销目标主要是使一些老用户继续信任本企业的产品，并坚持购买，因此，促销方式主要以营业推广为主，辅之以公共关系和广告宣传。

产品市场生命周期不同阶段促销组合与目标重点如表 6-1 所示。

表 6-1　产品市场生命周期不同阶段促销组合与目标重点

产品市场生命周期	促销目标重点	促销组合
在产品的投入期	使消费者了解产品	各种介绍性广告、人员推销、导入 CIS 策略
在产品的成长期	提高产品的知名度	改变广告形式(如形象广告)
在产品的成熟期	增加产品的美誉度	改变广告形式(如形象广告)
在产品的衰退期	维持消费者的信任、偏爱	营业推广为主，多为提醒性广告
整个周期阶段	消除顾客的不满意感	利用公共关系

3) 市场性质

针对不同特点的市场，需要采取不同的促销组合策略。一般来说，小规模本地市场促销应以人员推销为主；若是广泛的市场，像全国市场或全球市场，则应以广告和文字宣传为主。市场比较集中，渠道短，销售力量强，产品需经过操作示范的，应采用人员促销策略；而产品销售分散，渠道多而长，产品有差异，消费趋势已很明显，有必要快速告知消费者的市场，最好采用非人员促销策略。消费品市场买主多而分散，主要用广告宣传和营业推广吸引顾客；生产资料市场的用户少而销售额却大得多，应以人员推销为主。

4) 促销费用

促销费用的数额直接影响促销方式的选择。因为有的促销方式费用较高，而有的则较低。一般来说，广告宣传的费用较高，人员推销次之，营业推广花费较小，公共关系的费用最少。但它们在不同时期的促销效果是不同的，企业在选择促销方式时，要根据企业的资金状况，即以能否支持某一促销方式的顺利进行为标准，同时，投入的促销费用要符合经济效益原则。

应该指出，任何一种促销方式都有其固有的优点和缺陷。例如，人员推销可与用户建立牢固的业务关系，成交速度快，能详细周到地进行个别服务，但缺点是传递信息速度慢、范围小，需要人员多；广告宣传虽然传递信息速度快，但费用高，可信度低。因此，企业在考虑商品促销时，应注意扬长避短，优化组合，综合运用，以期达到最佳的促销效果。

第二节　促 销 策 略

本节主要内容

- 广告的概念
- 销售的促进方法
- 人员推销与直复营销

一、广告

1. 广告的概念

广告 (Advertising) 一词源于拉丁语 (Advertere)，有“注意”“诱导”“大喊大叫”和“广而告之”之意。在市场营销学中，广告指企业以付费的方式，通过各种传播媒体，向目标市场的消费者为某个宣传目的而采取的非个人的展示和促销活动。广告是同企业、产品和服务相关联的。与其他营销工具最大的不同之处在于，广告是一种非个人行为，它是通过付费的媒体进行的推广活动。

在商品种类繁多的今天，吸引消费者越来越难，各种广告媒介的费用越来越高，为此企业每年都会花费大量的钱去投放广告。

2. 广告策略

要想获得良好的广告效应，让广告取得应有的价值，营销人员在制订广告计划时必须遵循 5 个步骤。

1) 确定广告目标

企业的广告目标取决于企业的整个营销目标。企业在实现其整个营销目标的过程中可分为不同的阶段，在每一个阶段，广告起着不同的作用，因而有着不同的目标。归纳起来，企业的广告目标主要有告知、劝说和提示三大类。

(1) 告知性广告 (Informative Advertising) 是广告的基本类型之一，其目的是告诉消费者企业、产品或服务是什么，或者企业将要做什么。一般而言，企业在新产品上市以及未来构建基本的市场需求时会采用告知性广告。零售业者在推出新的促销服务或者政策时，往往会在当地报刊等媒体上采用整版的广告形式向市场传递促销时间、地点、内容、形式以及原因等信息。

(2) 劝说性广告 (Persuasive Advertising) 立足于创造对一种产品或服务的偏好、喜欢、信任和购买。很多劝说性广告都采用了对比的形式来试图表现其产品的优越性。例如，汰渍洗衣粉试图说服消费者它的洗涤功能突出，在它的很多广告中都采用了与其他洗衣粉比较的手段来表现它的洗涤能力最佳。

(3) 提示性广告 (Reminder Advertising) 用于提示消费者一直想着该产品而不至于遗忘。像肯德基、可口可乐这类老牌企业每年都会花费大量广告来唤醒消费者对他们的回忆。

广告目标的选择应当建立在对市场情况充分了解的基础上，企业应针对不同的产品和不同的时期选择不同的广告目的。

2) 决策广告预算

广告的主要作用是促使产品的需求曲线向上移动。企业总希望花费最少的广告支出以实现既定的销售目标，在制定广告预算时应考虑五个特定的因素：

(1) 产品生命周期阶段。新产品一般需花费大量的广告预算以便建立知晓度和取得消费者愿意试用的机会。已建立知晓度的品牌所需预算在销售额中所占的比例通常较低。

(2) 市场份额和消费者基础。市场份额高的品牌只求维持其市场份额，因此其广告预算在销售额中所占的百分比通常较低。而增加市场份额则需要大量的广告费用。

(3) 竞争与干扰。在一个有很多竞争者和广告开支很大的市场上，一个品牌必须加大宣传力度，才能穿过市场的干扰声让消费者听见。

(4) 广告频率。把品牌信息传达到顾客需要重复的次数，对决定广告预算也有重要的影响。

(5) 产品替代性。在同一商品种类中的各种品牌需要做大量广告，以树立与众不同的形象。

一般可以用以下几种方法来确定企业的广告预算。

(1) 销售比例法，指企业按照销售量(现行的或者预测的)或者销售价格的一定百分比来计算和决定企业的促销费用。例如，汽车制造企业通常会以汽车的计划售价为基础，按照固定的百分比来决定广告预算。

(2) 量力而行法，指根据企业资金能力来制定广告预算。这是一种在营销学上尚未定义，但在普遍实践中被大量企业采用的方法。

(3) 竞争对等法，指企业根据竞争对手的促销开支来决定本企业的开支，以保持竞争优势。

(4) 目标任务法，指从营销目的出发，先确定营销目标，然后确定达到这一目标必须完成的任务，最后通过估算完成这些任务所需的每项费用来决定促销费用。

3) 决策广告信息

广告信息的来源分为外部和内部两个方面。外部来源有顾客、经销商、广告代理商和竞争者的产品、广告等。内部来源有企业推销人员、中层和高层管理人员等。另外，构思技术是帮助产生有用信息的有效方法和技术。一个好的广告通常只强调一个销售主题，然后对广告信息进行评价和选择，并采用富有创造性的表达形式、语调、修辞和版式。

4) 选择广告媒体

广告媒体选择就是有关寻找向目标受众传达预期展露次数的展露的成本效益最佳的途径问题。对于企业而言，广告不可能覆盖所有的媒体，选择适合的媒体在适合的时候推出广告可以事半功倍。选择媒体要考虑以下因素：

(1) 媒体传播的对象和范围。它是指一种媒体所能吸引和服务的受众对象和范围。当所选媒体的传播对象、范围与企业目标市场是一致或接近一致时，广告传播的有效覆盖率越高，对预期广告目标的实现就越有利。

(2) 媒体影响力。媒体影响力不同于媒体的绝对影响力，而是指媒体的有效影响力，即媒体绝对影响力中有助于特定广告目标实现的部分，是影响媒体选择的主要因素之一。评估媒体影响力的有效性主要可从以下方面进行，即媒体的触及面、目标市场的选择性、即时反应性、可信性、信息量、媒体吸引力等，表 6-2 列出了现代主要媒体的优缺点。

(3) 媒体费用。媒体费用可分为绝对费用和相对费用。绝对费用指使用或租借媒体所需花费的总额；相对费用相当于媒体的购买单价，指向每千人传播广告信息所需支出的费用，也叫广告千人成本，简称为 CPM，其计算公式为

$$\text{CPM} = \frac{\text{广告媒体绝对费用}}{\text{预计传播对象人数}} \times 1\,000$$

表 6-2 现代主要媒体的优缺点

项目	优　点	缺　点
报纸	灵活、及时、覆盖面相对广，信息容量大，形式多样	保存性差，传阅的人少，大多时候只能针对本地市场
电视	视听效果全面，感染力强，覆盖面广	成本高，画面多为瞬时记忆，消费者印象不深，信息量相对少，干扰大，针对性差
杂志	目标人群针对性强，可信并有一定权威性，保存时间长，传阅者多	要提前很久购买，版面无法保证
广播	大众化，成本低，目标人群针对性相对较高	信息容量小，音频多为瞬时记忆，不易引人注意，效果较差
户外广告	展示形式灵活多样，也可图、文、音、影并茂，展示时间长，费用低，竞争少，覆盖面广	观众没有选择；缺乏新意容易产生厌倦感；信息容量小，接触率浪费大
交通广告	可移动，竞争少，覆盖面广，展示时间长，费用低	缺乏新意，容易产生厌倦感；信息容量小，效果差
店内广告	目标人群针对性强，展示形式灵活多变；可图、文、音、影并茂，成本低	覆盖面小，干扰大
传统邮件	目标人群针对性强，信息容量大，形式多样，人情味较重，竞争少	成本高，不易引人注意，有可能造成“垃圾邮件”
电子邮件	目标人群针对性强，信息容量大，形式多样，竞争少，费用低	有可能被认为是“垃圾邮件”
网络	非强迫性，覆盖面广，费用低，形式多变，时间长，目标人群针对性强	位置有限，不容易被注意，干扰大，创意空间狭窄，而且受众的真实情况不容易被统计

5) 评价广告效果

广告的有效计划和控制主要基于广告效果的测定。广告效果主要包括三个方面，即认知效果、态度效果和行为效果。认知效果和态度效果可归纳为广告的传播效果，行为效果则是与沟通效果相关的销售效果。因此，广告效果评价主要包括传播效果评价和销售效果评价。

(1) 传播效果的评价。传播效果评价的目的在于分析广告活动是否达到预期的信息沟通效果。评价的方法有三种：

① 直接评分法，即由目标消费者对广告依次打分，其评分表包含预估广告的注意力、可读性、认知力、影响力和行为等方面的因素。直接评分法不一定能完全反映广告对目标消费者的实际影响，主要适用于帮助淘汰和剔除那些质量差的广告。

② 组合测试法，即请消费者观看一组试验用的广告，要求他们愿看多久就看多久，等关闭广告后，再让他们回忆所看到的广告，并且对每一个广告都尽其最大能力予以描述。所得结果可判别一个广告的突出性及其期望信息被了解的程度。

③ 实验室测试法，即有些研究人员利用仪器来测量消费者对于广告的心理反应情况，

比如心跳、血压、出汗等。然而，这些生理测试只能测量广告的吸引力，无法测量消费者的信任度或者意图。

(2) 销售效果的评价。销售效果的评价有两种分析方法：

① 历史资料分析法。该方法是由研究人员根据同步或滞后的原则，利用最小平方回归法求得企业过去的销售额与企业过去的广告支出二者之间的关系的一种测量方法。

② 实验设计分析法。该方法可测量广告对销售的影响，实验具体方法为：选择不同地区，在其中某些地区进行比平均广告水平强 50% 的广告活动。在另一些地区进行比平均水平弱 50% 的广告活动，并根据销售记录，评价广告活动对企业销售究竟有多大影响。

二、销售促进

销售促进指能够迅速刺激需求、鼓励购买的各种促销形式。如果说广告提供了购买的理由，那么销售促进则提供了购买的刺激。企业在使用销售促进时需要明确促销目的，选择正确的促销形式，同时还需要制定合理的促销方案并予以实施。

1. 销售促进的形式

1) 产品陈列和现场表演

产品陈列和现场表演的做法是在商品销售点或经销点占据有利位置，进行橱窗陈列、货架陈列、流动陈列或现场表演等，目的是展示商品性能，打消顾客疑虑。

2) 产品展销会、交易会、订货会

产品展销会、交易会、订货会是不定时或定时、不定点或定点举行的应用广泛的销售促进形式。企业可通过展销会、交易会、订货会展示产品，以显示自身的经济实力和贸易水平，获得洽谈业务的机会，最终按展示的样品达成交易。

3) 赠送样品

赠送样品是通过让顾客试看、试用、试听等方式，使顾客在试用商品的过程中了解效果，传递信息，产生兴趣，引起购买欲望。这类样品可以直接送给顾客，也可以回收或折价处理。

4) 廉价包装

包装不仅具有保护商品、吸引顾客的功能，还有直接的促销作用。制造企业可以采用简单包装、把小包装换成大包装、除去精美包装等方式，达到降低成本及商品降价的目的，以吸引“经济型”顾客。此外，企业还可以利用多用途包装、系列包装等，不断吸引顾客，提高重复购买率。

5) 有奖销售

有奖销售是采用奖券或号码中奖的办法使顾客在购买时不仅得到产品，而且有额外收获的方式刺激顾客的购买欲望。有奖销售是企业，特别是零售商最常用的一种销售促进方式，但采用这种方式必须得到有关部门的批准，要有法律保证，否则，运用不当，会成为一种不正当竞争。

6) 优待券

优待券指企业向潜在顾客或现场购买者发放的优惠购物券，顾客可以凭优惠购物券到指定地点减价或优惠购买到一定的商品，以此增强相应产品对顾客的吸引力。

选择销售促进的形式必须充分考虑市场类型、推广目标、竞争情况及推广成本效益比等各方面。每一种促进方式都有其优势，但多数是通过给予顾客或者中间商一定的优惠以刺激消费者购买产品。刺激的手段多种多样，通常在实施过程中，企业需要灵活多变地采用不同手段，合理组合各类促销方式，使促销更加有效。

2. 销售促进的作用

销售促进是以唤起短期需求为目的的一种促销手段。销售促进活动是为了使原来购买、使用其他品牌产品的顾客能被吸引到本企业的产品上来，在短期内扩大企业产品的销售。

3. 销售促进的类型

1) 面向消费者和用户的销售促进

面向消费者和用户的销售促进是为了激发他们的购买欲望和强化品牌忠诚度，鼓励重复购买和多量购买以及推动新产品的销售。

2) 面向中间商的销售促进

面向中间商的销售促进是为了巩固和强化与中间商的合作伙伴关系，鼓励其大量进货，增强经营销售本企业产品的能力。

3) 面向本企业推销人员的销售促进

面向本企业推销人员的销售促进是为了激励他们努力工作，努力开拓市场。

三、人员推销与直复营销

1. 人员推销

1) 人员推销的特点

人员推销较其他促销方式，具有以下优势和特点。

(1) 灵活性。灵活性指推销员能与顾客保持直接的联系，可根据各类顾客特殊的需要、动机和行为设计具体的推销策略，并及时发现和开拓顾客的潜在需求，对于产品的性能、质量、使用和保管方法，可向顾客直接介绍并进行示范，以消除顾客的疑虑，激发购买欲望，促成购买行为。

(2) 选择性。推销员在每次推销前可以选择有较大购买潜力的顾客，有针对性地进行推销，并可事先对未来顾客进行调查研究，确定具体的推销方案、推销目标和推销策略等，以强化推销效果，提高推销的成功率。

(3) 完整性。人员推销过程是从市场调查开始，经过选择目标顾客、当面洽谈、说服顾客购买、提供服务等流程，最后促成交易，并反馈顾客对产品及企业的相关信息。这是企业产品销售的完整过程。人员推销的完整性是其他促销方式不具备的。

(4) 情感性。推销员在推销产品的过程中与顾客直接接触，可以“一回生二回熟”，彼此在买卖关系的基础上交流情感，增进了解，产生信赖，建立深厚的友谊。而情感的培养与建立，必然会使顾客产生惠顾的动机，从而确立稳定的购销关系，促进商品销售。

由于人员推销具有上述优势和特点，所以该方法适用于工业品和技术性较强、使用较为复杂的耐用消费品的推销中。

2) 人员推销的组织形式

在整体促销中，人员推销组织形式要根据企业规模和营销商品的范围、结构、人员素质，按照精简、统一、效率、效益的原则，慎重选择，合理组织。一般来说，可以选择的组织形式有以下几种。

(1) 区域结构式，指每个推销人员(组)负责一定地区的推销业务，这是一种最简单的推销组织形式，其推销组织形式具有以下优点：

① 推销人员的责任明确，便于考核，有利于提高推销人员的工作积极性。

② 推销人员活动范围小，相对地节约了销售费用。

③ 推销人员活动区域稳定，有利于与当地消费者建立联系，增进友谊，加强合作。

④ 熟悉当地市场整体情况，能够正确分析和估计市场销售趋势，有利于开拓市场。

区域结构式组织形式适合于类似性较大的产品和市场。

(2) 产品结构式。产品结构式组织形式指每个推销人员(组)负责某种或某类产品的推销业务。这种组织形式具有以下优点：

① 推销人员熟悉该类产品的供销情况，有利于预测该类产品的销售趋势，以便及时组织货源。

② 推销人员能够运用其专业知识为顾客服务，有利于扩大顾客群。

③ 商品推销组织形式对推销人员的知识结构提出了更高的要求，有利于促进推销人员不断学习，更新知识，提高素质。

产品结构式适宜于产品技术性强、生产工艺复杂、营销技术要求高、产品品种多而买主不大相同的企业。反之，则不宜采用这种推销组织形式。

(3) 顾客结构式。顾客结构式组织形式指根据顾客的行业不同、规模不同、分销渠道不同、用户不同而分别配备推销人员。这种组织形式具有以下优点：

① 推销员与顾客直接打交道有利于推销员深入了解特定顾客的需求，在推销中有的放矢，提高工作效率。

② 推销员与特定顾客在产品买卖中经常交往有利于彼此间建立感情，增进友谊，从而建立稳固的购销关系。

顾客结构式组织形式适宜于顾客比较集中、用户规模较大、分销渠道比较稳定的企业。

(4) 复合结构式。复合结构式指将区域与产品、区域与顾客、产品与顾客三种组织形式混合运用、有机结合，按“区域—产品”，或“区域—顾客”，或“产品—顾客”，甚至按“区域—产品—顾客”来分配推销人员。这种组织结构的优点如下：

① 能够灵活调度推销人员，全方位地发挥和运用推销人员的知识才能，有利于调动推销人员的积极性。

② 推销人员能从企业整体营销利益出发开展营销活动，有利于扩大销售。

③ 推销人员能进入一个地区或某一单位，解决诸多商品推销问题，有利于节省推销费用。

复合推销组织形式适宜于顾客类别复杂而分散的企业。但在采取复合推销组织形式的情况下，一个推销人员往往要对数种产品的产品经理或几个部门经理负责，容易造成多头领导、职责不清。特别是不在不同部门人员的协调配合工作做得不好时，会直接影响推销效果。

3) 人员推销的过程

人员推销过程一般分为以下几个步骤。

(1) 寻找并识别目标顾客。推销人员在推销之前必须弄清一些问题，即“顾客在哪里？”“要向哪种类型的人推销产品？”如果推销对象的问题没有搞清楚，哪怕是再周密详尽的推销计划都有可能破产。所以，准确寻找和识别顾客应当是推销人员的基本功。

(2) 前期调查。对于已确定的目标顾客，推销人员应当先收集他们的相关资料，包括需求状况、顾客的经济来源和经济实力、拥有购买决策权对象、购买方式，以便制定推销方案。

(3) 试探式接触。推销员要根据掌握的目标顾客的资料，从目标顾客感兴趣的问题入手以便与顾客展开话题，再了解顾客对产品的想法，并根据顾客的反应，逐步引入推销产品的话题。

(4) 介绍和示范。在对目标顾客已有充分了解的基础上，推销人员可以直接向目标顾客介绍产品，甚至主动地进行一些产品的使用示范，以增强目标顾客对产品的信心。

(5) 应付异议。在推销过程中，推销人员经常遇到顾客的异议。顾客的异议是成交的障碍，但它也表明了顾客对推销员的介绍给予了关注，对产品产生了兴趣，只要排除了异议，就能够达成交易。应付异议的有效办法是把握产生异议的原因，对症下药。

(6) 达成交易。成交是推销的目标，当排除了各种异议之后，要密切关注顾客发出的成交信号，即通过顾客的言语动作、表情等表露出的购买意向，并抓住这一成交的良好机会及时达成交易。

(7) 后续工作。交易达成并不意味着推销工作的结束，而应把它看作新的推销工作的开始。因此，各种后续工作必须及时跟上，如备货、送货、配套服务及售后服务等。这些工作的妥善处理不仅有利于企业同目标顾客建立稳固的购销关系，而且可以吸引更多的顾客。

2. 直复营销

直复营销起源于邮购活动，它是个性化需求的产物，是传播个性化产品和服务的最佳渠道。美国直复营销协会 (ADMA) 的营销专家将它定义为“一种为了在任何地点产生可以度量的反应或达成交易而使用一种或几种广告媒体的互相作用的市场营销体系”。

1) 直复营销的形式

直复营销 (Direct Marketing) 作为营销活动的一部分，与现代消费者的联系越来越密切。一方面，现代社会生活节奏不断加快，使消费者用于购物的时间渐趋减少。另一方面，信息通讯技术的发展与信用系统的不断健全为直复营销的发展提供了契机。

随着信用手段和信息技术的快速发展，直复营销形式得到了空前的发展，其形式不再局限于邮购活动。随着电话、电视以及互联网等许多媒体的出现，直复营销形式变得越来越丰富，常见的直复营销形式主要有：

(1) 直接邮寄营销。直接邮寄营销指营销人员把信函、样品或者广告直接寄给目标顾客的营销活动。目标顾客的名单可以租用、购买或者与无竞争关系的其他企业相互交换。使用这些名单的时候，应注意名单的重复，以免同一份邮寄品重复寄给同一位顾客，从而引起反感。

(2) 目录营销。目录营销指营销人员给目标顾客邮寄目录，或者备有目录随时供顾客索取。经营完整生产线的综合邮购商店使用这种方式比较多，如蒙哥马利•华德公司 (Montgomery Ward)、西尔斯•罗巴克公司 (Sears Roebuck) 等。

(3) 电话营销。电话营销指营销人员通过电话向目标顾客进行营销活动。电话的普及，尤其是免费电话的开通使消费者更愿意接受这一形式。现在许多消费者通过电话询问有关产品或服务的信息，并进行购买活动。

(4) 直接反应电视营销。直接反应电视营销指营销人员通过在电视上介绍产品，或赞助某个推销商品的专题节目等形式来开展营销活动。在我国，电视是最普及的媒体，电视频道也较多，许多企业已开始在电视上进行营销活动。

(5) 直接反应印刷媒介。直接反应印刷媒介通常指在杂志、报纸和其他印刷媒介上做直接反应广告，鼓励目标成员通过电话或回函订购产品，并为顾客提供知识等服务，从而达到提高销售的目的。

(6) 直接反应广播。广播既可作为直接反应的主导媒体，也可作为其他媒体的配合，使顾客对广播进行反馈。随着广播行业的发展，广播电台的数量越来越多，专业性越来越强，有些电台甚至定位于某个特别的或高度的细分小群体，为直复营销者寻求精确目标指向提供了机会。

(7) 网络营销。网络营销指营销人员通过互联网、传真等电子通讯手段开展营销活动。目前，像书籍、计算机软硬件、旅游服务等产品已普遍在网上开始了营销业务。除此之外，营销人员还利用报纸、杂志、广播电台等媒体进行营销活动。

上述几种直复营销方式可以单一运用，也可以综合运用。

2) 直复营销的主要特点

直复营销的主要特点有：

(1) 目标顾客选择更精确。直复营销的人员可以从数据库中挑选出有可能成为自己顾客的人做为目标顾客，然后与单个目标顾客或特定的商业用户进行直接的信息交流，从而使目标顾客更为准确，沟通更有针对性。

(2) 强调与顾客的关系。直复营销活动中，直复营销人员可根据每一个顾客的不同需求和消费习惯进行有针对性的营销活动。这将形成直复营销人员与顾客间的双向沟通，易与顾客形成并保持良好的关系。各种研究表明，消费者的大部分购买行为属于有计划的购买。直复营销人员深知，顾客不会被动地呆在家中等着广告的到来，所以他们总是集中全力刺激顾客的无计划购买或冲动型购买，为消费者立即反应提供一切尽可能的方便。

(3) 激励顾客立即反应。直复营销通过激励顾客立即采取某种特定行动，并为顾客立即反应提供了尽可能的方便和方式，使人性化的直接沟通即刻实现。

(4) 营销战略的隐蔽性。直复营销不是大张旗鼓地进行的，因此其战略不易被竞争对手察觉，等到竞争对手察觉自己的营销战略时也为时已晚，因为直复营销广告和销售是同时进行的。

(5) 关注顾客终生价值和长期沟通。直复营销将企业的客户 (包括最终客户、分销商和合作伙伴) 作为最重要的企业资源，通过完善的客户服务和深入的客户分析来满足客户的需求，关注和帮助顾客实现终生价值。

3) 直复营销的表现形式

作为一种交互式的、可以双向沟通的渠道和媒体，网络为企业与顾客之间架起了桥梁，顾客可以通过网络进行订货和付款，企业则通过网络接收订单、安排生产，并将产品送给顾客。基于互联网的直复营销将更加吻合直复营销的理念，其主要表现在以下四个方面。

(1) 直复营销作为一种相互作用的体系，特别强调直复营销者与目标顾客之间的“双向信息交流”，以克服传统市场营销“单向信息交流”方式中营销者与顾客之间无法沟通的致命弱点。在开放、自由的“双向式”信息沟通的互联网中，企业不仅可以实现与顾客进行一对一的信息交流，还可以根据目标顾客的需求进行生产和营销决策，在最大限度满足顾客需求的同时，提高营销决策的效率和效用。

(2) 直复营销活动的关键是为每个目标顾客提供直接向营销人员反映的渠道，企业可以根据顾客的反馈找出自身不足，为下一次直复营销活动做好准备。互联网的方便、快捷性使得顾客可以通过互联网直接向企业提出建议和购买需求，也可以直接通过互联网获取售后服务。企业也可以从顾客的建议、需求和要求的服务中，找出企业的不足，按照顾客的需求进行经营管理，减少营销费用。

(3) 直复营销活动强调在任何时间、任何地点都可以实现企业与顾客的“信息双向交流”。由于互联网具有全球性和持续性，所以顾客在任何时间、任何地点可以直接向企业提出要求和反应问题，企业也可以利用互联网跨越空间和突破时间限制，与顾客实现低成本的双向交流。

(4) 直复营销活动最重要的特性是直复营销活动的效果是可测定的。作为最直接简单的沟通工具，互联网可以为企业与顾客提供交易平台。企业也可以通过数据库技术和网络控制技术便捷地处理每一个顾客的订单和需求，而不用顾及顾客的规模、购买量等因素。由于互联网的沟通费用和信息处理成本非常低廉，因此，企业通过互联网不仅可以以最低的成本最大限度地满足顾客需求，还可以了解顾客的需求，细分目标市场，提高营销效率和效用。

4) 直复营销的特征

传统营销涉及推销费用、广告媒体费用、仓储费用、渠道费用等，管理和销售成本较高，而直复营销在一定程度上降低了费用，提高了效率。

(1) 直复营销降低了整体顾客成本。直复营销剔除了中间商加价环节，从而降低了商品的价格，让顾客无需出门就可购物，节约了顾客的时间、体力和精神成本。

(2) 直复营销顺应顾客讲求时间效率的趋势。相比逛街购物，现代人更愿意把宝贵的时间投入到工作、学习、交际、运动、休闲等更有意义的事情中，而直复营销电话（或网络）订货、送货上门的优点为顾客的购物提供了极大的便利。

(3) 网络通讯技术的推广促进了直复营销的发展。媒体是直复营销成功的关键。如今，发达的通信设施，特别是互联网技术的运用，使网络电子购物成为一种主流趋势。

(4) 直复营销顺应顾客个性化需求的趋势。通过直复营销，生产商可根据每位顾客的特殊需要定制产品，从而为顾客提供完全满意的商品。

第三节 营销沟通组合

本节主要内容

- 营销沟通组合概述
- 开发有效的沟通

一、营销沟通组合概述

现代市场营销不仅要求企业发展适销对路的产品，制定吸引人的价值，使目标顾客易于取得他们需要的产品，而且还要求企业控制其在市场上的形象，设计并推广(如产品的外观、特色、购买条件以及产品)可为目标顾客带来利益的信息，即进行沟通与促销活动。

现代企业管理的是一个复杂的市场营销沟通系统。企业运用其沟通组合(即广告、销售促进、宣传及人员推销的组合)来接触中间商、消费者及其他公众；中间商也可运用营销沟通组合来接触消费者及各种公众；消费者与消费者之间、消费者与其他公众之间则进行口头传播，沟通反馈。

1. 营销沟通组合的构成要素

营销沟通组合的构成要素可从广义和狭义两个角度来考察。广义而言，市场营销组织中的各个因素都可归入市场营销沟通组合，诸如产品的式样、包装的颜色与外观、价格等都表达了某些信息。狭义而言，市场营销沟通组合只包括具有沟通性质的市场营销工作。促销工具主要包括各种形式的广告、包装、展销会、购买现场陈列、销售辅助物(目录、说明书、影片等)、劝诱工具(竞赛、赠品券、赠奖、赠送样品、彩券)以及宣传单等。

应该指出的是，市场营销沟通组合的构成要素并非一成不变，随着企业营销实践的发展，总有新的促销工具会不断出现。

2. 营销沟通的分类

可以将营销沟通按功能、沟通双方的性质、信息传递的方向和沟通目的划分为不同的类型。

(1) 按功能，营销沟通可分为工具式沟通和感情式沟通。

(2) 按沟通双方的性质可将其划分为人际沟通、群体沟通、组织沟通和大众媒体传播沟通等。

(3) 按信息传递的方向，可将其分为单向沟通和双向沟通。

(4) 按沟通目的，可将其分为告知性沟通和说服性沟通。

二、开发有效的沟通

每一个企业都需要考虑“我们如何才能接触到消费者”以及“消费者如何接触到我们”。因此，企业必须围绕其宣传目标和营销目标，构建一个综合的营销沟通计划。心理学家认为，沟通主要经过6个步骤(如图6-5所示)。发送者和接受者是沟通中的主要参与者，对于企业营销而言，发送者指企业，接受者为目标受众。信息指所希望沟通的内容，这一内容将通过促销工具和不同的组合传播给沟通对象。沟通的主要职能通过编码、解码和反馈实现。需要注意的是，发送者所希望表达的信息往往会由于传递过程中的噪音干扰而不能正确传播。

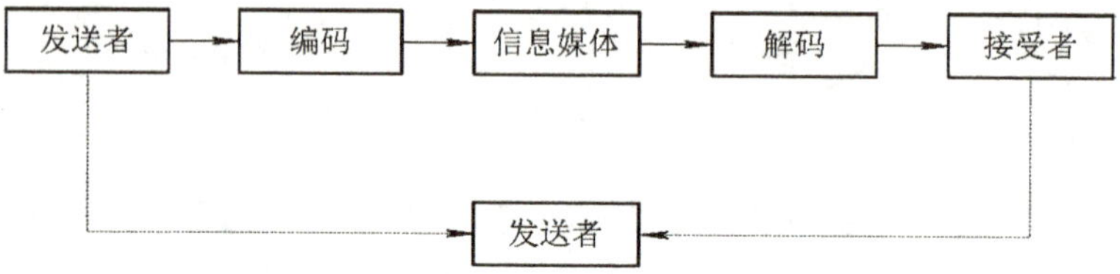

图6-5　沟通模型

沟通模型强调了有效沟通的关键要素，对营销人员开发设计有效的沟通策略具有重要的指导意义。从该模型可以看出，沟通策略的开发可以通过5个步骤来完成，即识别目标受众、确定沟通目标、设计沟通信息、选择沟通渠道、评估沟通效果。

1) 识别受众目标

要想开发有效的沟通策略，营销人员首先需要知道他们主要沟通的对象是谁。这个对象可以是他们的主要顾客群或者潜在目标顾客群。目标受众的情况和购买行为决定了沟通者的沟通策略，如表达什么，如何表达，通过什么媒体表达以及由谁表达等。

2) 确定沟通目标

一旦确定了哪些人群是沟通的主要受众，营销人员紧接着需要确定沟通的目标，即为什么沟通，希望达到什么样的效果。对于一个不怎么有名的餐厅，其首要目标可能是提高在当地的知名度。对一个已经处于成熟期的产品而言，其沟通目标有以下几种可能：

(1) 培养顾客对产品和品牌的忠诚度。

(2) 吸引顾客。

(3) 保持大家对于产品的认知等。

市场营销人员的最终目的是把产品或服务销售出去并让现有顾客成为其忠诚顾客。这就必须先让顾客不仅知道产品或服务还要了解产品或服务，最终达到使其购买、信赖并喜爱这些产品或服务的目标。这是一个长期过程，营销人员需要明确目标受众对于产品的态度，然后确定还需要对现有的哪些目标和措施进行改进。

3) 设计沟通信息

设计有吸引力的沟通信息是沟通成功的保障。为了使沟通能够获得预期效果，营销人员需要解决三个问题，即“说什么”“怎么说”“谁来说”。

(1) 信息的内容，即“说什么”。营销人员需要寻找消费者的诉求、产品的主题以及关于品牌定位和产品定位。一般而言，消费者对于产品可能有理性的、感性的、社会性的和自我满足的四种形式的需求。这些需求可能是单一的，但更多的是一种综合的结果。

(2) 信息的结构，即“怎么说”。营销人员需要面对以下三种不同的结构问题：

① 在信息中给出结论或者让消费者自己得出结论的问题。

② 说出单方面的观点或者列举出双方的观点问题。

③ 将最有力的表述放在开头还是结尾的问题。

此外，营销人员还需要考虑如何能够更好地吸引消费者的注意。这就需要良好的创意和巧妙的画面结构安排，并运用不同的色彩、形式和风格去营造与众不同的广告表现形式。

(3) 信息源，即“谁来说”。有的企业采用企业内部资源来传播信息，有的企业则选择通过名人或者意见领袖的平台进行宣传。声誉好的信息源发出的信息更容易让人相信。例如，体育用品往往选择体育明星，药名广告往往选择请医生或者医药专家来介绍产品。

选择一个有利的信息源应注意三个因素，即专业性、可信度和亲近感。专业性是信息源用于支持其观点所具备的权威，如医生、科学家等。可信度与信息来源的客观程度相关，如人们一般认为亲友比推销人员更可信。亲近感是信息来源对目标群体的吸引程度，人们比较喜欢幽默和自然的信息来源。声誉好的代言人无疑是那些在专业性、可信度和亲近感三方面突出的人。

4) 选择沟通渠道

沟通包括人员沟通渠道和非人员沟通渠道，其中又包含了多个子渠道。

(1) 人员沟通渠道包括两个或者更多的人相互之间直接进行信息传播。他们可能是面对面沟通，也可能通过电话、电子邮件等形式进行沟通。在不少情况下，人们希望有人向他们推荐或者介绍产品。尤其是对那些价格高昂、有风险或购买不频繁的产品而言，人员沟通起了很大的影响作用。

(2) 非人员沟通渠道指那些不直接面对某一个人的传播方式，包括媒体传播、营业推广和事件营销等。非人员沟通渠道也可以直接或间接地影响消费者。一方面，消费者可以直接受到大众媒体的影响去购买产品；另一方面，使用大众媒体还可以通过影响那些“观念领导者”从而间接地影响消费者。因此，大众媒体应该直接瞄准那些“观念领导者”，从而将信息传递给其他人。

5) 评估沟通效果

发出信息后，沟通人员必须评价沟通效果。沟通效果指信息对目标市场的影响，包括目标顾客们是否记住了信息，记住了多少，其浏览信息的频率是多少，其对信息的评价如何，以及对企业看法是否因为沟通而有所改变等。沟通人员也需要去评价这些信息所引致的市场行为，如多少人购买产品，多少人提出产品咨询或者浏览产品和企业信息。

【案例 7-1】

南塔基特岛甘露的营销

汤姆·帕萨特和汤姆·考斯特在大学毕业后，为了逃避快节奏生活的束缚，决定做一些事情。

在一个冬季的夜晚，汤姆·帕萨特和汤姆·考斯特将各种各样的水果放到搅拌机里，试图榨出一种西班牙式的果汁。他们惊讶地发现调出的果汁美味可口，于是萌发了创业的念头——将自榨的果汁装在回收的玻璃瓶子里，在温暖的季节里卖给远方来的游客。他们为自制的果汁取名为“南塔基特岛甘露”。第一个夏天，他们以每瓶 1 美元价格卖出了 2 000 瓶。

初战告捷，汤姆·帕萨特和汤姆·考斯特开始向靠近南塔基特岛的英格兰大学学生和波士顿的年轻人销售自制的果汁。他们在足球比赛及其他比赛场上扎下了一个紫色大帐篷，并分发果汁和带有“南塔基特岛甘露”字样的 T 恤衫。这种低成本的营销帮助他们将果汁瞄准了年轻顾客。与大型饮料公司不同，他们制作录音，并用录音机做广播宣传。一段时间后，他们发现了收音机广告的作用。于是，他们努力说服节目制作人播放他们有关制作果汁过程的访谈。他们坚持以朴素的方式提高果汁的知名度。此外，他们还利用“移动营销小组”到户外运动地点进行推广，不断开发新的消费者——从 18 岁到 35 岁的顾客。精神高昂的小组成员不断地向球迷们、马拉松运动员免费分发果汁样品。他们请来自己的祖母到广播站，与他们谈论很宽泛的话题，但是焦点集中在果汁上，让人们产生一种联想，即南塔基特岛甘露就像老祖母亲手做的，非常可口。现在，他们的公司不断扩大，有 100 多名员工，年营业收入达到 8 000 万美元，有 50 种不同口味的果汁。未来，他们想将果汁销往全国，甚至国际市场。

【案例思考】

(1) 两个年轻人采用了什么促销方式及工具来扩大南塔基特岛甘露的销路？

(2) 南塔基特岛甘露目前处于产品生命周期的哪一阶段，这对于促销方式选择有什么影响？

(3) 如果该公司以广告作为主要促销方式，应从哪些方面入手制定广告决策？

综 合 练 习

一、选择题

(一) 单选题

1. 促销 (Promotion) 指卖方向消费者或用户 (   ) 的一系列宣传、说服活动。

A. 推销商品　　B. 传递企业信息

C. 传递产品信息　　D. 开展公共关系

2. 促销实质上是一种 (   ) 活动。

A. 沟通　　B. 广告

C. 宣传　　D. 推销

3. 销售促进方式不包括 (   )。

A. 以消费者或用户为对象的推广方式

B. 以中间商为对象的推广方式

C. 以推销人员为对象的推广方式

D. 以批发商为对象的推广方式

(二) 多选题

1. 促销的基本方式包括 (   )。

A. 人员推销　　B. 广告

C. 销售促进　　D. 公共关系

2. 促销的主要目标包括（　　）。

A. 传递产品信息　　B. 激发购买欲望

C. 建立产品形象　　D. 扩大市场份额

3. 沟通过程模式包括的主要要素有（　　）。

A. 发送者　　B. 接受者

C. 解码和编码　　D. 噪音

4. 沟通过程决策的步骤主要有（　　）。

A. 确定沟通对象和传播目标　　B. 设计沟通信息

C. 选择沟通渠道　　D. 建立反馈系统

5. 沟通面临的新问题主要有（　　）。

A. 消费者的忧虑心理　　B. 选择沟通渠道的复杂性

C. 信息泛滥　　D. 市场的不确定性

6. 以下属于确定促销组合需要考虑的因素有（　　）。

A. 产品类型　　B. 经济前景

C. 市场特点　　D. 产品生命周期阶段

二、简答题

1. 什么是促销？其实质和方式如何？

2. 促销策略选择时应考虑哪些因素？

3. 各种促销方式的概念及异同是什么？

4. 简述企业销售促进的主要形式。

三、实训

1. 实训项目：促销策略。

2. 实训目的：培养学生掌握和运用促销策略的能力，提高促销组合的运用水平。

3. 实训类型：模拟操作。

4. 实训内容：选择促销品与市场，拟定该产品的市场导入方案，实施促销活动。

5. 实训方式：学生在教师指导下实训。

6. 实训过程：分组→选择促销产品及促销市场→深入产品市场进行调查→写出简单的市场分析报告→拟定该产品的市场导入方案→教师或企业审批→实施促销活动。

7. 实训要求：

(1) 在教师指导下，由学生自由组合成4～6人为一组的产品推广小组，并确定负责人。

(2) 根据所学习的促销组合知识及四种主要的促销策略，结合当地市场实际，为某一产品的市场导入设计促销组合方案，并组织实施。

(3) 教师加强对学生实训过程的控制。

8. 实训结果：学生填写报告。

第七章　数字营销理论及案例

数字营销是借助互联网、通信技术和数字交互式媒体来实现营销目标的一种营销方式，它以一种及时、相关、定制化和节省成本的方式与消费者进行沟通。数字营销利用先进的计算机网络技术，以最有效、最省钱的方式谋求新市场的开拓以及核心客户的挖掘，其中包含了很多网络营销中的技术与实践。相较于网络营销，数字营销的范围要更加广泛，既包括电视、广播、短信等非网络渠道，也包括社区媒体、电子商务平台、搜索引擎等网络渠道。

第一节　数字营销概述

本节主要内容

- 数字营销的含义
- 从传统营销到数字营销
- 数字营销能缓解的市场问题

一、数字营销的含义

1. 数字营销的概念

数字营销不仅是技术手段的革命，也是更深层的观念革命，它是目标营销、直接营销、分散营销、客户导向营销、双向互动营销、远程或全球营销、虚拟营销、无纸化交易、客户参与式营销的综合体现。数字营销赋予了营销组合新的内涵，主要有信息交换、网上购买、网上出版、电子货币、网上广告、企业公关等，是数字经济时代企业的主要营销方式和发展趋势。

2. 数字营销的特点

(1) 更优的集成方式。数字营销实现了前台与后台的紧密集成，这种集成是快速响应客户个性化需求的基础。

(2) 更个性化的营销服务。能够按照客户的需要提供个性化的产品，也可以跟踪客户购买习惯和爱好，推荐相关产品，是一种人性化的营销模式。

(3) 更丰富的产品信息。数字营销通过互联网可以提供非常详尽的产品规格、技术指导、保修信息以及使用方法等，同时还能对常见问题提供解决方案，用户自己可以通过网络获得相关信息。

二、从传统营销到数字营销

1. 营销理念的转变

(1) 传统营销以商品为中心，关注如何将商品卖出去。

(2) 数字营销以用户为中心，焦点集中于如何满足客户需求。

2. 营销传播方式和内容的转变

(1) 传统营销。传统营销获取客户的手段是单向的信息传播方式，只能根据企业提供的固定信息来决定购买意向。

(2) 数字营销中，媒体正在向聚合化的超级平台进化，内容的创作分发和消费呈现明显的碎片化特征。

3. 营销渠道的转变

(1) 传统营销局限于具体的地点或平台之上。

(2) 数字营销是利用数字技术和互联网平台进行市场营销。一方面，线上和线下渠道的社交性已经成为现实且日渐丰富；另一方面，社交平台成为一种数字营销转化渠道，构建了一种集消费者转化、消费者运营于一体的新网络。

4. 营销技术的转变

目前，数字营销已形成较完整的营销技术体系，覆盖客户数据洞察、内容创意管理、营销智能投放、客户互动管理和营销效果分析五大关键技术模块，贯穿数字营销活动的全流程。

三、数字营销能缓解的市场问题

1. 缓解营销信息不对称的问题

数字营销的好处在于能够将产品价格一致化，无论在哪里销售，其价格都是一样的，这样就会给消费者形成一个良好的品牌形象，同时能为企业带来更多的忠实客户。

2. 缓解市场失灵和不诚信问题

数字营销可以有效避免市场失灵和不诚信的问题，这是因为数字营销可以更加精准化地进行信息投放，消费者能够在第一时间了解到产品的准确信息，与生产商进行直接联系。

3. 提高广告效率，节约资金投入

数字营销的优势在于能有针对性地根据客户需求提供针对性的广告，避免出现滥发广告的情况。而且，它还能根据对消费群体的分析，明确消费者的喜好，避免无效广告的覆盖和资金浪费。

【案例 7-1】

大众汽车的公益广告“开车别低头”

由于国际市场的竞争越来越激烈，又先后出现比亚迪、吉利等中低端国产品牌与大众抢占市场，使得大众汽车在中国的销量不是很理想。数据显示，中国汽车市场是全球

各大汽车集团竞争的热点地区，大众汽车在中国市场份额虽然仍居首位，但占有率有所下降。

数据显示，交通事故发生的一个主要原因就是“开车看手机”，而这个行为是完全可以被避免的。

当一场电影即将开始的时候播放开车的场景，让观众以为是普通的广告而惬意观看。然后，幕后人员通过特定的设施向在场观众的移动设备发送信息，当观众低头看信息的时候，“车祸”发生了。电影屏幕以巨大的声、画效果展现出车祸不可估量的严重后果。画面虽然不血腥，但是通过破碎的玻璃，人们便能想象出残酷的场景。

这就是大众公司委托奥美公司制作的影院互动公益广告《开车别低头》。突如其来的意外、强烈的视听震撼创造了逼真的车祸体验，使人们对“开车别低头”的广告主题印象极为深刻。从而也增强了企业美誉度，扩大了影响力。

《开车别低头》充分利用了电影屏幕、声音效果及手机移动端，达到了声、画、情景的结合，让受众“身临其境”，让他们知道危险其实就在身边。其中的手机移动端和场景的结合则是最具创新力的一点。先是通过舒缓的音乐降低人们的戒心，然后用发送信息到移动端的方式，一方面吸引人们的注意力，另一方面再现“开车低头”的场景。“恐惧诉求”的尺度把握得很好。

用威胁或使受众心生恐惧的方式达成说服的目的，是大众传播效果研究中的一种常见方式。但并不是恐惧越大，效果就越好，恐惧诉求与态度改变之间呈现曲线关系：高或低恐惧诉求的说服效果较小，适度恐惧诉求的说服效果最大。而作为公益广告的“恐惧诉求”，更要把握其程度。因为受众为全体公众，所以要适合大多数人的心理阈值。

第二节　数字营销的构成要素

本节主要内容

- 数字营销的主体
- 数字营销的客体
- 数字营销的对象

一、数字营销的主体

数字营销的主体包括广告主、数字营销公司和数字媒体。

1. 广告主

广告主是指为推销商品或者提供服务，自行或者委托他人设计、制作、发布广告的法人、其他经济组织或者个人，是市场经济及广告活动的重要参与者，可以是法人，也可以是自然人。

2. 数字营销公司

数字营销公司，俗称为数字营销代理商，是指专门从事数字广告业务活动的企业。

3. 数字媒体

数字媒体是数字广告传播的主体，也是受众接触广告信息的终端。

二、数字营销的客体

数字营销的客体主要有品牌和高质量信息。

1. 品牌

1) 品牌的概念

关于品牌的概念，目前有几种较为常见的观点，即符号论、形象论和关系论。

(1) 符号论。该理论认为品牌是用以识别一个或一群产品或劳务的名称、术语、象征、记号或者设计及其组合，以和其他竞争者的产品或劳务相区别。

(2) 形象论。大卫·奥格威认为品牌是一种错综复杂的象征，它是品牌的属性、包装、名称、价格、历史、声誉、广告风格的无形组合。

(3) 关系论。杰克·特劳特和艾·里斯认为品牌就是某个品类的代表或者是代表某个品类的名字。凯文·凯勒于 1993 年提出了著名的 CBBE(Customer-Based Brand Equity，基于客户的品牌资产) 模型，对品牌与客户的关系、品牌资产的来源、建设路径进行了系统阐述。

2) 数字化品牌建设

企业在进行数字化转型中的品牌建设时，需要注意品牌建设的整体策略和规划，需要有科学的数据支撑，才能够更有效地提升品牌价值，塑造企业品牌形象，创造更好的品牌体验，具体从以下方面做起。

(1) 立足品牌价值，遵循品牌理念，对品牌建设做出合理且长远的规划。

(2) 建立数字化营销渠道体系，选择合适的线上媒体、平台等资源，实现精准营销，提升品牌形象。

(3) 建立数据资产，通过大数据分析，监测和分析市场需求和公众反馈，随时调整企业品牌的策略和战略。

(4) 培养数字化的人才，结合数字化应用创新，实现数字化转型过程中品牌人才的培养和重组。

2. 高质量信息

1) 高质量信息的稀缺性

(1) 为用户提供有价值的信息是营销传播中的重中之重。

(2) 数字媒体的崛起是营销传播领域的传播结构去中心化。

(3) 互联网对社会生产和生活的影响是全面而深刻的，它影响着用户的思维方式、行为模式和阅读习惯。

2) 高质量信息的衡量标准

(1) 高质量信息是符合用户实际需求的内容。

(2) 高质量信息是具有聚焦性的内容。

(3) 高质量信息具有良好的观看体验，能引发用户的情感共鸣。

三、数字营销的对象

1. 数字营销的传播对象

在数字营销的传播推广活动中，其对象为目标受众。在市场营销和广告活动里，目标受众又称目标顾客，包括已知受众和未知受众。目标群体或目标客群是指某一个营销活动的目标人口群体。

(1) 已知受众主要指私域流量的目标受众。

(2) 未知受众主要指公域流量的目标受众。

2. 数字营销的销售对象

数字营销的销售对象可分为用户、消费者、客户三类。

(1) 用户。用户是指某一种技术、产品或服务的使用者，即使用产品或服务的客户。

(2) 消费者。消费者是指近期有潜在购买欲望和冲动的人。广义的消费者指所有的人。所有人都有消费的需求，所以人人都可以称为消费者。狭义的消费者指近期有购买需求但是还没有购买的人。

(3) 客户。菲利普·科特勒认为，客户是只有特定需要或欲望，而且愿意通过交换来满足这种需要或欲望的人。

客户、用户和消费者在传统企业和互联网企业的关系如图 7-1、图 7-2 所示。

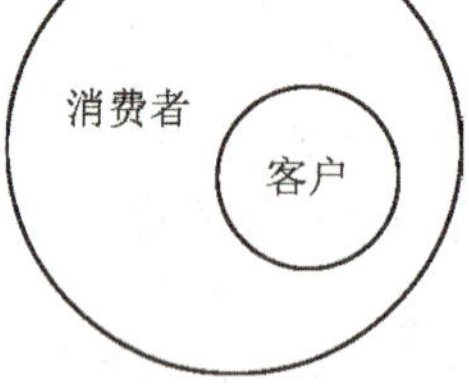

图 7-1　传统企业

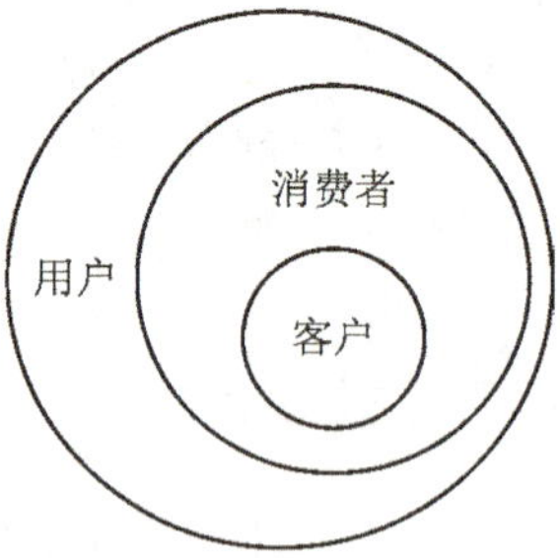

图 7-2　互联网行业

【案例 7-2】

中国导盲犬大连培训基地：脚印的承诺

中国有 1731 万盲人，却只有 67 万只导盲犬。导盲犬事业的落后，导致普通民众对导盲犬的接受程度偏低。人们普遍认为：导盲犬伤人，是宠物犬，有安全威胁。导盲犬培训时间长、成本高，一年的产出难以满足大量盲人的需求。

为了将导盲犬带入公众视野，传播导盲犬的重要性，说服受众接受导盲犬作为盲人出行所依赖的一种工具而存在的状况，让导盲犬得到社会的认可，主题为“脚印的承诺”的公益活动因此展开。该活动中，把能够在黑暗环境中发光的导盲犬脚印图案喷在人们容易绊倒的路上，人们会因为脚印的指引避开障碍物和危险。在这个过程中，让普通人感受到盲人对导盲犬的依赖。

具体活动过程为：工作人员在路边放置体感灯箱，当有行人走过时就会感应到并播放一段视频——导盲犬走出来告诉路人“你们刚刚走过的路很黑、很难走，盲人也会遇到这样的危险，请帮助我们让导盲犬和盲人一起出行”。然后，路人可以通过手机扫描二维码，下载一张爱心承诺书。活动在北京、大连、湖南、江苏、义乌等地进行了推广。市民自发地在服装店、餐厅贴上了爱心承诺书。另外，在湖南的一些公交车上也播放了这个广告。

创意团队一路跟踪，在其官方微信、微博平台不断推出下载承诺书和张贴承诺书的相关消息，结合二维码扫描、体感灯箱户外广告传播、线上互动、TVC、平面海报，360°全方位宣传，迅速引起公众关注，甚至引发电视台等新闻媒体的探讨和报道。

仅在两周时间内，上百家餐厅、商店、超市、银行、邮局、理发店，以及超过200辆出租车、39条公交线路接受了导盲犬。大连还出现了200辆爱心车，免费接送盲人和导盲犬出行。中国导盲犬训练基地网站访问量提高了300%，1.9万人下载并接受了爱心承诺书。

这次公益传播不是局限在一个画面里，而是延展到了整条街道，让每一个人在行走过程中感受盲人在日常生活中的境遇和困难，体验导盲犬为盲人带来的安全与便利。通过这样一个公益体验，让人们能够更好地体恤盲人，让这个世界变得更加和谐与美好。这次公益传播采用“感同身受”这样一种体验式的传播，更能直接打动受众，产生情感共鸣，让受众形成帮助盲人和导盲犬的意识，从而激发下载爱心承诺书的行为。

【案例 7-3】

泰康人寿：泰康瞬间创意传播

现今，几乎每一个手机应用上都会有各种各样的Banner广告，但无论这些Banner设计得多么精美，内容多么诱人，一个难以否认的事实是——它们很难引起消费者的注意，消费者会本能地忽视这些Banner广告，广告商的投放难以达到预期的效果。因此，如何在手机上制作令人印象深刻并有实际效果的广告就成为首要问题。

人们往往在意外发生后才意识到自己对保险的需要。泰康保险希望找一个恰当的时机，向消费者传递自己的品牌信息和理念。当手机上的Banner广告不再有效，与其寻找一个绝佳的“广告位置”，不如找到一个绝佳的“广告时机”，通过恰当时间的广告投放，提高泰康保险的认知度、知名度和好感度。

泰康保险此次的创意传播就选择了一个特殊时机——手机掉落的时刻。

泰康保险加入了一些国内的App联盟，整合行业内移动广告平台、中小长尾应用商店、各类App资源，形成了基本覆盖App推广全渠道的媒体资源联盟。其具体做法是将碎屏程序搭载在一些使用广泛的App上。作为一种特殊的广告，只有用户手机掉落，即手机陀螺仪感到强烈的震动时，它才会被启动。当手机掉落时，人们捡起手机，发现屏幕上出现了裂痕，这些裂痕会自动减少，直至消失，并出现信息“我们尽最大的努力，为您减少意外带来的伤害，泰康保险”。信息出现后，通过弹出的对话框将受众引导至碎屏保险购买页面。

受众浏览广告后，购买转化率超过120%。由“位置”到“时机”的转变，使广告更深入人心，对泰康人寿差异化品牌形象的塑造和品牌认知度的提升具有较强的推动作用。同时，这也让泰康领先其他竞争对手，率先打进手机投保市场。

此次传播活动不同于以往在App页面选择广告位进行投放，而是巧妙地找到了一个绝佳的广告时机，改变了以往保险类广告“情感勒索”的形象。同时，广告的投放时机也十分契合保险产品希望推广的意识。而且，在这次的创意传播中，泰康保险通过与移动营销网络平台安沃的合作，对自己原本欠缺人气的品牌App进行了有效推广。

第三节　数字营销的路径

本节主要内容

- 数字营销路径认知
- 数字营销路径分解

一、数字营销路径认知

1. 三种数字营销模型

1) CBBE 模型

1993 年，美国学者凯文·莱恩·凯勒提出了 CBBE 模型，即基于消费者的品牌价值模型，为自主品牌建设提供了关键途径。根据 CBBE 模型，构建一个强势品牌需要四个步骤：第一，建立真正的品牌标识；第二，创造合适的品牌内涵；第三，引导正确的品牌反应；第四，缔造适当的消费者(即品牌关系)。同时，构建强势品牌的四个步骤依赖于构建品牌的六个维度，即显著性、绩效、形象、评价、感觉和共鸣。

2) 五星概念模型

1991 年，营销学者大卫·艾克提炼出品牌资产的五星概念模型，他认为品牌资产是由品牌知名度、品牌认知度、品牌联想度、品牌忠诚度和品牌专有资产五部分组成的。

3) 品牌动力金字塔模型

在品牌动力金字塔模型中，第一级为绑定，第二级为优势，第三级为表现，第四级为相关，第五级为存在。

三个模型之间的关系为：

(1) 存在 = 五星模型的知名度、CBBE 模型的显著性；

(2) 相关、表现、优势 = 五星模型的认知度、CBBE 模型的绩效、评价；

(3) 绑定 = 五星模型的联想度和忠诚度、CBBE 模型的形象、感觉、共鸣。

2. 数字营销路径构建

以上三大品牌模型代表着品牌的基本知识和原理，在实践过程中一般会一起使用。数字营销路径图如图 7-3 所示。

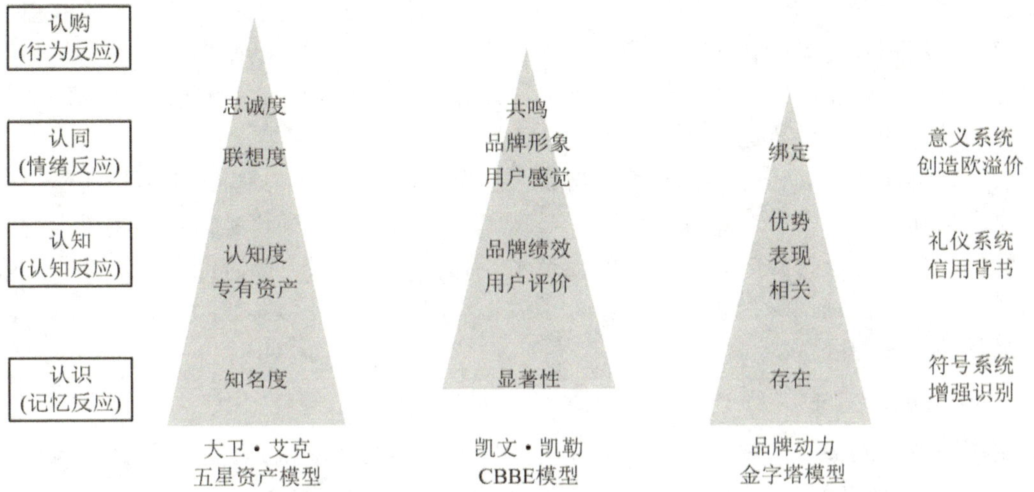

图 7-3　数字营销路径图

基于品牌心理活动的过程，数字营销的路径主要从建立品牌认知开始，通过强化品牌认同促成品牌认购。品牌路径如图 7-4 所示。

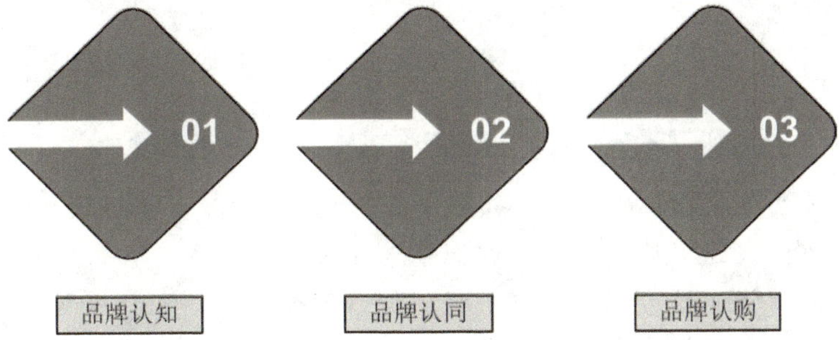

图 7-4　品牌路径

二、数字营销路径分解

1. 建立品牌认知

如果品牌认知的基础元素与消费者的原有认知一致，则品牌发送的信息与消费者原有的认知有所关联。如果品牌认知的基础元素与消费者原有认知不一致，则品牌发送的信息与消费者原有认知没有关联，但并没有冲突。品牌认知的第三种情况是品牌认知与消费者原有认知冲突，则品牌发送的信息与消费者原有认知会形成反差与冲突。

2. 强化品牌认同

品牌认同，是指用户通过对某件产品或是某项服务的品牌价值进行判断和评价，从而对该品牌产生的认同程度。用户的品牌认同度越高，对于品牌的忠诚度和依赖度就会越高，才能使品牌价值实现最大化。品牌认同分为两个部分：品牌基本认同和品牌延伸认同。

品牌认同的构建方法有三步。第一步，品牌价值化，简单清晰的核心价值是实现品牌价值认同的第一步。第二步，价值识别化，价值的识别在很大程度上依赖于符号载体，符号的提炼和塑造是品牌识别的超级密码，因为符号是消费者心智中存在的客观，是引爆认知的触点。第三步，品牌传播，企业应该重视品牌传播，发挥产品的媒介属性，一是要了解目标群体的心理状况，利用群体心理特征实现品牌的人传人；二是要寻找或借助一个引爆点，在合适的时间，合适的地点实现品牌的群体验的爆发式传播。

品牌认同的建立途径有自我延续、自我强化和自我区辨三种。自我延续指的是个体的自我概念与团体特性具有一致性，而产生心理上的联结。自我强化是指当归属于该团体能够协助提升个人对于自我的看法时，就会产生自我强化的效果，品牌能够透过此方式强化认同感。自我区辨是指身为该团体的一分子能够让成员感受到与其他团体有所不同，产生内团体及外团体的区别。

3. 促成品牌认购

要在消费者购买决策过程中的各个阶段，即确认需求、收集信息、评价方案、决定购买、购后行为这五个阶段促成品牌认购。消费者购买决策会受到其个人因素、心理因素以及所处的环境中的社会因素的影响。其中个人因素主要包含稳定因素和随机因素。心理因素主要包括感觉、信息、动机、经验、态度、个性等几个方面。社会因素主要包括角色和家庭、相关群体、社会阶层、文化四个方面。应当充分调动消费者购买决策的各类影响因素，创造商品认购机会。

【案例 7-4】

三星新产品：数字全景影棚体验营销

近两年，三星在中国手机的市场份额不断下降，受众对三星产品的印象也已经固化了。随着自媒体和网络的飞速发展，各大手机厂商为了分得一杯羹，各种营销推广方式层出不穷，从饥饿营销到情怀营销，让消费者应接不暇。因此，三星在推出新品时，不仅要简单介绍自己的产品，还要引起受众参与讨论，与之进行互动。

三星持续强化光学变焦智能手机的新品类，推出新产品以迎合消费者在拍照方面对智能手机不断提高的需求。其一系列营销活动，让参与者真实体验其全新的光学变焦功能，直接向消费者展示了产品的特点，并使消费者的好奇心和新鲜感得到了满足，在全网全平台实现了影响最大化，通过当红明星的参与再次扩大了影响并引起热议。

第 1 阶段：预热

新品发布前，三星开启悬念预热营销，将预先制作的数张与该数码影棚相关的“悬念海报”通过 32 个微博意见领袖集体发布，迅速引起注意和热议。

第 2 阶段：活动上市

进行全网揭秘，正式播放明星代言人的广告。数字影棚正式上架，投放链接，采用新兴的网页互动技术建立数字全景影棚，通过在网页上模拟出 Galaxy K zoom 的 10 倍变焦、分离式测光等新功能，让消费者用未曾尝试过的方法体验手机的性能，借助网页把产品的最大特点完美地展现出来。用户拍下一张自拍照，通过新浪微博、腾讯微博、人人网进行分享。让消费者主动参与活动，通过各种自媒体进行传播。同时，通过“寻找手机拍照达人”互动活动，从各路狂爱“晒照”的手机拍照好手中选出优秀者，与明星张歆艺等组队，用

Galaxy K zoom 的 10 倍光学变焦功能在国内不同城市对当下的“亲子热”(北京队)、年轻人热衷夜生活(上海队)、有菜必拍照分享的“饭桌新文化”(广州队)等热门关注点进行一连串精彩的拍摄活动，争夺“拍照达人”的桂冠。

第 3 阶段：电商平台销售

在各大电子产品销售平台同步发售，并在体验页面放置购买链接。

整个活动邀请了多位人气明星参与宣传，借势明星的品牌影响力，为新产品量身打造数字全景影棚，让网友身临其境地感受到产品 10 倍光学变焦的功能。此外，活动还通过变焦为金秀贤拍摄精彩照片的方式，在三大主流媒体(搜狐、新浪、腾讯)做爆发式的曝光宣传，吸引网友关注。

除了线上，数字影棚还配合了多种不同的线下活动，如手机拍照爱好者与明星组队，在不同的城市进行拍摄，引发讨论热潮，并借此机会获得许多年轻人的关注。同时，采用新兴的网页互动技术建立数字全景影棚，通过在网页上模拟新产品的变焦、分离式测光等新功能，让消费者“尝鲜”。

第四节　数字营销技术

本节主要内容

- 客户推荐技术
- 内容营销技术
- 触点营销技术
- 互动营销技术

一、营销技术的含义

营销技术主要有对内和对外两种。对内营销是指通过数据等技术手段管理企业内部的营销资源和合作方，如数据库、产品、定价、分销渠道等；对外营销是指通过数据技术手段影响客户的购买决策。在传统营销生态圈里，广告主在传递内容给消费者的路径中，只有整合专业供应商资源的广告公司和媒体这两个核心节点。数字营销的飞速发展依赖于各种跨行业资源的进入，而营销技术作为数字营销的技术资源，起到了整合数字营销中的数据、内容和触点这三种核心资源并且连接广告主和消费者的作用。

互联网巨头掌握着市场上大部分流量，也掌握了整个行业的流量议价权。广告主尝试构建基于自己数据的数字营销体系，而把这些互联网巨头的定位仅仅放在触点，即广告主和消费者互动的流量入口，其终极目标是把流量的话语权控制在自己手中。

二、客户洞察技术

1. 客户聚类

客户聚类分为基于产品的聚类、基于品牌的聚类以及基于行为的聚类。

基于产品的聚类能够发现客户偏好购买的产品或产品组合。这种技术可以发现不同产品品类之间存在的关联性、某个特定产品与其他产品销量之间的关联性，从而帮助发现某类客户群与产品组合之间的购买关联性。

基于品牌的聚类可以分析客户更愿意购买的品牌特征。它是指通过算法自动聚合出偏好某一特定品牌的客户族群，或者聚合出哪些客户对于特定品牌的新产品更感兴趣。

基于行为的聚类能够发现客户购买行为和表现的差异，还经常用于发现客户对于促销刺激的行为反应，发现新族群等，从而帮助企业改进客户识别和营销定位。

2. 客户推荐

客户在生命周期的不同阶段有不同的特征和需求，这些洞察发现可以用来改进向客户的推荐。商家能够根据客户购买的一些特定产品组合的历史记录，准确地判断他们所处的家庭生命周期阶段，并据此进行相关的产品和服务推荐。客户推荐是指应用先进的数据分析技术预测客户的产品购买需求，向客户推荐相关性较高的产品和服务，同时还提供让客户主动管理推荐的选择。注册用户能够对不感兴趣的推荐或推荐的不适合的产品进行标注和设置，其推荐算法能够根据该用户的选择进行学习和优化。

三、内容营销技术

1. 内容物料管理

内容物料管理是指通过建立内容管理系统，把过去单次使用的内容拆解成各种营销内容物料的元素和片段，并进行标签化、结构化储存，以方便调用这些内容物料。内容物料化的实现，一方面为内容合规检测、规避风险提供基础，另一方面也为内容的自动化、模板化生产做准备。

2. 内容生产

内容生产是指在营销内容物料库与内容模板的支持下，借助多种生产工具，调取内容元素，自动组合，自创作，自适应延展，高效规模化地生产出适应不同媒体类型、不同终端、不同营销目标、不同用户偏好的营销内容。这些工具嵌入了各种可编辑、组件化的内容模板，也可以实现内容的自动化生产。

3. 内容呈现优化

营销内容的呈现是有风险的，呈现效果不好往往就是一次预算浪费。通过内容呈现优化技术，如动态创意优化与小规模测试，能够有效降低内容呈现的试错风险，提升内容呈现效果。

四、触点营销技术

触点是客户联系过程中的沟通与互动点，延伸后可理解为企业与客户之间产生联系、进行信息交换、发生产品或服务交易等互动行为的场所。从营销技术的角度来看，触点营销技术可以分为两条技术路线：一是超级营销技术工具，顶级互联网公司都构建了完整的闭环，为广告主提供一站式服务；二是生态圈模式，即通过行业标准和数据流，串接各种资源方（包括数据供应商、触点供应商、广告交易平台等各种在生态圈中担任不同职能的角色）。

1. 全渠道获客

全渠道获客是指几乎所有企业都搭建 2 个及以上的获客触点，投放获取的潜客线索需要被集成至统一平台进行集成管理。

2. 用户信息集成

完整全面的用户数据集成将最大程度地还原用户需求与喜好，建立立体用户画像以帮助企业洞察用户。

3. 个性化营销管理

营销自动化提供用户的个性化图文、个性化菜单栏及标签等可实现千人千面的个性化营销实用工具。

4. 数据分析

自动化的营销报告和分析工具，其作用是基于实时抓取的用户行为数据，进行同步的数据分析，帮助企业进行用户定向与精准营销。

5. 自动化客户沟通工具

自动化客户沟通工具可以部署在企业官网和官方微信公众号、服务号等多个渠道，实现个性化的实时聊天并收集客户反馈。

五、互动营销技术

互动营销的定位是帮助广告主培育最佳私有流量池，实现以互动营销为中心，沉淀各种营销产生的流量，完成消费者从了解品牌、建立品牌忠诚度到最终销售的培育全过程。

1. 私域传播技术

私域传播技术是指借助社交媒体、邮件、短信、APP 等企业私域的媒体，与消费者互动，判断消费者的态度，并为其提供个性化的信息告知、促销、服务等，引导消费者实现购买。

2. 地理围栏技术

应用基于位置信息的地理围栏技术可以建立用户的地理分布图谱，向用户推荐更具针对性的促销活动。

3. 智慧沟通服务技术

随着自动化服务交互应用的成熟，用户更加自主地参与到服务过程中，未来的服务模式也因此而变得更加实时、简单、高效和智能。

4. 智能交互体验技术

数字化技术不断产生新的客户交互场景，促进新的产品和服务形态的出现，带来了创新的客户体验。

【案例 7-5】

长安福特新福克斯：过瘾集中营

长安福特已经成长为一个具有跨地域、多品牌生产经营能力的大型现代化汽车企业。福特正式在中国市场启动“福特全球统一汽车服务体系”(Ford Service)，旨在为中国消费者提供服务体验。网上有千奇百怪、多姿多彩的信息和活动，究竟怎样的传播方式和内容才能成功吸引网民，如何才能从中更胜一筹呢？超越同期相关活动便是一大挑战。

长安福特的目标受众热爱驾驶，具有品牌意识，偏爱欧洲品牌，喜欢动感的生活和时尚的外形。同时，他们也拥有开放的思维，喜欢积极的生活方式，喜欢寻求新事物和新刺激。另外，他们也是网络上的活跃分子，因此，网络是目标受众获取信息的重要媒介。通过线上和线下的互动营销，可以增加用户对品牌的好感度和信任度，从而得到更多关注。

豆瓣用户中暗藏各路“神人”，演绎着令人大呼过瘾的生活百态。而且，豆瓣用户大都喜欢“任性的”“好玩又有意思的”事物。而福特新福克斯的主要诉求正是：传播新福克斯令人“过瘾”的驾驶乐趣。敢想敢做、创意无限、引领热点的豆瓣用户，与福克斯令人“过瘾”的气质不谋而合。针对豆瓣用户的特点和福克斯的推广诉求，豆瓣制定了本次推广的策略——通过“过瘾驾驭”的线上互动体验聚合潜在用户，创造专属于福克斯“生活就要过瘾”的 DNA 文化标识，吸引用户线下预约试驾、参与赛车活动、传播以“过瘾”为主题的生活百态。

“过瘾集中营”以“过瘾”为出发点，将豆瓣爱玩、爱创意的用户巧妙地与新福克斯令人“过瘾”的气质联系到一起，产生一种“过瘾”的生活方式。

第一阶段：过瘾三重奏 (2013 年 10 月 10 日开始)。

引入麦克风互动环节。参与者对准麦克风大吼，用音量做动力，驱动福克斯汽车风驰电掣。在“行驶”途中可以看到一系列“风景”，是曾经让该用户过瘾的书、影、音。这些“风景”都是属于用户自己的，用户顿时得到了归属感和荣誉感。用户参与抽奖，奖品包括豆瓣产品的升级体验券 (如豆瓣阅读代金券、豆瓣 FM PRO)，带给品牌粉丝更多、更实际的“过瘾”体验。

第二阶段：赛个过瘾 (2013 年 11 月 30 日结束)。

玩赛车游戏时，参与者用面部控制方向盘，游戏抓拍用户“过瘾”的表情，将成绩放到四格表情中呈现，新鲜的互动体验让用户的“过瘾”感瞬间爆棚。

“福特小站”新增粉丝 7300 人，UGC 作品 4132 份，效果远优于同类活动。

该活动共收集了 6762 份销售线索，吸引了 42 位豆瓣红人自主参与活动、宣传纽博格林的线下赛事，顺势收集试驾信息。活动获得互动中国、Social Beta 等业内媒体的报道和转载。

“过瘾集中营”有以下几个特点：

(1) 多角度、多方面。该活动针对真正的驾驶人员和网络活跃分子，让他们在线上和线下体验新福克斯的“过瘾”DNA，不是直白地将信息“塞”给他们，而是先引起关注，抓住“过瘾”开展活动，让受众更易参与。对于目标受众，除了“过瘾驾驶”，还有豆瓣同城“挑战纽博格林赛道”活动，证明活动时刻追踪真实赛事，引发爱车网友的关注并促使他们预约试驾，意图通过他们进一步参与赛车活动来提高对品牌的好感度，从而促进销售。

(2) 互动方式“过瘾”。麦克风和摄像头都是再普通不过却要常常使用的东西，可以说不怎么起眼，但是此次互动体验却把麦克风和摄像头的功能用一种创新的方式表现出来，让用户可以通过这些工具进行一连串的赛车“过瘾”体验。用声音和感官触觉来控制新福克斯汽车的确能引起兴趣和关注，同时结合豆瓣用户的经历，获取个人“过瘾指数”并颁发勋章。这一做法的妙处是，使用户获得成就感的同时，通过翻阅自己的上网记录回顾过去，自然会想起豆瓣。再者就是引导用户填写试驾信息。

(3) 贴近年轻人的调性。此外，画面和图片的风格符合那些霸气、爱玩、爱创新的年轻人的口味，这也是新福克斯的品牌形象，因为只有生动、刺激的互动画面和网络流行语才能吸引新一代的年轻人，由此可以触发他们分享互动成绩，进行分散传播。

综合练习

一、选择题

(一) 单选题

1. 从传统营销到数字营销的(　　)指传统营销局限于具体的地点或平台上，数字营销中线上和线下渠道的社交性已经成为现实且日渐丰富，社交平台成为转化渠道，构建了新网络。

A. 渠道转变　　B. 理念转变

C. 传播方式和内容转变　　D. 技术转变

2. 使用已识别的一个或一群产品或劳务的名称、术语、象征、记号或者设计及其组合，以和其他竞争者的产品或劳务相区别的理论是(　　)

A. 符号论　　B. 形象论

C. 关系论　　D. 效率论

(二) 多选题

1. 数字营销可以缓解的市场问题有(　　)。

A. 缓解营销信息不对称问题　　B. 缓解市场失灵问题

C. 缓解不诚信问题　　D. 提高广告效率，节约资金投入

2. 数字营销的价值包括(　　)

A. 社会价值　　B. 企业价值

C. 消费者价值　　D. 单向价值

二、简答题

1. 数字化品牌建设应从哪些方面展开？

2. 数字营销路径分解的步骤有哪些？

三、实训

1. 实训名称：策划一项数字营销活动。

2. 实训目的：掌握数字营销的技巧与手段。

3. 实训内容：为某品牌策划一次数字营销活动。

4. 实训步骤：

(1) 选择知名企业，为其策划数字营销活动。

(2) 分组讨论并填写实训手册。

(3) 每个人对活动执行的细节以及预期结果发表看法。

5. 实训要求及评分标准：

(1) 每小组成员总结数字营销的关键点。

(2) 小组成员缺一人填写扣除小组实训成绩 10 分。

(3) 实训建议和总结由小组讨论后形成统一意见填写在实训报告册上，总结不能少于 3 条。缺一条扣总成绩的 20%。

第八章　市场分析与预测

第一节　市 场 分 析

本节主要内容

- 二手资料调查
- 设计市场调查问卷
- 进行抽样调查

市场调研指为了提高产品的销售决策质量、解决存在于产品销售中的问题或寻找机会等而系统地、客观地识别、收集、分析和传播营销信息的工作，是解决企业内部管理和外部市场营销分析的依据。市场调研的信息来源主要有二手资料调查和一手资料调查。收集一手资料通常采用抽样调查方式，这种方式目前的发展趋势是进行网上市场调研，这种高效的调查手段也被许多调查咨询公司广泛应用。其优点主要表现在调研效率高、调查费用较低、调查数据处理比较方便、不受地理区域限制等方面。但是在线市场调研并不是轻易可以实现的。

一、二手资料调查

二手资料调研是指查寻并研究与调研项目有关资料的过程，这些资料是经他人收集、整理的，有些是已经发表过的文献资料，也称间接资料。对间接资料的收集，可以使企业迅速了解有关信息，为进一步的直接调查奠定基础。

1. 二手资料调查法的优点和不足

1) 二手资料调查的优点

二手资料比较容易得到，相对来说时间快、费用低、渠道多，可获取广泛的资料。

2) 间接资料调查的不足

由于二手数据是为其他目的而不是为当前的问题而收集的，因此，二手数据对当前问题的帮助在一些重要方面是有缺陷的。例如，资料的相关性和准确性不够；收集二手数据的目的、性质和方法不一定适合当前的情况等。在使用二手数据之前，有必要先对二手数据进行评估。

2. 选择二手资料的基本原则

1) 相关性原则

相关性原则是二手资料调查的首要原则，也是调查选定二手资料的主要标准。调查人员必须根据调查的目标要求，确定资料选择的范围和内容，把与调查主体切实相关的资料选择出来。

2) 时效性原则

二手资料大多是历史性资料，这就要求调查人员在资料的收集过程中必须考虑时间的背景，抛弃过时的与目前市场情况不相符的资料内容，确保收集资料能够准确反映调查对象发展的规律性。

3) 系统性原则

二手资料调查的主要任务是在众多资料中选择出符合调查需要的内容。而一般情况下，收集的资料并不能直接、全面地说明所要调查的主题，这就需要调查人员在已有资料的基础上，进行必要的加工处理。例如，用一个平均数代替一个遗漏的难以查找的特定年份的销售额。这样做可以提高二手资料的准确性，确保间接资料的系统性和全面性。

4) 经济效益原则

二手资料的主要优点是省时省钱，如果费用支出过高、调查周期过长就失去了优势。

3. 二手资料的来源

二手资料的来源主要可以分为两大类：企业内部资料和企业外部资料。

1) 企业内部资料

企业内部资料的收集主要是收集企业经济活动的各种记录，包括业务资料、统计资料和财务资料。

(1) 业务资料，包括与企业业务经济活动有关的各种资料，如订货单、进货单、发货单、合同文本、发票、销售记录、业务员访问报告等。

(2) 统计资料，主要包括各类统计报表，企业生产、销售、库存等各种数据资料，各类统计分析资料等。

(3) 财务资料。财务资料反映了企业活劳动和物化管理占用和消耗情况及所取得的经济效益。通过对这些资料的研究，可以确定企业的发展前景，考核企业的经济时效。

(4) 企业积累的其他资料，如平时剪报、各种调研报告、经验总结、顾客意见和建议、同业卷宗及有关照片和录像等。例如，根据顾客对企业经营商品质量和售后服务的意见，就可以对如何改进加以研究。

2) 企业外部资料

(1) 企业外部资料的收集渠道。

对于企业外部资料，可从以下几个主要渠道进行收集。

① 统计部门与各级各类政府主管部门公布的有关资料。国家统计局和各地方统计局都定期发布统计公报等信息，并定期出版各类统计年鉴，内容包括全国人口总数、国民收入、居民购买力水平等，这些均是很有权威和价值的信息。这些信息都具有综合性强、辐

射面广的特点。

② 各种经济信息中心、专业信息咨询机构、各行业协会和联合会提供的市场信息和有关行业情报。这些机构的信息系统资料齐全，信息灵敏度高，为了满足各类用户的需要，她们通常还提供资料的代购、咨询、检索和定向服务，是获取资料的重要来源。

③ 国内外有关的书籍、报刊、杂志所提供的文献资料，包括各种统计资料、广告资料、市场行情和各种预测资料等。

④ 有关生产和经营机构提供的商品目录、广告说明书、专利资料及商品价目表等。

⑤ 各地电台、电视台提供的有关市场信息。近年来全国各地的电台和电视台为适应市场经营形势发展的需要，都相继开设了市场信息、经济博览等以传播经济、市场信息为主导的专题节目及各类广告。

⑥ 各种国际组织、外国使馆、商会所提供的国际市场信息。

⑦ 国内外各种博览会、展销会、交易会、订货会等促销会议以及专业性、学术性经验交流会议上所发放的文件和材料。

(2) 企业外部资料的收集方式。

收集企业外部资料可以依不同情况采取不同的方式。

① 具有宣传广告性质的许多资料，如产品目录、使用说明书、图册、会议资料等，是企、事业单位为扩大影响、推销产品、争取客户而免费面向社会提供的，可以无偿取得；而对于需要采取经济手段获得的资料，只能通过有偿方式获得。有偿方式取得的资料构成了调查成本，因此，要对其可能产生的各种效益加以考虑。

② 对于公开出版、发行的资料，一般可通过订购、邮购、交换、索取等方式直接获得，而对使用对象有一定限制或具有保密性质的资料，则需要通过间接的方式获取。随着国内外市场竞争的日益加剧，获取竞争对手的商业秘密已成为市场调查的一个重要内容。

【案例 8-1】

欧莱雅粉底液案例

巴黎欧莱雅通过意向调研发现，在英国有61%的女性都找不到适合自己的粉底，尤其是一些少数民族的人，通常要多花70%的钱才能买到适合自己的粉底。所以，巴黎欧莱雅要扩大自己产品适用的人群，让自己的产品不仅适合白皮肤、黄皮肤，还要适合棕色皮肤、黑色皮肤，不仅适用于女人，也适用于男人。而这也是当前美妆市场的大趋势。由于移民、旅游以及少数族群购买力的增强，人文转移正在发生。据调研公司欧瑞信息咨询公司的分析，市场的细分带来了新的需求和增长潜力，多元文化的美是未来增长的动力。应针对来自不同文化和民族背景的消费者，开发针对特定人群的产品和营销策略。

巴黎欧莱雅推出的新品粉底液广告号称这款粉底液能够满足98%的英国人的需求，适合各个民族、各种肌肤。对于消费者，仅改变那句广告语并不是那么醒目，所以巴黎欧莱雅在广告中首次启用了男模特来证明这款粉底的适用范围之广。

【案例思考】

巴黎欧莱雅多样性广告的目的是什么？

二、设计市场调查问卷

为了能够了解市场的情况，了解自身产品在市场上的销售情况以及消费者的需求，企业通常会采用社会调查的方式，以便其产品能够保持或扩大原有的市场份额，设计新的产品，从而使企业获利。

社会调查一般有观察法、实验法、访问法以及问卷法。在一般的实地调查中，问卷法的使用比较广泛。

问卷法是通过设计调查问卷，让被调查者填写调查表的形式来获得调查对象的信息，包括把被访者的意见与以及回答写进问卷中。所以，在问卷调查中，问卷的设计是一个非常重要的环节。调查问卷的设计要求是主题突出、态度诚恳、措辞得体、形式简明、易懂易答、便于处理。

1. 调查问卷的构成

调查问卷一般由开头、正文和结尾三部分组成。

1) 问卷的开头

问卷的开头主要包括问候语、填表说明和问卷编号。

(1) 问候语，其语气应该亲切、诚恳、有礼貌，应当提及调查目的、调查身份、保密原则以及奖励措施等。

(2) 填表说明。其目的在于规范和帮助受访者对问卷的回答。

(3) 问卷编号，主要用于识别问卷、访问员、被访问者地址等。

2) 问卷的正文

调查问卷的正文一般包括资料收集、被调查者的基本情况和编码三部分。

(1) 资料收集部分是问卷的主体，也是使用问卷的目的所在。其内容主要包括调查所要了解的问题和备选答案。

(2) 被调查者的背景资料也是问卷正文的重要内容之一。被调查者往往对这部分问题比较敏感，但这些问题与研究目的密切相关，必不可少，如个人的年龄、性别、文化程度、职业、职务、收入等。其具体内容要依据研究者先期的分析设计而定。

(3) 这里的编码是指问卷中包含的编码设计、编码依据以及应当为后续编码预留的空间。

3) 问卷的结尾

问卷结尾可以设置开放性问题，征询被调查者的意见、感受，或者记录调查情况；也可以是感谢语以及其他补充说明。

2. 设计调查项目

问卷所要调查的资料由若干个提问的具体项目即问题所组成。如何科学、准确地提出所要调查的问题，是问卷设计中十分重要的一步，对调查质量有着重要影响。

在设计调查项目时，需要注意以下几点。

1) 内容简练

表格式的调查问卷的特点是清晰简练、一目了然。问题的内容要尽可能短。从整体看，一份问卷中的内容不宜过多，不必要的问题不要列入。很多初学调查或者问卷设计的人，往往以为多一道题，可多一份资料，所以会询问一些不必要的问题，不但浪费时间，在问题的理解上也更容易造成偏差。

2) 用词要确切

用词是否确切，具体可按6W准则加以推敲。6W即谁(Who)、何处(Where)、何时(When)、为什么(Why)、什么事(What)、如何(How)，以此来判断问题是否清楚。当然，并不是一项提问中必须同时具备这6W，例如：

请问你们家使用什么牌子的电视机？

您最近一个月使用什么品牌的洗发水？

你觉得这种电视机的画面是否清晰？

您是否认为使用电脑数字技术制作的广告更具有吸引力？

3) 内容较单一调查问卷(一问一项)

如果提问中包含了两项以上的内容，被调查者就很难回答。比如您对这种电视机的质量和价格满意吗？这里包含价格和质量的问题。如果消费者对价格满意，而对质量不满意，一时难以把问题回答出来，不如把问题分成两个做调查，即：

您觉得电视机的质量怎么样？

您觉得电视机的价格怎么样？

4) 避免诱导性提问

问卷的问题不能带有倾向性，而应保持中立。词语中不应暗示出调查者的观点，不要引诱被调查者该作出何种回答或者该如何选择。例如：

海尔冰箱三年荣获销售榜首，你觉得它怎样？

这里的问题就暗示了海尔冰箱很好，对被调查者的选择具有引导作用。不如改为：您觉得海尔冰箱的质量怎么样？

引导性提问容易使被调查者不假思索地做出回答或者选择，也会从心理上产生顺应反应，从而按照提示做出反应或者选择，调查的问题不能客观反映被调查者对产品的评价。

5) 避免否定形式的提问

在日常生活中，人们往往习惯于肯定的方式陈述提问，不按照否定的方式陈述提问。例如，对一种产品新包装的市场调查，采取否定式的提问是“您觉得这种产品的价格合理吗？”否定式提问会影响调查者的思维，或者容易造成相反的回答或者选择，因此，在问卷中尽量不要用否定的形式提问。

6) 避免敏感性问题

敏感性问题是被调查者不愿让人知道答案的问题，比如个人收入、个人生活习惯、政治倾向及观点等。问卷中要尽量避免敏感性问题或容易引起反感的问题。对这类问题，被调查者可能会拒绝回答，或者采用虚假回答的方式来应对问题，从而影响整个调查的质量。

对有些调查，必须涉及敏感问题的，应该在提问的方式上进行推敲，尽量采用间接询问的方式，用语也要特别婉转，以降低问题的敏感程度。

3. 设计问句

根据具体情况的不同，问句可以采用开放性问题或者封闭性问题两种。

1) 开放性问题

所谓开放性问题是指所提出问题并不列出所有可能的答案，而是由被调查者自由作答的问题。开放性问题一般提问比较简单，回答比较真实，但结果难以做定量分析。在对其做定量分析时，通常是将回答进行分类。

2) 封闭性问题

所谓封闭性问题是指已事先设计了各种可能的答案的问题，被调查者只要或只能从中选定一个或几个现成答案的提问方式。封闭性问题由于答案标准化，不仅回答方便，而且易于进行各种统计处理和分析。但其缺点是回答者只能在规定的范围内被迫回答，无法反映其他有目的的、真实的想法。

4. 问题顺序的设计

在设计问卷时，问题的顺序是非常重要的。具体而言，设计问题的顺序时应该注意以下几点：

(1) 问题的安排应具有逻辑性。

(2) 问题的安排先易后难。

(3) 能引起被调查者兴趣的问题放在前面。

(4) 开放性问题放在后面。

三、进行抽样调查

抽样调查法指从研究对象的全部单位中抽取一部分单位进行考察和分析，并用这部分单位的数量特征去推断总体的数量特征的一种调查方法。其中，被研究对象的全部单位称为“总体”；从总体中抽取出来，实际进行调查研究的那部分对象所构成的群体称为“样本”。在抽样调查中，样本数的确定是一个关键问题。抽样的方式有随机抽样和非随机抽样两大类。

1. 随机抽样

按照随机的原则抽取样本，可以完全排除人们主观意识的干扰，在总体中的每一个体被抽取的机会是均等的。其常用的抽样方式有：

1) 简单随机抽样法

简单随机抽样是一种最简单的一步抽样法。它是从总体中选择出抽样单位。从总体中抽取的每个可能样本均有同等被抽中的概率。抽样时，处于抽样总体中的抽样单位被编排成 1～n 编码，然后利用随机数码表或专用的计算机程序确定处于 1～n 间的随机数码，那些在总体中与随机数码吻合的单位便成为随机抽样的样本。

这种抽样方法简单，误差分析较容易，但是需要样本容量较多，适用于各个体之间差异较小的情况。

2) 等距抽样法

等距抽样法又称顺序抽样法，是从随机点开始在总体中按照一定的间隔(即“每隔第几”的方式)抽取样本。此法的优点是抽样样本分布比较好，容易计算总体估计值。

3) 分层抽样法

分层抽样法是根据某些特定的特征，将总体分为同质、不相互重叠的若干层，再从各层中独立抽取样本，是一种不等概率抽样。分层抽样利用辅助信息分层，各层内应该同质，各层间差异尽可能大。这样的分层抽样能够提高样本的代表性、总体估计值的精度和抽样方案的效率，抽样的操作、管理比较方便。但是抽样框较复杂，费用较高，误差分析也较为复杂。此法适用于母体复杂、个体之间差异较大、数量较多的情况。

4) 整群抽样法

整群抽样是先将总体单元分群，可以按照自然分群或按照需要分群，随机选择群体作为抽样样本，调查样本群中的所有单元。整群抽样样本比较集中，可以降低调查费用。例如，在进行居民出行调查中，可以采用这种方法，以住宅区的不同将住户分群，然后随机选择群体为抽取的样本。此法优点是组织简单，缺点是样本代表性差。

2. 非随机抽样

非随机抽样调查有配额抽样法、任意抽样法与判断抽样法等。非随机抽样的样本是由调研者凭经验主观选定的，因而其代表性依赖于调研者的经验，具有主观性，所以调研结果误差较大，不能正确反映总体和实际情况。随机抽样虽然比较精确地估计抽样误差，但必须获得严格的抽样框和其他的条件。

1) 任意抽样法

任意抽样法也叫便利抽样法，是指调查人员本着随意性、方便性原则去选择样本的抽样方式。这种方式的一个基本假定是总体中每一个个体的特征是相同的，任意选出的样本与总体特征并无差别。任意抽样法的特点是方便、经济。任意抽样法往往应用在市场调查与预备试销上。

2) 判断抽样法(目的抽样法)

判断抽样法是凭调查人员的意愿、经验和知识，从总体中选择被认为具有代表性的样本进行调查。选取最能代表普遍情况的调查对象，按照一定的标准，通过主观判断来选择样本。在许多调查中，使用判断抽样的效果并不好，但在样本规模较小以及样本不易分门别类时有较大的优越性。

3) 配额抽样法

配额抽样调查法是先分组，再在每组中用任意抽样的方法选取样本单位的一种抽样方法。配额抽样与分层抽样的分层一样，但在层内抽取样本时，方法不一样，是非随机抽样中最流行的，简便易行，比其他的非随机抽样具有更大的代表性。但如果样本的特性比较多时，这种方法会使计算变得繁琐，而且缺少统计理论依据，无法准确地估计误差。

第二节　市 场 预 测

本节主要内容

- 市场需求预测的内容
- 市场需求预测的基本方法
- 市场需求预测的主要程序

市场营销研究的是消费者的需求，市场预测往往是进行市场需求预测。市场需求预测是指通过对消费者的购买心理和消费习惯的分析，以及对国民收入水平、收入分配政策的研究，推断出社会的市场总消费水平。市场需求预测是市场研究中最重要的一部分，也是最复杂的一部分。

一、市场需求预测的内容

1. 预测市场容量及变化

市场容量是指有一定货币支付能力的需求总量。市场容量及其变化预测可分为生产资料市场预测和消费资料市场预测。

生产资料市场预测是通过对国民经济发展方向、发展重点的研究，综合分析预测期内行业生产技术、产品结构的调整，预测工业品的需求结构、数量及其变化趋势。

消费资料市场预测重点有以下三个方面：

(1) 人口数量及变化预测。人口的数量及其发展速度，在很大程度上决定着消费者的消费水平，消费者货币收入和支出的预测。

(2) 购买力投向预测。消费者收入水平的高低决定着消费结构，即消费者的生活消费支出中商品性消费支出与非商品性消费支出的比例。消费结构规律是收入水平越高，非商品性消费支出会增大，如娱乐、消遣、劳务费用支出增加，在商品性支出中，用于饮食费用支出的比重大大降低。另外还必须充分考虑消费心理对购买力投向的影响。

(3) 商品需求变化及发展趋势预测。根据消费者购买力总量和购买力的投向，预测各种商品需求的数量、花色、品种、规格、质量等。

2. 预测市场价格的变化

企业生产中投入品的价格和产品的销售价格直接关系到企业盈利水平。在商品价格的预测中，要充分研究劳动生产率、生产成本、利润的变化，市场供求关系的发展趋势，货币价值和货币流通量变化以及国家经济政策对商品价格的影响。

3. 预测生产发展及其变化趋势

对生产发展及其变化趋势的预测是对市场中商品供给量及其变化趋势的预测，包括如下四个方面：

(1) 对某一种或几种产品潜在需求的预测；

(2) 对潜在供应的估计；

(3) 对拟设中的产品市场渗透程度的估计；

(4) 某段时间内潜在需求的定量和定性特征。

4. 对本国需求预测的基本步骤

对本国需求预测的基本步骤如下：

(1) 收集并分析当前消费量及其在一段时期的变化率；

(2) 按市场每个部分将消费量数据分类；

(3) 确定以往需求的决定因素，以及其对以后需求的影响；

(4) 预测这些决定因素的发展及其对需求的影响；

(5) 以一种或几种方法的组合，对这些决定因素进行判断，并预测需求。

对于某些产品不仅要分析国内市场需求，同时要探索出口的可能，对出口市场的需求进行预测。对于出口市场的评价与国内市场的评价重点有所不同。对于过去已经出口或目前开始出口的产品，首先要分析和评价出口数量、单位、单价、过去或目前的输出国以及出口产品的特点等相关数据。

二、市场需求预测的基本方法

市场需求预测是在营销调研的基础上，运用科学的理论和方法，对未来一定时期的市场需求量及影响需求的诸多因素进行分析研究，寻找市场需求发展变化的规律，为营销管理人员提供未来市场需求的预测性信息。具体而言，市场需求预测的基本方法主要有以下六种。

1. 购买者意向调查法

购买者意向调查法多用于工业用品和耐用消费品，适宜于短期预测。该方法以购买者需求为出发点，通过向购买者调查有关其购买动机、购买方式、购买数量、购买金额等方面的问题，并从购买者的真实回答中，筛选有用信息，预测整个市场未来的需求情况。

2. 综合销售人员意见法

综合销售人员意见法即分别收集销售人员对预测指标估计的最大值、最可能值及最低值及其发生的概率，集中所有参与预测者的意见，整理出最终预测值的方法。

3. 专家意见法

专家意见法是借助专业人士的意见获得预测结果的方法。通过采用函询或现场深度访谈的方式进行，在反复征求专家意见的基础上，经过客观分析和多次征询，逐步使各种意见趋于一致。此方法多用于投资大、风险高和有新奇特色产品的预测。

4. 时间序列分析法

时间序列分析法将某种经济统计指标的数值，按时间先后顺序排列形成序列，再将此序列数值的变化加以延伸，进行推算，预测未来发展趋势。

5. 直线趋势法

直线趋势法是指运用最小平方法，以直线斜率表示增长趋势的外推预测方法。其公式为：

$$Y=a+bX$$

式中，a 为直线在 Y 轴上的截距；b 为直线斜率；Y 为预测目标值；X 为时间。

在已知 n 个观察值 (x_i, y_i) 的情况下 $(i=1, 2, \cdots, n)$，可依据下式求出参数 a、b，然后建立直线趋势方程进行预测。

6. 统计需求分析法

统计需求分析法是运用一整套统计学方法，发现影响企业销售的最重要的实际因素及其影响力大小的方法。

三、市场需求预测的主要程序

1. 收集相关资料

市场需求预测的首要的工作是广泛系统地收集与本次预测对象有关的各方面数据和资料。收集资料是市场预测工作的开始环节。按照市场预测的要求，凡是影响市场供求发展的资料都应尽可能地收集。资料收集得越广泛、越全面，预测的准确性程度就能相应提高。在这里，市场调查材料是一个重要的信息来源。

收集的市场资料可分为历史资料和现实资料两类。历史资料包括历年的社会经济统计资料、业务活动资料和市场研究信息资料。现实资料主要包括目前的社会经济和市场发展动态，生产、流通形势、消费者需求变化等。收集到的资料，要进行归纳、分类、整理，最好分门别类地编号保存。在这个过程中，要注意标明市场异常数据，要结合预测进程，不断增加、补充新的资料。

2. 选择预测方法

收集完资料后，要对这些资料进行分析、判断。常用的方法是首先将资料列出表格，制成图形，以便直观地进行对比分析，观察市场活动规律。分析判断的内容还包括寻找影响因素与市场预测对象之间的相互关系，分析预测期市场供求关系，分析判断当前的消费需求及其变化以及消费心理的变化趋势等。

在分析判断的过程中，要考虑采用何种预测方法进行正式预测。市场预测有很多方法，选用哪种方法要根据预测的目的和掌握的资料来决定。各种预测方法有不同的特点，适用于不同的市场情况。一般而言，掌握的资料少、时间紧，预测的准确程度要求低，可选用定性预测方法。掌握的资料丰富、时间充裕，可选用定量预测方法。在预测过程中，应尽可能地选用几种不同的预测方法，以便互相比较，验证其结果。

3. 建立模型，进行计算

市场预测是运用定性分析和定量测算的方法进行的市场研究活动，在预测过程中，这两方面不可偏废。一些定性预测方法，经过简单的运算，可以直接得到预测结果。定量预测方法要应用数学模型进行演算、预测。预测中要建立数学模型，即用数学方程式构成市场经济变量之间的函数关系，抽象地描述经济活动中各种经济过程、经济现象的相互联系，然后输入已掌握的信息资料，运用数学求解的方法，得出初步的预测结果。

4. 评价结果，编写报告

通过计算产生的预测结果，是初步的结果，这一结果还要加以多方面的评价和检验，才能最终使用。检验初步结果，通常有理论检验、资料检验和专家检验。理论检验是运用经济学、市场学的理论和知识，采用逻辑分析的方法，检验预测结果的可靠性程度。资料检验是重新验证、核对预测所依赖的数据，将新补充的数据和预测初步结果与历史数据进行对比分析，检查初步结果是否合乎事物发展逻辑，符合市场发展情况。专家检验是邀请有关方面专家，对预测初步结果做出检验、评价，综合专家意见，对预测结果进行充分论证。

对预测结果进行检验之后，就可以着手准备编写预测报告了。与市场调查报告相似，预测报告也分为一般性报告和专门性报告，每次预测根据不同的要求，编写不同类型的报告。

5. 对预测结果进行事后鉴别

完成预测报告，并不是预测活动的终结，下一步还要对预测结果进行追踪调查。市场预测结果是一种有科学根据的“假定”，这种“假定”毕竟仍要由市场发展的实际过程来验证，因此，预测报告完成以后，要对预测结果进行追踪，考察预测结果的准确性和误差，并分析总结原因，以便取得预测经验，不断提高预测水平。

【案例 8-2】

一次成功的市场调查

某公司想了解一下其产品的需求情况，为此他们组织了一次市场调研活动。按照调研计划该企业首先进行了一次问卷调查。他们选取了北京、上海和广州三个城市作为代表城市，在这三个城市中随机发放问卷。他们向消费者所提供的问卷中，问答项目达几百个，而且十分具体。该调查所获得的数据被存入计算机，进行详细的分析。此外，该公司为了改进其刚刚研制成功的产品，还邀请消费者担当“商品顾问”，让他们试用这种新的产品，然后“鸡蛋里挑骨头”，从他们那里收集各种改进的意见。该公司担心“商品顾问”有时也会提供不真实的信息，因此，研究所的市场调查人员经常亲自逛市场，“偷听”消费者购买时的对话，或者干脆装扮成消费者，四处探听店员和顾客对产品的意见。他们的目的只有一个，就是一定要搞到真正准确的信息，而不是虚假的赞誉。在亲自获取市场信息的同时，该公司还把其他部门所提供的市场分析进行加工和整理，来补充市场调查所获取信息的不足。这些从公开出版物、报纸、杂志、政府和有关行业获取的统计资料，为该企业了解整个市场的宏观信息提供了帮助。来自消费者的信息成千上万，如何分析研究，取其精华，该公司有其独特的方法。他们把所有信息分为两类，一类是期望值高的信息，即希望商品达到某种程度，或希望出现某种新产品；另一类是具体的改进建议。该公司十分重视前者，这类信息虽然没有具体意见，甚至很模糊，却反映了消费者的期望，是新产品开发的重要启示，而具体的改进意见一旦和高期望值信息结合起来，则能起到锦上添花的作用。

【案例思考】

(1) 该公司在亲自获取市场信息的同时，还需要多种二手资料的支持，公司可以通过哪几种途径获得二手资料？（至少列举三个）该公司在进行问卷调查时所采用的方法属于哪种？

(2) 在调查问卷设计中，问句可以采用不同的形式，主要有几种？

综合练习

一、选择题

（一）单选题

1. (　　) 的实际作用就是为营销决策提供依据。

A. 价格管理　　B. 销售促进

C. 人员推销　　D. 市场调研

2. (　　) 指的是从各种文献档案中收集的资料，也称间接资料。

A. 一手资料　　B. 二手资料

C. 电子资料　　D. 市场资料

3. 调查人员在利用二手资料时，发现有些资料已经是 5 年前发表的，便摒弃不用，这表明调查人员在进行市场调研时遵循着 (　　)。

A. 相关性原则　　B. 时效性原则

C. 系统性原则　　D. 经济效益原则

4. 如果调查人员为了获得一手资料而要付出大量的人力、物力和财力，也许会利用二手资料。这体现着调查人员在利用二手资料时遵循着 (　　)。

A. 相关性原则　　B. 时效性原则

C. 系统性原则　　D. 经济效益原则

5. 政府机构及经济管理部门的有关方针、政策、法令、经济公报，统计公报等属于 (　　)。

A. 内部资料来源　　B. 电子资料来源

C. 直接资料来源　　D. 外部资料来源

6. 行业协会已经发表和保存的有关行业销售情况、经营特点、发展趋势等信息资料属于 (　　)。

A. 内部资料来源　　B. 电子资料来源

C. 直接资料来源　　D. 外部资料来源

7. (　　) 是一种以书面形式了解被调查对象的反应和看法，并以此获得资料和信息的载体。

A. 问卷　　B. 深度访谈

C. 抽样　　　　D. 实验控制

8. (　　) 是随机抽样法中最简便的方法。

A. 简单随机抽样法　　　　B. 等距抽样法

C. 分层随机抽样法　　　　D. 分群随机抽样法

9. (　　) 又称系统抽样，是从总体中每隔若干个个体选取一个样本的抽样方法。

A. 简单随机抽样法　　　　B. 等距抽样法

C. 分层随机抽样　　　　D. 分群随机抽样

10. 与个人的心理预测进行比较，从中选择与预期标准吻合度最高的方案作为最终方案，这属于 (　　)。

A. 最大满意原则　　　　B. 相对满意原则

C. 遗憾最小则　　　　D. 预期一满意原则

11. 在企业中有组织采购工作 (如选择供应商、与供应商谈判等) 的正式职权的人员是 (　　)。

A. 购买者　　　　B. 采购者

C. 决策者　　　　D. 发起者

12. 某企业为了能够了解本行业内的市场信息，派出专门人员到行业协会收集相关资料，则该企业通过这种途径所获取的资料属于 (　　)。

A. 直接资料　　　　B. 一手资料

C. 二手资料　　　　D. 过时资料

13. 在街道上随意访问来往的行人的抽样方法属于 (　　)。

A. 随机号码表法　　　　B. 任意抽样法

C. 判断抽样法　　　　D. 配额抽样法

14. 假设样本总体为 100，要抽取 4 个个体为样本，采用等距抽样法，先将总体按 100 号，并求出抽样间隔为 25，则从 1 至 (　　) 号中随机抽出一个号码作为第一个样本数。

A. 4　　　　B. 25

C. 50　　　　D. 1D0

15. 王某听说自己的好朋友小李在做某品牌的平板电脑的代理，他感到惊奇，向小李进行了多方面的询问，最终决定购买。则王某获取信息的来源是 (　　)。

A. 个人来源　　　　B. 商业来源

C. 大众　　　　D. 经验来源

(二) 多选题

1. 管理者决策依据的信息来源有 (　　)。

A. 内部报告系统　　　　B. 营销情报系统

C. 市场训研系统　　　　D. 网络系统

2. 间接资料调查可以 (　　)。

A. 不受时间和空间限制　　　　B. 收集到广泛的资料

C. 不受主观因素于扰　　　　D. 直接得到调查结果

3. 间接资料调查的不足有（　　）。

A. 容易过时　　B. 二手资料目的和调查人员要求的不一致

C. 需要进一步加工处理　　D. 利用率不高

4. 选择间接资料的基本原则有（　　）。

A. 相关性原则　　B. 时效性原则

C. 系统性原则　　D. 经济效益原则

5. 间接资料调查的资料来源主要可以分为（　　）。

A. 内部资料来源　　B. 电子资料来源

C. 直接资料来源　　D. 外部资料来源

6. 调查问卷一般由（　　）等部分构成。

A. 开头　　B. 提纲

C. 正文　　D. 结尾

7. 问卷的开头主要包括（　　）。

A. 问候语　　B. 填表说明

C. 正文　　D. 问卷编号

8. 问卷的正文一般包括（　　）。

A. 资料搜集　　B. 被调查者的基本情况

C. 编码　　D. 问卷编号

9. 设计调查问卷问题的顺序时，应注意（　　）。

A. 问题的安排应具有逻辑性

B. 问题的安排应先易后难

C. 能引起被调查者兴趣的问题放在前面

D. 开放性问题放在后面

10. 抽样方法大体上可分为（　　）。

A. 随机抽样　　B. 任意抽样

C. 非随机抽样　　D. 等距抽样

11. 问卷编号主要用于识别（　　）等。

A. 问卷　　B. 填表说明

C. 访问员　　D. 被访者地址

12. 下列内容应该放在问卷开头的是（　　）。

A. 问候语　　B. 填表说明

C. 感谢语　　D. 问卷码

13. 在运用单纯随机抽样调查时，通常用（　　）来实现随机原则抽取样本。

A. 排序法　　B. 抽签法

C. 随机号码表法　　D. 列举法

14. 下列问卷提问项目设计得比较合理的有（　　）。

A. “您对这种空调的价格和服务质量满意还是不满意？”

B.“请问你们家最近一年内使用什么牌子的电视机？

C.“您觉得这种产品的价格合理吗？

D.“海尔冰箱销量连续三年荣居冰箱类榜首，你觉得它怎么样？”

15. 调查问卷中的问句可以采用不同的形式来表达，其中封闭式问题的优点是（　　）。

A. 调查对象可以按自己的意见进行回答，不受任何限制

B. 调研人员可以获得足够全面的案

C. 答案都是事先拟定的，便于统计分析

D. 便于被调查对象选择，能够节省调查的时间

16. 消费者的购买决策原则不是唯一的，通常是根据产品和市场情况选择适当的原可供选择的原则有（　　）。

A. 最大满意原则　　B. 相对满意原则

C. 遗憾最小原则　　D. 预期满意原则

17. 在设计调查问卷的项目时，要注意的事项有（　　）。

A. 内容尽可能详尽　　B. 用词确切、俗化

C. 一项提问只包含一项内容　　D. 否定形式的提问

二、思考题

1. 抽样调查的方式主要有哪几种？

2. 收集二手资料的来源主要有哪些？

3. 问卷调查的问题设计应注意什么？

三、实训题

1. 实训项目：二手资料的调查。

2. 实训目的：熟练掌握二手资料调查的方法和意义。

3. 实训类型：设计二手资料调查提纲。

4. 实训内容：开放式调查问卷、封闭式调查问卷。

5. 实训方式：学生在教师指导下进行实训。

6. 实训过程：

(1) 按照实训小组拟定调查问卷。

(2) 讨论问题的设计。

(3) 教师答疑并点评。

7. 实训要求：根据调查问卷得出结论。

8. 实训结果：填写实训报告。

第九章 市场研究

第一节 消费者购买市场决策过程分析

本节主要内容

- 消费者购买决策的参与者
- 消费者购买决策过程

市场营销者在分析营销者购买行为的主要因素之后，还需要了解消费者如何真正做出市场决策，即了解谁做出购买决策以及购买决策的类型等。

一、消费者购买决策的参与者

在购买决策过程中，包括以下几种不同的角色：

(1) 发起者，即首先提出或者有意向购买产品或者服务的人。

(2) 影响者，即其看法或者建议对最终决策具有一定影响的人。

(3) 决策者，即对是否买、为何买、如何买、何处买等做出完全或者部分最后决定的人。

(4) 购买者，即实际购买者。

(5) 使用者，即实际消费或者使用产品的人。

二、消费者购买决策过程

消费者购买决策过程如图 9-1 所示。

确认需要	收集信息	评价方案	购买决策	购后行为

图 9-1 消费者购买决策过程

这个购买过程模式适用于分析复杂的购买行为，因为复杂的购买行为是最完整、最有代表性的购买类型。该模式表明，消费者的购买过程早在实际购买之前就已开始，并延伸到实际购买以后，这就要求营销人员注意购买过程的各个阶段而不仅仅是注意销售。

1. 确认需要

消费者购买决策过程的第一阶段是确认需要。当消费者面对实际与需求状态之间的不平衡时，就会产生需求。需求因内部刺激或者外部刺激引起。例如，饥饿是内部刺激；产品价格下降，某明星为某产品做广告，包装颜色变化属于外部刺激。

市场营销人员的任务是使消费者认识到他们现在的状况与他们尚未意识到的需求，即创造需求。

2. 收集信息

除非消费者对所购商品的特征、品牌、价格、销售地点等信息已经十分清楚（如一些日常用品的购买），否则消费者就需要先收集有关产品的信息，以作为进行购买决策的依据。商品信息的主要来源是各种广告、商店（橱窗、货架、宣传招贴）、家庭成员、同事朋友和大众媒体（电视、电台、报纸、杂志）。按信息的不同来源，其大致可以分为以下几类：

(1) 个人来源，家庭成员、朋友、邻居、熟人。

(2) 商业来源，指广告、推销员、经销商、邻居、熟人。

(3) 大众来源，大众传媒、消费评估组织。

(4) 经验来源，消费者自身通过参观、试用、实际使用、联想、推论等方式所获得的信息。

3. 评价方案

消费者的评价行为一般涉及以下几个方面：

(1) 产品属性。产品属性即产品能够满足消费者需要的特性。市场营销人员应该分析本企业产品应具备哪些属性，以及不同类型的消费者分别对哪些属性感兴趣，以便进行市场细分。

(2) 品牌权重。品牌权重即消费者对产品有关属性赋予的不同的重要性权数。消费者被问及如何考虑某一产品属性时立即想到的属性，就叫做产品的特色属性。但是特色属性不一定是最重要的属性。在特色属性中，有些属性可能被消费者遗忘，而一旦被提及，消费者就会认识到它的重要性。

(3) 品牌信念。品牌信念即消费者对某品牌优劣程度的总的看法。由于消费者个人经验、选择性注意、选择性曲解以及选择性记忆的影响，其品牌信念可能与产品的真实属性并不一致，营销者应该提升消费者的品牌信念。

(4) 效用函数。效用函数即描述消费者所期待的产品满足感随产品属性的不同而有所变化的函数关系。它与品牌信念的联系是，效用函数表明消费者要求属性达到何种水平他才会接受。品牌信念指的是消费者对某种品牌的某一属性已经达到何种水平的认识。

(5) 评价模式。评价模式即消费者对不同的产品品牌进行评价和选择的程序和方法。例如，某消费者在选择电脑时，确定了产品的属性和属性权重，并对 ABCD 四个品牌按照 10 分制进行评分（见表 9-1），消费者就比较容易做出选择。

表 9-1　对电脑的选择评价

电脑	储存能力 (30%)	图像显示能力 (25%)	大小与重量 (20%)	价格 (25%)
A	10	8	6	4
B	8	9	8	3
C	6	8	10	5
D	4	3	7	8

4. 购买决策

在比较、分析各种产品的性能、价格品牌、售后服务等各项产品特征之后，消费者要从中选择出最终的购买对象，以便采取行动，实现购买意图。

消费者购买原则不是唯一的，通常需要根据产品和市场情况选择适当的原则。

(1) 最大满意原则。最大满意原则指力求通过决策方案的选择、实施，取得最大效用，使某方面的需要获得最大的满足。

(2) 相对满意原则。相对满意原则指在购买决策时，只需做出相对合理的选择，达到相对满意即可，最终能以较少的代价取得较大的效果。

(3) 遗憾最小原则。遗憾最小原则指由于任何决策方案都达不到完全满意，所以只能以产生的遗憾最小作为决策的基本原则。

(4) 预期满意原则。预期满意原则指与个人的心理预期进行比较，从中选择与预期标准吻合度最高的方案为最终方案。

在购买决策过程中，消费者往往会受到“他人态度”和“意外情况”的影响，他人态度的影响力取决于三个因素，具体来说，即：

(1) 他人否定态度的强度。否定态度越强烈，影响力越大。

(2) 他人与消费者的关系。关系越紧密，对消费者影响越大。

(3) 他人的专业水准。他人对此类产品的专业水准越高，影响力越大。意外情况也会导致购买意图的改变。

5. 购后行为

产品在购买之后，就进入了购后阶段。此时，市场营销人员的工作并没有结束。在购买者对其购买活动的满意感 (S) 是其产品期望 (E) 和该产品可觉察性能 (P) 的函数即 $S=f(E, P)$ 若 $E=P$ 则消费者满意；若 $E>P$ 则消费者不满意；若 $E<P$ 则消费者会非常满意。消费者根据自己从卖主、朋友以及其他来源所获得的信息形成对产品的期望。如果卖主夸大其产品的优点，消费者将会感觉到不能证实的期望。这种不能证实的期望会导致消费者的不满意感。E 与 P 之间差距越大，消费者的不满意感觉越强烈。因此，卖主应使其产品真正体现出可察觉性能，以便使购买者感到满意。事实上，那些有保留地宣传其产品优点的企业，反倒使消费者产生了高于期望的满意度。

【案例 9-1】

海尔的绿色产品理念

绿色、健康、低碳、节能是现代家电消费中出现的高频词。面对绿色经济浪潮下的创新需求，海尔提出了“绿色设计、绿色制造、绿色营销、绿色回收”的新型战略经营模式。海尔将自身与国家，乃至世界的可持续发展紧密结合起来，彰显自身强烈的创新意识。截至 2020 年年末，海尔累计申请专利 9738 项，其中发明专利 2799 项，居中国家电企业榜首。

海尔不仅局限于生产某一款绿色产品，而是通过打造整套的绿色产品理念，为全世界消费者提供了超值的绿色物联生活解决方案，贴近用户进行创新。海尔的 50 多款绿色低碳精品都贴上了绿色标签：卡萨帝复式大滚筒，真正实现了静音洗衣；变频空调不用氟利昂，攻占无氟变频空调能效之巅；采纳无极变频技术的卡萨帝冰箱，日耗电量仅为 0.78 度，达到新一级能效标准的多门冰箱，也是世界上最节能的多门冰箱之一。

海尔成立专门的组织机构来搜集各类绿色信息，调动和预测绿色需求，分析绿色市场的动态进展，依照企业自身优势进行战略决策，对现有绿色技术进行改造，为绿色生产经营做预备工作。

【案例思考】

(1) 当前城市交通应优先发展哪种形式？地铁？轻轨？汽车公交？私家车？

(2) 目前消费者对电动汽车的需求状况如何？

第二节　产业购买决策过程分析

本节主要内容

- 产业购买决策过程的参与者
- 影响采购者决策的主要因素
- 产业购买者决策过程

一、产业购买决策过程的参与者

在任何一个企业中，除了专职的采购人员外，还有其他一些人员也参与购买决策过程。所有参与购买决策过程的人员构成采购组织的决策单位，市场营销学称之为采购中心。企业采购中心通常包括以下五种成员：

(1) 使用者，即具体使用与购买某种产品的人员。使用者往往是最初提出购买某种产品意见的人，他们对购买产品的品种、规格起重要作用。

(2) 影响者，即企业外部和内部直接或者间接影响购买决策的人员。他们通常协助企业的决策者决定购买产品的品种、规格等。企业技术人员是最主要的影响者。

(3) 采购者，即在企业中有组织采购工作(如选择供应商、与供应商谈判等)的正式职权的人员。在较复杂的采购工作中，采购者还包括参加谈判的公司高级人员。

(4) 决策者，即在企业中有批准购买产品权力的人。在标准品的例行采购中，采购者常常是决策者；在较为复杂的采购中，公司领导人常常是决策者。

(5) 信息控制者，即在企业外部和内部能控制市场信息流到决定者、使用者的人员，如企业的购买代理商、技术人员等。

当然，并不是任何企业采购任何产品都必须有上述五种人员参与购买决策过程。企业采购中心规模的大小和成员的多少会随着采购产品的不同而有所不同。一个企业如果采购办公文具，可能只有采购者和使用者参与购买决策过程，而且采购者往往就是决策者。在这种情况下，采购中心的成员比较少，规模较小；如果一个企业采购中心成员较多，供货企业的市场营销人员就不可能接触所有成员，而只能接触其中少数几位。此种情况下，供货企业的市场营销人员必须了解谁是主要的决策者和参与者，以便影响最有影响力的重要人物。

二、影响采购者决策的主要因素

影响采购者决策的主要因素有环境因素、组织因素、人际因素、个人因素等，详见表 9-2。

表 9-2　产业购买者影响因素

环境因素	组织因素	人际因素	个人因素	
经济前景	企业目标	职位	年龄	购买者
需求水平	采购政策	权利	教育	
竞争状况	采购程序	地位	个性	
供应条件	组织结构	态度	对风险的态度	
技术发展	运营系统	说服力		
经济政策	企业文化			
法律制度				
资金成本				

1. 环境因素

影响购买决策的环境因素包括一个国家或者地区的经济前景、需求水平、竞争状况、供应条件、经济政策、法律制度、技术发展、资金成本等企业外部环境的因素。例如，经济不景气，市场需求不振，产业购买者就不会增加投资，甚至会减少投资，减少原材料采购量。

2. 组织因素

影响购买决策的组织因素包括企业目标、采购政策、采购程序、组织结构、运营系统、企业文化等企业本身的因素。显然，这些组织因素也会影响产业购买者的购买决策和购买行为，并且不同企业的组织因素是不同的。

3. 人际因素

影响购买决策的人际因素主要是指企业采购中心的因素，通常包括使用者、影响者、采购者、决定者和信息控制者，他们都参与购买决策过程。这些参与者在企业中的地位，职权、说服力以及他们之间的关系各不相同。这种采购中心之间的关系也会影响产业购买者的购买决策。

4. 个人因素

影响购买决策的个人因素包括各参与者的年龄、受教育程度、个性、对风险的态度等。这些个人因素会影响各参与者对采购的产品和用品及供应商的感觉、看法、从而影响购买者决策和购买行为。在其他因素差不多的情况下，个人因素有时起到很重要的作用。

三、产业购买者决策过程

供货企业的最高管理层和市场营销人员要了解其顾客购买决策过程的各个阶段的情况，并采取适当措施，满足顾客在各个阶段的需要，才能成为现实的卖主。产业购买者购买过程的阶段多少，取决于产业购买者的行为类型的复杂程度。

在直接重购这种简单的行为类型下，产业购买者购买决策过程的阶段最少；在新购情况下，购买决策过程的阶段最多，通常要经历八个阶段，如表 9-3 所示。

表 9-3　购 买 决 策

购买阶段	购买类型		
	新购	修正类型	直接重购
1. 认识需要	是	可能	否
2. 确定需要	是	可能	否
3. 说明需要	是	是	是
4. 物色供应商	是	可能	否
5. 征求供应商建议书	是	可能	否
6. 选择供应商	是	可能	否
7. 签订合约	是	可能	否
8. 绩效评价	是	是	是

1. 认识需要

产业购买过程是从企业的某种人员认识到要购买某种产品以满足企业的某种需要开始的。认识需要是由两种刺激引起的：

(1) 内部刺激，即导致对产品需要的企业内部因素。例如，企业最高管理层决定推出某种新产品，因而需要采购生产这种新产品的新设备和原料；有些机器发生故障或者损坏，需要购置零件或者新机器等。

(2) 外部刺激，即导致对产品需要的企业外部因素。例如，采购人员看广告或者参加展销会等，发现了更物美价廉的其他公司的产品。

2. 确定需要

确定需要，也就是确定所需要品种的特征和数量。标准品可以由采购人员独立决定；至于复杂品种，采购人员要和使用者、工程师等共同研究，确定所需品种的特征和数量。供货企业的市场营销人员在此阶段要展开营销攻势，帮助采购中心的采购人员对本企业的产品产生兴趣。

3. 说明需要

企业的采购部门确定需要以后，要指导专家小组对所需品种进行价值分析，做出详细的技术说明，作为采购人员采购的标准。价值分析是美国通用电器公司采购经理迈尔斯的技术发明。

4. 物色供应商

特别在新购买的情况下，采购复杂的、价值高的品种，需要花较多时间物色供应商。供应企业要加强广告宣传，提高本公司的知名度和美誉度。

5. 征求供应商建议书

征求供应商建议书即企业的采购部门邀请合格的供应商提出供应建议。如果采购复杂的、价值高的品种，采购经理应要求每个潜在的供应商都提交详细的书面建议。采购经理还要从合格的供应商中挑选最合格的，要求他们提出正式的建议书。因此，供应企业的市场营销人员必须善于提出与众不同的建议书，以争取顾客的信任，取得订单。

6. 选择供应商

采购中心根据供应商产品质量、产品价格、信誉、及时交货能力、技术服务等来评价供应商，以选择最有吸引力的供应商。采购中心做最后决定之前，也许还需要和那些较中意的供应商谈判，争取较低的价格和更好的条件。最后，采购中心选定一个或者几个供应商。许多精明的采购经理一般都宁愿有多条供应来源，以免受制于人。而且，这样能够对各个供应商进行比较。例如，向第一位供应商采购所需原料的 50%，分别向其他供应商采购所需原料 30% 和 20%，这样可以使这几个供应商展开竞争，从而迫使他们利用价格折扣，或者其他优惠条件来满足购买者的要求。

7. 签订合约

签订合约即采购经理开订货单给选定的供应商，在订单上列举技术说明、需要数量、交货期限等。现在更多企业趋向采用“一揽子合同”，而不采取“定期采购交货”。这是因为，如果采购次数较少，每次订购批量较大，库存就会增加；反之，如果采购次数较多，库存就会较少。采购经理通过“一揽子合同”，建立起长期供货关系，让供应商承诺采购经理需要订货时即按照原来约定的价格条件随时供货。这样，库存就摆在供货企业 (卖方) 那里。采购单位 (买方) 如果需要进货，采购经理就会直接发订货单给供应商，而不需要重新签订合约，供应商也会随时按条件工供货。

8. 绩效评价

绩效评价即采购经理向使用者征求意见，了解他们对购买者对产品是否满意，检查和评价各个供应商履行合同的情况，以便更好地为客户服务，维护供货关系。

第三节　中间商的主要购买决策

本节主要内容

- 独家配货
- 专深配货

中间商的主要购买决策包括配合决策、供应商组合决策和供货条件决策。配合决策是指决定拟经营的花色品种，即中间商的产品组合的决策。供应商组合决策是指决定拟与之从事交换活动的各有关供应商的决策。供货条件决策是指决定具体采购时所要求的价格、交货期、相关服务及其他交易条件的决策。

在以上决策中，最基本、最重要的购买决策是配合决策。因为中间商经营的货色会影响到从哪家供应商进货，即中间商的供应商组合影响到中间商的市场营销组合和顾客组合。中间商的配货战略主要分四种，具体来讲，即：

(1) 独家配货，即中间商决定只经营某一家制造商的产品。

(2) 专深配货，即中间商决定经营许多家制造商生产的各类型号规格的同类产品。

(3) 广泛配货，即中间商决定经营种类繁多、范围广泛但尚未超出行业界限的产品。

(4) 杂乱配货，即中间商决定经营范围广泛且没有关联的多种产品。

第四节　政府与非营利组织购买决策

本节主要内容

- 政府的概念
- 政府采购的基本概念与原则

社会组织被分为三大类，即政府组织、营利组织和非营利组织。前面讨论了两大类营利企业的购买行为，下面简单分析政府与非营利组织的购买行为。

一、政府的概念

政府市场是指那些为执行政府的主要职能而采购或者租用商品的各级政府机构需求的总和。也就是说，一个国家政府市场上的购买者是该国各级政府的采购机构。由于各国政府通过税收、财政预算等掌握了相当大一部分国民收入，为了开展日常政务，政府机构要经常采购物资和服务，因而形成了一个很大的市场。确切地讲，政府机构是市场活动的最大买主，一般占有 20%～30% 的份额。

非营利组织是指在公众支持下，为实现公共目标而存在的组织，包括学校、慈善机构、宗教机构、各种学会与协会、民间俱乐部以及许多其他组织。具体来说，非营利组织就是除了营利机构和政府机构以外的一切组织的总称。在美国，非营利组织既包括税法中列举的所有非营利组织，也包括各类政治组织。在我国，非营利组织包括事业单位和社会团体。非营利组织市场即指那些为执行非营利组织的主要职能而采购或租用商品的需求的总和。

近年来，为了加强对政府采购的管理，提高财政性资金的使用效率，促进公开交易，我国一些国家机关、事业单位和其他社会组织使用财政性资金采购物资或服务的行为开始受到法律的约束和规范，不少省市已陆续颁布采购条例。研究政府采购行为，对于满足政府市场需求，扩大企业销售收入具有重要的意义。

由于非营利组织的采购与政府采购具有极大的相似性，有的地方甚至直接将非营利组织的采购纳入政府采购的范畴，所以下面主要结合我国政府采购法，介绍政府采购的原则、政府采购的方式以及政府招标采购程序等有关问题。

二、政府采购的基本概念与原则

1. 政府采购的基本概念

政府采购，是指各级国家机关、事业单位和团队组织，使用财政性资金采购依法制定的集中采购目录以内的或者采购限额标准以上的货物、工程和服务的行为。

政府采购当事人是指在政府采购活动中享有权利和承担义务的各类主体，包括采购人、采购代理机构、供应商等。采购人是指依法进行政府采购的国家机关、事业单位、团体组织。采购代理机构，是指政府设立的集中采购机构和经认定资格的采购代理机构。经认定资格的采购代理机构是指经政府认定资格的，从事政府采购货物、工程和服务采购代理业务的社会中介机构。供应商是指向采购人提供货物、工程或者服务的法人、其他组织或者自然人。供应商参加政府采购活动应当具备下列条件：

(1) 具有独立承担民事责任的能力。

(2) 具有良好的商业信誉和健全的财务会计制度。

(3) 具有履行合同所必需的设备和专业技术能力。

(4) 有依法纳税和社会保障资金的良好记录。

(5) 参加政府采购活动前三年内，在经营活动中没有重大违法记录。

(6) 法律、行政法规规定的其他条件。

采购人可以根据采购项目的特殊要求，规定供应商的特定条件，但不得以不合理的条件对供应商实行差别待遇或者歧视待遇。

2. 政府采购的基本原则

政府采购应当遵循公开透明、公平竞争、公正原则和诚实信用原则，政府采购当事人不得相互串通损害国家利益、社会公共利益和其他当事人的合法权益，不得以任何手段排斥其他供应商参与竞争。采购代理机构不得以向采购人行贿或者采取其他不正当手段谋取非法利益。供应商不得向采购人、采购代理机构、评标委员会的组成人员、竞争性谈判小组的组成人员、询价小组的组成人员行贿或者采取其他不正当手段谋取中标或者成交。

3. 政府采购的主要方式

(1) 公开招标。公开招标是政府采购的主要采购方式。采购人不得将应当以公开招标方式采购的货物或者服务化整为零，或者以其他任何方式规避公开招标采购。

(2) 邀请招标。采用邀请招标方式采购货物或者服务的情形包括：具有特殊性，只能从有限范围的供应商处采购的；采用公开招标方式的费用占政府采购项目总价值的比例过大的。

(3) 竞争性谈判。采用竞争性谈判方式采购货物或者服务的情形包括：招标后没有供应商投标或者没有合格标的或者重新招标未能成立的；技术复杂或者性质特殊，不能确定详细规格或者具体要求的；采用招标所需时间不能满足用户紧急需要的；不能事先计算出价格总额的。

(4) 单一来源采购。采用单一来源方式采购货物或者服务的情形包括：只能从唯一供应商处采购的；发生了不可预见的紧急情况，不能从其他供应商处采购的；必须保证原有采购项目一致性或者服务配套的要求，需要继续从原供应商处添购，且添购资金总额不超过原合同采购金额10%的。采取单一来源方式采购的，采购人与供应商应当遵循规定的原则，在保证采购项目质量和双方商定合理价格的基础上进行采购。

(5) 询价。采购的货物规格与标准统一、现货货源充足且价格变化幅度小的政府采购项目，可以采用询价方式采购。

在上述五种采购方式以外，还可以有政府采购监督管理部门认定的其他采购方式。

4. 政府招标采购程序

1) 组织招标

货物和服务项目实行公开招标方式采购的，自招标文件开始发出之日起至投标人提交投标文件截止之日止，不得少于20日。公开招标的，招标机构应在投标截止日之前发布招标公告。招标公告应包括如下内容：招标项目的名称、数量、供应人的资格、招标文件的发放办法和时间、投标的时间和地点。

在招标采购中，出现下列情形之一的，应予废标：

(1) 符合专业条件的供应商或者对招标文件做实质响应的供应商不足3家的。

(2) 出现影响采购公正的违法、违规行为。

(3) 投标人的报价均超过了采购预算，采购人不能支付的。

(4) 因重大变故，采购任务取消的。

废标后，采购人应当将废标理由通知所有投标人。废标后，除采购任务取消情形外，应当重新组织招标。

2) 开标、评标与现场竞标

(1) 招标。

招标机构应当在投标截止日后以公开方式开标。开标时，招标机构应当邀请评标委员会成员、供应商代表和有关单位代表参加。评标由评标委员会负责，评标委员会由采购人、招标机构的代表和技术、经济和法律等方面的专家组成，总人数为5人以上的单数，其中专家评委应占有一定的比例。与供应商有利害关系的人不得作为评标委员会成员。评标委员会成员应当严格遵守评标规则，依法公正地履行职责，依据招标文件的要求对投标文件进行评审和比较，在满足招标文件各项要求的情况下，以低于标底的最低投标价者中标。最低投标价者为二人以上的，抽签决定中标者。技术上有特殊要求的采购项目，或者以确定供应商资格为对象的招标，经采购主管部门统一考虑，除考虑投标价格以外，可以综合考虑其品质、性能和供应商的服务质量、经营业绩等情况，最终确定中标者。

(2) 招标无效情况。

根据我国有关招标投标的规定和招标投标活动的一般原则，投标方所投标书，如具有下列情况之一的，应属无效：

① 投标方不具备投标资格；

② 投标书没有报价；

③ 投标书未加盖单位公章及法定代表人未签字；

④ 投标书未按规定的格式、内容和要求填写；

⑤ 投标书书写潦草，字迹模糊不清难以辨认；

⑥ 在一个招标项目中，投标方投报两个或多个标书，或有两个或多个报价，又未书面声明哪一个有效；

⑦ 其他不符合招标文件要求的情况，主要是未按招标文件的要求提交投标保函或担保文件；

⑧ 投标书未密封。

3) 评标定标阶段

在评标定标阶段，公证人员应查验评标组织成员的资格，核实其身份；对与投标方有利害关系的评标组织成员，应让其回避；监督标底的开启，公布标底；监督评标委员会按照招标文件规定的原则、标准、程序和方法进行评标、定标；检查定标结果是否与评标定标记录一致，并监督评标委员会成员在评标定标记录和定标决议上签字；在评标定标活动结束时，对符合规定的程序、原则、方法的评标定标活动和定标结果，当场宣读评标定标公证词。现场监督是整个招标投标公证活动中一项最主要、最复杂的工作内容，其成败、优劣直接关系到公证工作在招标投标活动中作用的发挥，关系到招标投标活动能否按照公平竞争、择优中标的原则进行，也将影响到招标投标活动的成败。因此，公证人员在现场监督中，必须以高度负责的精神，严格执行国家有关的法律、政策和招标文件的规定，坚持公正的立场，认真做好每一项工作。

4) 公证员主持招投标

公证人员参加招标投标活动是以国家公证人员的身份对招标投标活动进行监督，是监督者而不是招标投标活动的主持人，也不是招标投标活动的当事人。因此，公证人员必须切实把握住这个监督者的身份，既不能越俎代庖，也不能撒手不管，当旁观者。公证人员必须出席评标定标会议，对评标定标活动进行监督，但公证人员不能担任评标委员会委员。公证人员必须始终参加招标投标活动的全过程，不能以各种理由不出席，而让当事人代劳。公证人员对整个现场监督活动都应认真记录并存档，特别是对现场监督过程中发现的问题、提出的建议、当事人的解答、采取的措施，对投标箱、标书、投标方的资格审查的结果、发表的现场公证词等更要做出完整、准确的记录。公证人员应认真行使监督职权，如发现招标投标活动中出现违反国家有关法律、政策或招标文件的行为时，应立即予以指出，令其纠正。

5) 签订采购合同与支付价款

招标活动结束后，采购人和中标人应当按照《中标通知书》指定的时间、地点，并根据招标文件和中标的投标文件签订采购合同。签订采购合同后，资金来源属预算内资金的，采购人凭采购合同及财政部门要求的其他材料到财政部门办理付款手续，由财政部门根据采购合同的规定向供应商直接支付价款；属预算外资金和事业收入的，由资金管理部门向供应商支付价款。

6) 合同管理制度

签订采购合同后，资金来源属于预算内资金的，采购人凭采购合同及财政部门要求的其他材料到财政部门办理付款手续，由财政部门根据采购合同的规定向供应人直接支付价款；属于预算外资金和事业收入的，由资金管理部门向供应人支付价款。

7) 监督检查

采购主管部门应当加强对政府采购的监督，定期对政府采购进行检查。检查内容如下：

(1) 采购活动是否依据采购计划进行。

(2) 采购项目是否符合政府规定。

(3) 采购方式和程序是否符合法律规定。

(4) 采购合同的履行情况。

(5) 其他应当检查的内容。

8) 验收与检查

采购人或者其委托的采购代理机构应当组织对供应商履约的验收。大型或者复杂的政府采购项目，应当邀请国家认可的质量检测机构参加验收工作。验收方成员应当在验收书上签字，并承担相应的法律责任。采购人、采购代理机构对政府采购项目每项采购活动的采购文件应当妥善保存，不得伪造、编造、隐匿或者销毁。采购文件的保存期限为从采购结束之日起至少保存 15 年。采购文件包括采购活动记录、采购预算、招标文件、投标文件、评标标准、评估报告、定标文件、合同文本、验收证明、质疑答复、投标处理决定及其他有关文件、资料。政府采购监督管理部门应当加强对政府采购活动及集中采购机构的监督检查。

5. 公开招标和邀请招标的区别

这两种方式主要有以下区别：

(1) 发布信息的方式不同。公开招标采用公告的形式发布，邀请招标采用投标邀请书的形式发布。

(2) 选择的范围不同。公开招标因使用招标公告的形式，针对的是一切潜在的对招标项目感兴趣的法人或其他组织，招标人事先不知道投标人的数量；邀请招标针对已经了解的法人或其他组织，而且事先已经知道投标者的数量。

(3) 竞争的范围不同。由于公开招标是所有符合条件的法人或其他组织都有机会参加投标，竞争的范围较广，竞争性体现得也比较充分，招标人拥有绝对的选择余地，容易获得最佳招标效果；邀请招标中投标人的数目有限，竞争的范围有限，招标人拥有的选择余地相对较小，有可能提高中标的合同价，也有可能将某些在技术上或报价上更有竞争力的承包商漏掉。

(4) 公开的程度不同。公开招标中，所有的活动都必须严格按照预先指定并为大家所知的程序和标准公开进行，大大减少了作弊的可能；相比而言，邀请招标的公开程度逊色一些，产生不法行为的机会也就多一些。

(5) 时间和费用不同。由于邀请招标不发公告，招标文件只送几家，使整个招投标的时间大大缩短，招标费用也相应减少。公开招标的程序比较复杂，从发布公告、投标人做出反应、评标到签订合同，有许多时间上的要求，要准备许多文件，因而耗时较长，费用也比较高。

【案例 9-2】

一次因招投标引起的诉讼

某材料公司曾经对某公路发展集团有限公司和某咨询有限公司提起诉讼，要求二被告连带赔偿因缔约过失给原告造成的直接经济损失 18 万余元，法院受理了此案。

原告公司诉称，2007 年 6 月 8 日，某公路发展集团有限公司决定通过公开招标的方式，对基建项目进行采购。采购金额为 1 300 万元人民币。采购人及其委托代理人发出投标供应商资格预审公告后，原告顺利通过资格预审，应邀参加投标，并且按照第一被告发出的投标邀请书的指示，以 1 000 元的价格向第二被告购买了招标采购项目的招标文件。招标文件写明，投标文件递交的截止日期是 2007 年 7 月 14 日 10 时，采购人将于同一时间举行公开招标的开标仪式。

原告为竞标先后聘请了数位国外工程技术方面的专家和资深人士对招标项目的采购项目进行论证。但是，2007 年 7 月 23 日原告收到了被告发出的竞争性谈判采购方式的邀请函。其内容是：截至招标文件规定的提交时间，仅有两家投标供应商提交了投标文件，造成本次公开招标项目流标，经协商，将公开招标项目改为竞争性谈判的采购方式。

原告认为，被告方在招投标过程中的做法严重违反了法定招投标程序，触犯了《政府采购法》的强制性规定，违反了公平、公正、诚实、信用的招投标原则，严重侵害了原告方的利益，给原告带来了巨大的经济损失。

被告庭前答辩认为，最终确定竞争性谈判的采购方式是因为供应商不足引起的流标而导致的，而且采购人不属于《政府采购法》所规定的主体范围，不能适用《政府采购法》的相关规定。原告未能在规定的时间里参加竞争性谈判，被告方最终选了另一家公司作为供应商，没有违反任何法定程序，无须承担赔偿责任。

综 合 练 习

一、选择题

(一) 单选题

1. 实际消费或使用产品或服务的人是(　　)。

A. 购买者　　B. 影响者

C. 决策者　　D. 使用者

2. 某消费者在购买产品时，所拥有的商品信息主要是通过电视广告来获取的，则该消费者收集信息的来源属于(　　)。

A. 个人来源　　　　B. 商业来源
C. 大众来源　　　　D. 经验来源

3. 企业最高管理层决定推出某种新产品，因而需要采购生产这种新产品的新设备和原料，这种认识需要由 (　　) 引起的。

A. 内部刺激　　　　B. 直接刺激
C. 间接刺激　　　　D. 外部刺激

4. 采购人员看广告或参加展销会等，发现了更物美价廉的其他公司的产品，这种认识需要由 (　　) 引起的。

A. 内部刺激　　　　B. 直接刺激
C. 间接刺激　　　　D. 外部刺激

5. 中间商决定只经营某一家制造商的产品，这属于 (　　) 决策。

A. 独家配货　　　　B. 广泛配货
C. 专深配货　　　　D. 杂乱配货

6. 中间商决定经营许多家制造商生产的同类产品的各种型号规格，这属于 (　　) 决策。

A. 独家配货　　　　B. 广泛配货
C. 专深配货　　　　D. 杂乱配货

7. 中间商决定经营种类繁多、范围广泛但尚未超出行业界限的产品，这属于 (　　) 决策。

A. 独家配货　　　　B. 广泛配货
C. 专深配货　　　　D. 杂乱配货

8. 中间商决定经营范围广泛且没有关联的多种产品，这属于 (　　) 决策。

A. 独家配货　　　　B. 广泛配货
C. 专深配货　　　　D. 杂乱配货

9. 在影响产业购买者做购买决策的一系列因素中，一个国家的经济前景、市场竞争、政治法律等情况属于 (　　)。

A. 环境因素　　　　B. 人际因素
C. 个人因素　　　　D. 组织因素

10. 在影响产业购买者做出购买决策的一系列因素中，企业的目标、政策、步骤、组织结构、系统等属于 (　　)。

A. 环境因素　　　　B. 人际因素
C. 个人因素　　　　D. 组织因素

11. 在影响产业购买者做出购买决策的一系列因素中，使用者、影响者、采购者、决定者和信息控制者等属于 (　　)。

A. 环境因素　　　　B. 人际因素
C. 个人因素　　　　D. 组织因素

12. 在影响产业购买者做出购买决策的一系列因素中，各个参与者的年龄、受教育程度、个性等属于 (　　)。

A. 环境因素　　　　B. 人际因素

C. 个人因素　　D. 组织因素

13. 具体使用购买的某种产业用品的人员是企业组织中的（　　）。

A. 影响者　　B. 信息控制者

C. 决策者　　D. 使用者

14. 会计、统计、计划部门的统计数字、报表、原始凭证、会计账目、分析总结报告等属于（　　）。

A. 企业职能管理部门提供的资料　　B. 竞争对手提供的资料

C. 其他各类记录　　D. 企业经营机构提供的资料

15. 对是否买、为何买、如何买，何处买等购买决策作出完全或部分最后决定的人是（　　）。

A. 购买者　　B. 影响者

C. 决策者　　D. 发起者

（二）多选题

1. 下列商业信息中，属于大众来源的有（　　）。

A. 大众传媒　　B. 消费评估组织

C. 邻居　　D. 家人

2. 在购买决策的过程中，他人态度的影响力取决于（　　）。

A. 他人否定态度的强度　　B. 他人与消费者的关系

C. 他人的专业水平　　D. 他人的经验

3. 产业购买者作购买决策时受（　　）等一系列因素的影响。

A. 环境　　B. 组织

C. 人际　　D. 个人

4. 消费者认识需要是由（　　）引起的。

A. 内部刺激　　B. 正面刺激

C. 负面刺激　　D. 外部刺激

5. 中间商的主要购买决策包括（　　）。

A. 配货决策　　B. 供应商组合决策

C. 供货条件决策　　D. 库存决策

6. 中间商的配货战略主要有（　　）。

A. 独家配货　　B. 专深配货

C. 广泛配货　　D. 杂乱配货

7. 政府采购可以采用（　　）等方式实现。

A. 招标　　B. 竞争性谈判

C. 邀请报价　　D. 采购卡

二、简答题

1. 政府采购可以通过哪些方式实现？

2. 投标招标有哪些主要步骤？

第十章 商务洽谈

第一节 市场谈判策略

本节主要内容

- 市场让步策略的原则
- 主要的谈判让步方式
- 阻止对方进攻的策略
- 驾驭谈判进程

让步策略是指在商业谈判中双方或多方就某一个利益问题争执不下时，为了促成谈判成功，一方或多方采用的放弃部分利益为代价的谈判策略，主要用于解决一些棘手的利益冲突问题。例如，房东与承租人之间的房租问题；在国际贸易中的交货期长短问题；最终的价格条款的谈判问题等。恰当地运用让步策略是非常有效的工具。

一、市场让步策略的原则

1. 以小换大

为了达到以小换大的目的，要事先充分准备在哪些问题上与对方讨价还价、在哪些方面可以做出让步、让步的幅度有多少。不要做无谓的让步，应体现出对己方有利的宗旨。每次让步或是以牺牲眼前利益换取长远利益，或是以己方让步换取对方更大的让步和优惠。

2. 慎重让步

在未完全了解对方的所有要求以前，不要轻易做任何让步。盲目让步会影响双方的实力对比，让对方占有某种优势，甚至会使对方得寸进尺。让步要让在刀刃上，让得恰到好处，能使己方以较小的让步获得对方较大的满意。

3. 分清轻重缓急

在己方认为重要的问题上力求使对方先让步，而在较为次要的问题上，根据情况需要，己方可以考虑先做让步；己方的让步形态不要表现得太清楚。每个让步都应该指向可能达成的协定，可是不能让对方看出己方的目标所在；不要做交换式的让步。

4. 后发让步

在准备让步时，尽量让对方开口提出条件，表明其要求，先隐藏自己的观点、想法；

一次让步的幅度不宜过大但也必须足够，节奏也不宜太快，应做到步步为营；没有得到某个交换条件，永远不要轻易让步。不要免费让步，或是未经重大讨论就让步。如果得不到一顿晚餐，就得到一个三明治；如果得不到一个三明治，就得到一个许诺。

5. 敢于说“不”

不要不敢说“不”。大多数人都不敢说不，只要重复说，对方就会相信你是认真的，要坚持立场；让步的目标必须反复明确。让步不是目的，而是实现目的的手段。任何偏离目标的让步都是一种浪费。让步要定量化，每次让步后，都要明确让步已到何种程度、是否获得了预想的效果；不要执着于某个问题的让步。整个合同比各个问题更重要。要向对方阐明：各个问题上所有的让步要视整个合同是否令人满意；在接受对方让步时要心安理得。不要一接受对方让步就不好意思，就有义务感、负债感，马上考虑是否做出什么让步给予回报。不然，争取得到的让步就没有什么意义了。

二、常见的八种让步策略

1. 第一种让步策略

第一种让步策略是一种在让步的最后阶段一步让出全部可让利益的让步方法。该策略给对方的感觉是一直没有什么妥协的希望，因此也有人称之为坚定的让步策略。如果买方是一个意志比较软弱的人，当卖主采用此策略时，买主可能早就放弃讨价还价了，因而得不到利益；如果买主是一个意志坚强、坚持不懈、不达目的不罢休的人，那么买主只要不断地迫使对方让步，即可达到目的，获得利益。这种策略在运用时，买卖双方往往都要冒着形成僵局的危险和可能。

这种让步策略的特点是在最后时刻才能知道结果。其优点是传达己方坚定的信念，让对方有险胜感，留下出手大方的好印象。但该策略风险性较大，适用于投资少、依赖性差的情况。

2. 第二种让步策略

第二种让步策略是一开始就拿出全部可让利益的策略。这种策略容易促成和局，给对方以合作感、信任感，有利于获取长远利益，降低洽谈成本。但它也会提高买主期望值，降低获取利益的机会，容易造成僵局。该策略适用于己方处于劣势或双方关系较友好的情况。

3. 第三种让步策略

第三种让步策略是一种等额地让出可让利益的让步策略。此种方法只要遇到耐心等待的买主，就会不断鼓励买主期待进一步的让步。

等额让利是该策略的特点。其优点是卖方不易被买方占便宜，可做到利益均沾，易使卖方占上风；缺点是易让双方产生厌倦感，还会提高谈判成本，传递负面信息，适用于一般的商务洽谈。

4. 第四种让步策略

第四种让步策略是一种先高后低，然后又拔高的让步策略。其特点是形式比较灵活，富有变化，能传递可合作信息，使己方获取较大利益。但这种策略不利于友好合作关系，容易留下不好的印象，适合洽谈高手使用。

5. 第五种让步策略

第五种让步策略是一种从高到低的，然后又微高的让步策略。这种让步策略往往可以显示出卖主的立场越来越坚定，表示卖主虽愿意妥协，但是防卫严密，不会轻易让步；也告示买主，可挤的东西越来越少了，到最后，常以一个适中的让步结束洽谈。

该策略的特点是合作为首，竞争为辅。其优点是成功率高，易达成协议；缺点是进攻性强，易显得诚心不足，适用于以合作洽谈为主的情况。

6. 第六种让步策略

第六种让步策略是一种由大到小、渐次下降的让步策略，即先让出较大的利益，然后再逐期减让，到最后一期让出较小的利益。该策略的特点是由大到小，渐次下降，符合规律，易被接受，有利于促成和局，不会产生失误，双方利益均沾，但会出现双方情绪不高，谈判氛围比较乏味的现象，适合商务洽谈的提议方。

7. 第七种让步策略

第七种让步策略是开始时大幅度递减，但又出现反弹的让步策略。此种策略是在初期让出绝大部分可让的利益，以表示己方的诚意的一种技巧。该策略的优点是易换得对方较大的回报，收效不错；缺点是易导致僵局或败局，适用于己方处于不利地位，但又急于获得成功的洽谈的时候。

8. 第八种让步策略

第八种让步策略是一种在起始两步全部让完可让利益，三期赔利相让，到四期再讨回赔利相让部分的洽谈策略。此种策略在洽谈中是最具有特殊性的一种让步策略，也是最富有戏剧性的一种策略。它的风格果断诡诈，具有冒险性。其优点是可逆转谈判结果，容易促成和局；缺点是会强化对手议价能力，损害己方利益，风险高，适用于陷于僵局或危难性的洽谈。

三、阻止对方进攻的策略

商务洽谈中让步是必须的，没有适当的让步，洽谈就无法进行下去。但事实上，洽谈的任何一方都不可能一味地让步，因为这是根本不现实的，也是有害于己方利益的，因此，必须掌握一些能够阻止对方进攻的常规策略。

1. 利用限制性因素

限制性因素是人们用以阻止对方进攻的上策，可谓坚固的盾牌。

在商务洽谈过程中，如果遇到对方的有力进攻而又无法充分地予以回击时，为了避免让步，保卫本方的利益，可以以受到某种客观因素或条件的制约而无法满足对方的要求为理由，拒绝对方的要求，从而使得这种客观因素对本方的限制，转变成对方进攻的限制，因而是阻止对方进攻的上策。常用的限制性因素主要有权利限制因素和资料限制因素，也有其他方面的一些限制性因素。

(1) 权力限制因素。就一般情况而言，参加商务洽谈的所有人员，其所拥有的权力都是有限的。这种权力的大小主要取决于三个方面：一是上司的授权，二是国家的法律和公司的政策，三是一些贸易惯例。其实，在某种意义上，一个在权力上受到限制的洽谈人员要比大权独握、一个人即可拍案签约的洽谈人员处于更有利的地位。在商务洽谈中，受到限制的权力才是真正的权力。

在我方以权力限制为借口阻止对方进攻时，对方往往十分烦恼，因为这时他只有三种选择：一是根据我方权限来考虑停止进攻，接受这笔交易；二是既然我方不能满足他的要求，那就去找权力更大的上司；三是由于我方权力太小，因而只好中止洽谈而使交易宣告结束。

洽谈经验告诉我们，任何一位在洽谈桌上声明自己可以做出一切决定的洽谈者，都是不聪明、不理智的举动，是很危险的。因为这时如果对方指出确实而充分的理由要求其让步时，他的权力就只能使他接受让步，而无理由找借口来回绝了，这其实等于丢掉了自己的保护伞，是不可取的。

(2) 资料限制因素。当对方要求我们就某一个问题进行进一步解释，或要求我方让步时，我方可以用抱歉的口气告诉对方：实在对不起，有关这个问题方面的详细资料我方手头暂时没有，或者没有备齐，或者这属于本公司的商业机密，概不透露，因此暂时还不能做出答复。

利用资料限制因素来阻止对方进攻的策略也不能经常使用，经验证明使用的频率与效率是成反比的。

(3) 其他方面的限制因素。除了常用的权利限制因素和资料限制因素以外，人们还常用自然环境、人力资源、生产技术要求、时间因素等来作为阻止对方进攻的工具，在运用得当的时候，其效果也非常不错。

2. 以攻对攻

洽谈实践告诉我们：只靠防守是不能有效地阻止对方的进攻的，因此，有时还需要以进攻来对付对方的进攻，从而达到阻止对方进攻的目的。

运用以攻对攻的策略来阻止对方进攻的基本做法是：当对方就某一个问题逼我方让步时，我们可以将这个问题与其他问题联系在一起加以考虑，在其他问题上要求对方做出让步，从而达到以攻对攻的效果。

四、驾驭谈判

如何使谈判工作得以进一步的深入，是驾驭谈判进程的关键。要想成功地展开谈判工作，需要掌握以下几个方面的策略与技巧。

1. 准备阶段的驾驭

作为主谈人，应抓好以下两项工作；

(1) 始终抓住谈判对手，以保证信息畅通。

(2) 请对方将其具体要求写成“正式的文字”。

2. 首场开场的驾驭

作为主谈人首先应该清楚该做的第一件事就是：介绍本方在场人员，以便双方相互得知与谁对话，即双方各自的参谈人员都有谁。接下来需要回顾双方往来的背景，包括信函往来和电传往来等，以反映双方所持的立场。再就是要引导对方共同确定洽谈目标，即谈判的内容及程序，使双方有共同的节奏和工作目标，为下一步谈判开好头。

首场开场要努力营造友好、合作的气氛。

首场开场白的内容要依谈判繁简而定，时间一般是可长可短，切忌给人以松垮懈怠之感。

3. 续场开场的驾驭

对于双方紧张情况下的续场，其开场时要讲求技巧。首先应缓和一下紧张的气氛，然后再进行下一步的内容。缓和气氛大致有两种可行的方式，即设问式和列账单式。

(1) 设问式即采用汉语中设问句的方式来缓和气氛。

(2) 列账单式即采用将未解决的问题一一列出的方式来缓和紧张气氛。

4. 谈判过程的驾驭

作为主谈，要想成功地展开洽谈工作，需要掌握以下几个方面的策略与技巧：

(1) 明确达到目标需要解决多少问题。为了很好地驾驭谈判的进程，主谈必须明确达到目标需要解决的问题有哪些。不论大小问题均应仔细考虑到，不可遗漏。

(2) 抓住分歧的实质是关键。因为不同的人的文化修养和个性品格各不相同，故在谈判中，对于同一个问题的回答往往会有多种策略和技巧，有时也会让他人难以理解，甚至出现离题太远的现象。这就需要谈判人员能够抓住分歧的实质，把握住洽谈发展的方向，切忌在慌乱中迷失方向，误入歧途。谈判人员还应具备平息混乱的能力，进一步清晰明确洽谈的思路，促使谈判向目标方向发展。具体而言，应采取如下措施：

① 善于及时清理已有的各种观点。通过清理可以告诉洽谈成员，哪些是有关的，哪些是无关的，以示保留和重视有关的观点。

② 对于有关的问题，要善于指出各种观点的分歧点。对于具体共同点的各种问题要善于对其进行合并同类项，从而归纳出真正的分歧点。

③ 对分歧点的实质性进行分析。通过论证要提出分歧所反映的实质，以使后面的谈判能够击中要害。

④ 提出应该讨论的新问题。根据分歧所反映的实质，抓住围绕实质的有关方面，从而找到为解决实质性分歧的有关问题，以便进一步加以解决。

(3) 不断小结谈判成果，并能够提出任务。及时小结谈判成果是提高谈判效果的重要手段。无论谈判千变万化，所涉及之处应有一定的目的，一旦通过了一些问题，应及时检查效果并对其做出评价和结论，同时认证该结论是否双方一致同意。若是，则应予以小结，作为一个问题的结束。不是，则尚需进一步磋商。通过这样做可达到两个目的：一是向大家展示劳动成果，以振奋士气；二是避免重复劳动，浪费时间和精力。

(4) 掌握谈判的节奏。谈判的节奏主要反映在时间的长短和问题安排的松紧程度两个方面。谈判展开后，双方条件已经亮出，何时争，何时让，争什么，让什么都有个节奏问题。洽谈时态度强硬与否，谈判时间安排得紧或松也是节奏问题。实践证明，谈判的节奏会直接影响谈判的效果。

在谈判的初期，谈判的节奏应基于一个“快”字。在谈判的中期，谈判的节奏要稳健。在谈判的后期，谈判节奏要快慢相结合。

5. 收尾阶段的驾驭

谈判收尾主要是指谈判的结束方式，包括每一场谈判的结束方式和整个谈判的结束方式。

谈判的终极目标是达成一个令相关各方均受益的长期协议。在与潜在客户进行谈判时，以下六个策略有助于双方建立更为牢固的关系。

(1) 有耐心。许多谈判人员脸上都刻着“饥渴”二字，对方一眼就可以看出。他们因此知道只要略施心思，故意拖延一下，你一定会给出更好的条件。因此，要做的就是淡定。

(2) 会提问。通过提问了解对方的需求，厘清所面对的问题，然后考虑有无别的备选方案。有效的问题可以引导大家集思广益，并促使双方之间相互更加理解。

(3) 倾听。认真听对方的发言，在做出回应前细细揣摩其背后的意思。不要随意打断或反驳对方。保持开放的心态有助于发现新的战略和技巧，以便进一步推动双方之间的合作关系。

(4) 透明化。沟通透明化，避免使用技术术语和行话。作为谈判人员，其任务是把什么都说得清清楚楚，而不要在双方之间筑起一堵墙。

(5) 保持中立。不要随意做价值判断，而应使用中立、描述性的词语。不要自诩为老师，而要把自己当作是一个帮助对方发现并解决问题的探索者。

(6) 创意。当对方纠结于价钱时，开动脑筋想想别的办法。例如，给对方提供额外服务，提供团购价等。

第二节　控制回避市场风险

本节主要内容

- 商务活动中的风险分析
- 预测和控制商务风险
- 回避商务风险

一、商务活动中的风险分析

商务活动进行过程中以及商务洽谈活动当中，都实实在在地存在着商务风险。我们一方面要努力寻找增加双方共同收益，减少双方风险的途径；另一方面要虚心学习，谨慎从事，尽可能避免由于商务活动经验不足、自身企业机制不够完善等原因所带来的风险；再就是要提高警惕，提倡公平合理地分担风险；增强防范某些国内外客商趁机转嫁风险的意识，最终使风险能降低到最低程度。

1. 商务活动中的非人员风险

商务活动中的非人员风险包括政治性风险、系统性风险等。

1) 政治性风险

涉及国家主权、政权、制度和意识形态稳固的，带有根本性风险的称为政治风险。经济作为社会生活的基础，决定着政治格局，而政治反过来又推动或抑制着经济的发展。古往今来，两者之间的这种辩证关系不断反映在国际政治、经济生活之中。

2) 系统性风险

系统性风险指由整体政治、经济、社会等环境因素对证券价格所造成的影响。系统性风险包括汇率风险、利率风险、价格风险等。这种风险不能通过分散投资加以消除，因此又被称为不可分散风险。

(1) 汇率风险。汇率风险是指在较长的付款期限内，由于汇率变动而造成结汇损失的风险。

(2) 利率风险。利率是金融市场的杠杆。利率的变动制约着资金的供给与需求的方向和数量。所谓利率风险是指国际金融市场上，由于各种商业贷款利率的变动而可能给当事人带来损益的风险。

(3) 价格风险。这里所指的价格风险是从狭义的角度来理解的。它撇开了作为外汇价格的汇率和作为资金价格的利率的风险问题。而且，它主要是对于投资规模较大，延续时间较长的项目而言的。

2. 商务活动中的人员风险

在商务活动中，人员风险主要有素质性风险、技术性风险、强迫性要求造成的风险等。

1) 素质性风险

人员素质性风险主要表现为以下几个方面：

(1) 有些谈判人员在谈判中表现出急躁情绪；

(2) 有些谈判人员不敢担负责任；

(3) 有些谈判人员刚愎自用，自我表现欲望过强；

(4) 有些谈判人员缺乏必要的知识，又没有充分地调查与研究，也没有虚心地向专家请教，因此也会带来风险。

2) 技术性风险

商务谈判中技术性风险所反映的内容很多。比如技术项目本身的风险、过分奢求引起的风险、合作伙伴选择不当引起的风险等。总之，技术性风险主要就是技术项目本身和谈判中技术操作不当而可能带来的风险。

实践证明，只有选择了合适的伙伴，才有可能保证项目合作达到预定目的。特别是对于那些重要的、敏感的工程，更要寻找信誉良好、有实力的合作伙伴，而且为此承担稍高的合同价格也是完全值得的。相反，合作伙伴选择不当，不但会使项目在合作进程中出现一些难以预料甚至难以逆转的困难，造成不可挽回的损失，而且在项目尚未确定之时，就有可能蒙受机会成本的损失。

3) 强迫性要求造成的风险

发展中国家在国际商务谈判中采取“强迫”的做法源于“过分奢求”的思想。事实上，当奢求的愿望变得愈加强烈，并且自恃有利地位逐步在态度上变得强硬起来时，“强迫”也就伴随而生了，与此同时，风险也就出现了。

二、预测商务风险

所谓风险的回避并不意味着完全消灭风险，我们所要回避的是风险可能给我们商务活动造成的损失。这一方面要降低这种损失发生的几率，即主要是指采取事先控制的措施，另一方面，降低损失程度，包括事先预防和事后补救两个方面的内容。

1. 纯粹风险和投机风险

商务风险不仅可以从宏观上区分为人员风险和非人员风险，同时还可以从微观上具体地区分为纯风险和投机风险两种，而且这两种风险往往是共存的。

纯粹风险包括损失或者充其量是收支相抵的情况。其后果只能对我们不利，或者让我们处于跟事件发生前一样的情况下。车祸、工厂的火灾、商场货物的偷窃或者工伤等，都是不能获利的纯粹风险。

与之相对的是投机风险，这种风险是有可能获利的。股票投资就是一个很好的例子。这种投资可能有损失或者可能收支相抵，但是投资的目的是获利。

纯粹风险是令人望而生畏的，投资风险具有诱人的特性。

2. 预测商务风险

风险预测是指在工作之前对工作过程中以及工作结果可能出现的事物异常进行预测，制定对策，从而预防事故发生的一种措施。准确的预测，不仅可以规避大量风险，即使风险真实发生，也可以在第一时间以有效的应对策略处理危机，有效减少风险引致的损失。

对商务风险的预测是商务活动的重要组成部分。风险预测是风险管理的重要组成部分，它是风险规避的基础。任何风险事件的发生，都是在外界各种因素的综合作用下进行的。因此，需要在对风险事件进行预测中，需要综合考虑考虑到这些不确定的、随机的因素可能造成的破坏性影响。

通常人员风险大多数比较容易预测，也比较容易控制。而对于非人员风险的预测往往难度比较大，因为其发生常会令人难以适从，只有采取事后补救的办法，但实际损失的绝大部分将是无可挽回的。

三、控制商务风险

1. 风险控制的内容

风险控制是指风险管理者采取各种措施和方法，消灭或减少风险事件发生的各种可能性，或风险控制者减少风险事件发生时造成的损失。风险控制的内容包括决策风险、项目可行性研究风险、决策体制风险、投资成本控制风险、投资体制风险、项目法人责任制风险、项目建设考核风险、项目建设后评估制度、投资前的风险控制措施、投资中的风险控制实施及风险发生后的补救措施、制定内部风险控制制度等方面。

2. 风险控制的方法

风险控制有完全风险回避、风险损失控制、风险转移、风险控制自留四种基本方法，具体如下。

1) 完全风险回避

完全风险回避即通过放弃或者拒绝合作，停止业务活动来回避风险源。虽然潜在的风险或者不确定的损失就此回避了，但是，获得利益的机会就此丧失殆尽。

2) 风险损失控制

损失控制不是放弃风险，而是制订计划和采取措施降低损失的可能性或者是减少实际损失。控制的阶段包括事前、事中和事后三个阶段。事前控制的目的主要是为了降低损失的概率，事中和事后的控制主要是为了减少实际发生的损失。

3) 风险转移

风险转移是指通过契约，将让渡人的风险转移给受让人承担的行为。通过风险转移过程有时可大大降低经济主体的风险程度。风险转移的主要形式是合同和保险。

(1) 合同转移。通过签订合同，可以将部分或全部风险转移给一个或多个其他参与者。

(2) 保险转移。保险是使用最为广泛的风险转移方式

4) 风险控制自留

风险自留，即风险承担。也就是说，如果损失发生，经济主体将以当时可利用的任何资金进行支付。风险保留包括无计划自留、有计划自我保险。

(1) 无计划自留。无计划自留指风险损失发生后从收入中支付，即不是在损失前做出资金安排。当经济主体没有意识到风险并认为损失不会发生时，或将意识到的与风险有关的最大可能损失显著低估时，就会采用无计划保留方式承担风险。一般来说，无资金保留应当谨慎使用，因为如果实际总损失远远大于预计损失，将引起资金周转困难。

(2) 有计划自我保险。有计划自我保险指可能的损失发生前，通过做出各种资金安排以确保损失出现后能及时获得资金以补偿损失。有计划自我保险主要通过建立风险预留基金的方式来实现。

四、风险管理

风险管理是指如何在一个肯定有风险的环境里把风险减至最低的管理过程。风险管理是社会组织或者个人用以降低风险的消极结果的决策过程，通过风险识别、风险估测、风险评价，并在此基础上选择与优化组合各种风险管理技术，对风险实施有效控制和妥善处理风险所致损失的后果，从而以最小的成本收获最大的安全保障。

风险管理 (risk management) 在降低风险的收益与成本之间进行权衡并决定采取何种措施的过程。确定减少的成本收益权衡方案 (trade-off) 和决定采取的行动计划 (包括决定不采取任何行动) 的过程成为风险管理。

1. 风险管理必须识别风险

风险识别是确定何种风险可能会对企业产生影响，最重要的是量化不确定性的程度和每个风险可能造成损失的程度。

2. 风险管理要着眼于风险控制

公司通常采用积极的措施来控制风险。通过降低其损失发生的概率，缩小其损失程度来达到控制目的。控制风险的最有效方法就是制定切实可行的应急方案，编制多个备选的方案，最大限度地对企业所面临的风险做好充分的准备。当风险发生后，按照预先的方案实施，可将损失控制在最低限度。

3. 风险管理要学会规避风险

在既定目标不变的情况下，改变方案的实施路径，从根本上消除特定的风险因素。例如设立现代激励机制、培训方案、做好人才备份工作等等，可以降低知识员工流失的风险。

风险管理能有效地对各种风险进行管理有利于企业作出正确的决策、有利于保护企业资产的安全和完整、有利于实现企业的经营活动目标，对企业来说具有重要的意义。

4. 风险管理的目标

风险管理是一项有目的的管理活动，只有目标明确，才能起到有效的作用。否则，风险管理就会流于形式，没有实际意义，也无法评价其效果。风险管理的目标就是要以最小的成本获取最大的安全保障。因此，它不仅仅只是一个安全生产问题，还包括识别风险、评估风险和处理风险，涉及财务、安全、生产、设备、物流、技术等多个方面，是一套完整的方案，也是一个系统工程。

第三节　试 行 订 约

本节主要内容

- 处理顾客异议
- 建议成交
- 签订交易合同

一、处理顾客异议

一般来说，在处理顾客异议时应遵循先认真听取顾客提出的异议，再适时回答顾客的异议的程序。

1. 认真听取顾客提出的异议

认真听取顾客提出的异议。面对顾客的异议时应注意以下几点：

(1) 有些顾客提出的异议是正确的，这时销售人员要虚心地接受，而不要强词夺理。

(2) 无论在什么情况下，都要避免与顾客发生争吵或冒犯顾客。

(3) 在回答顾客的异议时，要尽量简单扼要。

2. 适时回答顾客的异议

销售人员应根据销售环境的情况、顾客的性格特点、顾客提出的异议的性质等因素，来决定提前回答、及时回答、稍后回答，或是不予回答。

1) 提前回答

提前回答有以下几个优点：

(1) 销售人员主动提出顾客可能提出的异议，可以先发制人。

(2) 使顾客感到销售人员考虑问题非常周到。

(3) 使顾客感到销售人员非常坦率。

(4) 同一种异议，由销售人员主动提出并婉转地加以解决，则会大事化小，小事化了。

(5) 销售人员主动提出异议并自己解答，可以节省时间，提高销售的效率。

2) 立即回答

在顾客提出疑问的第一时间，就给出适宜的回答。这会令顾客被销售人员的专业和敬业所折服。其后的销售工作也会进展得非常顺利。但是这就要求销售人员在日常工作中注意相关信息的积累，并综合思考，甚至预判顾客在购物过程中会提出哪些疑问，并将合理的答案熟记于心。这样，才能做到对顾客异议的立即回答。

3) 稍后回答

稍后回答指对顾客提出的异议，稍后再予以回答。这种处理方式主要是出于以下几种原因：销售人员认为顾客提出的异议比较复杂，无法回答顾客的意见或需要搜集资料；随着销售业务的进一步深入，顾客提出的异议将不答自解；销售人员认为若立即回答顾客的异议会影响销售工作的顺利进行；销售人员认为顾客的问题无关紧要。

4) 不予回答

对于顾客由于心情欠佳等原因提出的一些异议或与购买决策无关的异议等，销售人员可以不予回答。

二、建议成交

建议成交是指令顾客同意购买企业商品的策略，包括请求成交法、局部成交法、假定成交法、选择成交法等。

(1) 请求成交法是一种最简单的建议成交的方法，也叫直接成交法。它是指在接到顾客购买信号后，用明确的评议向顾客直接提出购买建议，以求适时成交的方法。

(2) 局部成交法又叫小点成交法，是销售人员利用局部成交来促成整体成交的一种策略。

(3) 假定成交法，也叫假设成交法，即在尚未确定成交，对方仍持有疑问时，销售人员就假定顾客已接受销售建议而直接要求其购买的一种策略。

(4) 选择成交法是销售人员向顾客提供几种可供选择的购买方案来促成交易的策略。

(5) 限期成交法是指销售人员通过限制购买期限从而敦促顾客购买的方法。

(6) 从众成交法是指销售人员利用大众购买行为促进顾客购买的方法。

(7) 保证成交法是指销售人员向顾客提供某种成交保证来促成交易的方法。

(8) 优惠成交法是指销售人员通过提供某种优惠条件来促成交易的方法。

(9) 最后成交法是指销售人员通过告知顾客，现在是购买最为有利的时机来促成交易的办法。

(10) 激将成交法指销售人员用激将的语言刺激顾客购买，来促成交易的方法。

(11) 让步成交法是指销售人员在成交的关键时刻退让一步来促成交易的方法。

(12) 饥饿成交法是通过让产品处于一种供不应求的状态来促成交易的方法。

三、签订交易合同

商务谈判以签订交易合同为目标，签订交易合同时应注意以下几点。

1. 巧用场外交易

场外交易是指谈判双方在谈判桌以外的某些场合，比如酒宴上、娱乐场所等，对谈判中的某些问题取得谅解和共识，从而促进和完成交易。

2. 规范合同的条款

合同条款细节应当维护公司的利益，将商品或服务的规格、数量、质量等列明，并且预判商业活动中可能会出现的纠纷，事先将纠纷的解决途径协商后约定明确。

3. 成交后的注意事项

签订合同后，销售人员还应做好几项工作：为双方举行商务宴会庆祝谈判成功，并且与对方谈判人员培养相互信赖的合作伙伴关系，争取在未来的商业活动中可以合作，互利共赢。

4. 成交失败的注意事项

销售人员要清楚成交失败的关键原因是什么，总结失误点，避免在谈判对手面前失态。可以诚恳地向对方请教，吸取教训，在未来的谈判中努力实现既定谈判目标。

第四节　货　品　管　理

本节主要内容

- 订购决策
- 商品检验
- 终端管理

一、订购决策

1. 订单的报价方式

在实际操作过程中，订单的报价方式不外乎直接报价法和估价报价法两种。

(1) 直接报价法。在客户对产品产生购买愿望并询问产品价格后，直接告知客户产品的价格是多少。

(2) 估价报价法。如果客户需要的产品企业库存里没有，必须根据客户的具体要求为客户量身定做，那么，只能在复杂、准确的估价后才能向客户报价，这就是估价报价法。

2. 订单的管理流程

企业的订单管理流程大致上可以分为以下两大类：

(1)“存货生产方式”的订单管理流程。现实中，大多数企业的订单管理流程都采用这种方法，即企业用自己库存中的商品来满足客户的需求。

(2)“订货生产方式”的订单管理流程。根据客户的订单需求进行生产的方式，即“订货生产方式”的订单管理流程。这种方式是在接收到订单后，才开始生产，所以可以很好地控制成本。基于此方法，国内外的许多企业纷纷提出了“零库存”和“个性化定制”的概念。

3. ABC 分类管理方法

ABC 分类管理方法就是将库存物资按重要程度分为特别重要的库存 (A 类库存)、一般重要的库存 (B 类库存) 和不重要的库存 (C 类库存) 三个等级，然后针对不同的级别分别进行管理和控制。

(1) 如何进行分类。具体地说，A 类库存品种数目少但资金占用大，即 A 类库存品种约占库存品种总数的 5%～20%，而其占用资金金额占库存占用资金总额的 60%～70%。C 类库存品种数目大但资金占用小，即 C 类库存品种约占库存品种总数的 60%～70%，而其占用资金金额占库存占用资金总额的 15% 以下。B 类库存介于两者之间，B 类库存品种约占库存品种总数的 20%～30%，其占用资金金额大约占库存占用资金总额的 20% 左右。

(2) 如何进行管理。A 类库存最为重要，是最需要严格管理和控制的库存。对 B 类库存一般进行正常的例行管理和控制。C 类库存，则一般进行简单的管理和控制。

4. 订货方式的选择

常见的订货方式一般有定量订货方式和定期订货方式两种。

定量订货方式是指当库存量下降到预定的最低库存数量 (订货点) 时，按规定数量进行订货补充的一种库存管理方式。

定期订货方式是指按预先确定的订货间隔期进行订货补充库存的一种库存管理方式。

5. 最佳订购量的确定

最佳订购量，又叫经济订购量。订货处理成本与存货占用成本随着订购量的不同而改变。单位订购本随订购量的增加而降低，单位占用成本随订购量的增加而提高，因为订购量越多，每单位的存储时间越长。假定成本取决于订购量 Q(数量)、单位成本 C(金额) 每年的占用成本占单位成本的百分比 2(%)、每次订购处理成本 S(金额) 和每年需要量 D(数量)。从中可以得出三个变量：平均存货量 $Q/2$，每年订货次数 D/Q 和每年每单位占用成本 IC。则成本 T 为

$$T = \text{每年订购成本} + \text{每年占用成本}$$

T = 每年订购次数 × 每次订购处理成本 + 平均存货量 × 每单位占用成本

使用微分，可得总成本最低的经济订购量 Q^*。

二、商品检验

商品质量检验的方法主要有感官检验法、理化检验法、现代仪器检测法三种。

1. 感官检验法

感官检验法指借助于人的感觉器官对商品的外形、色泽、气味、滋味、透明度、在外力作用下商品体发出的声音和软硬感觉等的审查，来判断商品质量的方法。根据人们在检验时利用的感觉器官，商品感官检验可分为味觉检验、嗅觉检验、视觉检验、听觉检验和触觉检验。

2. 理化检验法

理化检验法是利用各种一般的仪器、器具和试剂以物理、化学或生物学的方法检测商品质量特性的方法。理化检验法可分为物理检验法、化学检验法和生物学检验法等。

(1) 物理检验法。物理检验法按使用的仪器、器具和待测商品体特性的不同，可分为度量衡检验法、光学检验法、热学检验法和机械性能检验法。度量衡检验法是利用度量衡器对商品体的长度、体积和相对密度进行测量的方法。光学检验法是利用简单的光学仪器，对商品的物理性质、成分或品质缺陷进行检测的方法。热学检验法是通过对商品体加热或降温，商品体是否发生破损、性能变化情况，以及物态发生变化时的温度，来检验商品的品质和商品是否纯正的方法。机械性能检验法是利用机械仪器测定商品体机械性能的检测法。

(2) 化学检验法。化学检验法是使用化学仪器、化学试剂，采用定性分析、定量分析或者合同或标准中规定的方法，分析商品所含化学成分的种类、数量和性质，以确定商品品质的方法。

(3) 生物学检验法。生物学检验法有微生物检验法和生理学检验法。微生物检验法是对商品及其包装容器中有害微生物是否存在，存在的种类和数量进行检验的方法。生理学检验法用于测定食品的可消化率、发热量及维生素和矿物质的含量，以确定食品营养价值。

3. 现代仪器检测法

现代仪器检测法指采用现代仪器分析法对商品的成分和含量，其内部结构和表面状态以及混入的微量或限量杂质进行检验的方法。

三、终端管理

1. 终端管理决策

终端销售管理需做到以下几点：

(1) 选择适宜的终端类型；

(2) 争取店方的合作；

(3) 增加人力的支持；

(4) 提高促销的整体配合。

2. 终端人员管理

企业对终端工作人员的管理表现在以下几个方面：

(1) 严格报表管理；

(2) 对终端人员进行培训；

(3) 进行终端监督；

(4) 搞好终端协调。

第五节　合同纠纷解决

本节主要内容

- 经济合同纠纷产生的原因
- 经济合同纠纷的协商
- 经济合同纠纷的调解
- 经济合同的仲裁
- 经济合同的审理

一、经济合同纠纷产生的原因

经济合同纠纷发生的原因是多方面的，据有关材料和有关部门的反映，其原因主要表现在以下几个方面。

1. 企业合并分立合同纠纷

(1) 企业分立合同纠纷指一个企业在将企业分为两个或两个以上企业的过程中，因当事人之间有关企业分立合同的签订、效力、履行等问题发生的民事纠纷。

(2) 企业合并合同纠纷指因企业合并导致当事人事先签订的有关合同的效力、履行、违约责任等条款的履行出现实际问题，而引发的民事纠纷。

2. 合同虚假、欺骗

当事人之间缺乏了解，盲目签订合同，造成不具有资格的当事人签订合同甚至产生欺诈活动的，或者与没有或者缺乏履行能力的一方签订合同，会导致合同纠纷的产生。

3. 单方不履行

当事人法治观念淡薄，无视经济合同的严肃性，随意更改、变更、撕毁合同也会产生经济纠纷。

4. 履行内容与合同内容不符

履行内容与合同内容不符包括：因标的质量、包装不合格而发生经济纠纷；合同签订时，标的约束不明确，在履行合同时依据不确定，发生的相互扯皮的现象。因这种情况产生的经济纠纷较多、较为常见，也比较难解决。

5. 买卖产品与付款不同步

由于拒付或者少付款或者少付酬金，逾期付款，产品价格变动等原因导致经济纠纷的发生。这一类纠纷，不少是需方收到供方提供的产品后，拒付或者少付所引起的。

6. 表见代理

表见代理，即虽然行为人事实上无代理权，但是相对人有理由相信行为人有代理权，而与其进行法律行为，其行为的法律后果由被代理人承担的代理行为。企业下属的部门负责人或者专职业务人员如采购员、推销员，带着企业的空白合同到处签订合同而无法履行，会导致经济纠纷的发生。

7. 超范围，超职权

有的企业超出自己的设备能力和自己能力签订合同，以至于不能按期、按质量交货而导致经济纠纷。

8. 违反公平诚实信用原则

有的企业和单位用影响力、名气等以大压小、以大欺小的手段强迫对方签订“霸王合同”以及中小企业或者集体所有制企业为了维护关系不得已签订合同产生的经济纠纷都属于这一类。

怎样解决合同纠纷呢？可根据《中华人民共和国民法典》的合同编的相关规定解决，还可以本着平等、合作、互惠互利的原则协商解决。协商不成时，任何一方均可向国家规定的合同管理机构进行调解或者申请仲裁，也可以直接向人民法院起诉。概括来讲，对经济合同纠纷的处理，可以采取协商、调解、仲裁和审理四种方式。

二、经济合同纠纷的协商

协商解决是由经济合同当事人双方在自愿互谅的基础上，按照法律和行政法规的规定，通过摆事实讲道理解决纠纷的一种办法。自愿、平等及合法是协商解决的基本原则。协商解决的特点在于简便易行，能及时解决纠纷，有利于双方的协作，便于协议的执行。但由于协商必须在双方自愿的基础上进行，构成经济合同纠纷的分歧较大时，协商解决经济合同纠纷的方式往往受到局限。

双方当事人在协商解决经济纠纷的过程中要注意以下几点：

(1) 双方态度要端正诚恳。双方应本着与人为善，解决纠纷的态度协商解决；本着实事求是的精神，既不缩小自己的责任，也不能扩大对方的责任。

(2) 通过协商达成的协议，一定要符合国家的法律和法规和政策。否则即使达成了协议也无效。为此，各个经济组织，都应是执行政策、法令的规范，任何违反政策、法令的行为都是不允许的。对在合同中具有的欺诈、欺骗等违法行为，要坚决打击、坚决揭露。

(3) 协商解决纠纷一定要坚持原则，决不允许损害国家和集体利益，特别是不能影响国家计划的完成。

(4) 协商一致应在平等的前提下进行，签订合同的双方当事人，在法律地位上是平等的，决不允许任何一方有特权，坚决反对以大压小、以强欺弱，对只要求对方履行义务，不规定自己的责任的“霸王条款”应予以抵制。

(5) 在协商解决合同纠纷中，还要防止拉关系、搞私利等不正之风。

三、经济合同纠纷的调解

经济合同纠纷的调解是经济合同当事人在第三人的主持下，通过其劝说引导，在互谅互让的基础上达成协议，以解决争议的一种方式。调解的原则也是自愿、平等、合法。实践中，依调解人的不同，经济合同调解有民间调解、行政调解、仲裁机构调解和法庭调解。

1. 调解方式

(1) 民间调解。民间调解是指当事人临时选任的社会组织或个人作为调解人对经济合同进行调解。

(2) 行政调解。行政调解是由有关主管部门作为调解人对经济合同进行的调解。

(3) 仲裁机构调解。仲裁机构调解指在仲裁机构进行的由仲裁庭主持对经济合同的调解。仲裁机构调解成功，应制作调解书，由双方签字，调解书一般与裁决书具有同等效力。

(4) 法庭调解。法庭调解指由法院主持进行的调解。我国人民法院在审理经济合同纠纷案件时，可依当事人的请求，调解结案。法院调解成功，制作调解书，经双方当事人签收后，与生效的判决书具有同等的法律效力。

2. 行政调解程序

作为常见的一种调解方式，经济合同纠纷的行政调解程序一般包括当事人提出申请、行政调解部门受理、行政调解的进行、制作调解书、产生法律效力等步骤。

(1) 当事人提出申请。各方当事人持同意调解申请并交付合同文书以及有关的证据材料，供主持调解的行政部门掌握情况。当然，在一方向该部门反映情况时，该部门在征得全体当事人的同意后，也可以开始行政调解。

(2) 行政调解部门受理。行政调解部门受理指行政机关若确认报送的材料齐全且又在自己的法定权限范围内的即可受理。

(3) 行政调解的进行。主持调解的行政机关根据自由、自愿、平等、合法的原则，分清双方的是非责任，然后促成当事人之间达成调解协议。

(4) 主持调解的行政机关制作调解书。主持调解的行政机关制作调解书需要写明当事人的名称、合同纠纷的主要事实、当事人各方的过错责任、达成调解的协议的内容，最后由所有的当事人签字，调解的行政部门盖章。

合同纠纷后调解书是否有法律效力，完全取决于合同当事人双方。因为行政调解书从法律上看是无强制执行力和既判力的，当事人中任何一方都可以启动下一步更有力的权威性的程序(如仲裁或诉讼程序)。

3. 调解方法

合同关系多种多样，错综复杂，经济纠纷也必然是各式各样，解决纠纷应针对不同的情况，采取不同的调解方式。具体而言，常见的调解方法有：

(1) 当面调解；

(2) 现场调解；

(3) 异地合同共同调解；

(4) 通过信函进行调解；

(5) 分头解决和回合调解穿插进行；

(6) 根据需要分别采用开会调解和开庭调解。

调解解决经济合同争议，可以不伤和气，使双方当事人互相谅解，促进合作，维护当事人的合法权益，但这种方法受到当事人自愿的局限，如果当事人不愿调解解决，或调解不成时，则应采取仲裁或诉讼解决。

四、经济合同纠纷的仲裁

经济合同仲裁是指经济合同当事人之间发生纠纷，双方协商不成，根据一方当事人的申请，由经济合同仲裁机关依法作出具有法律约束力的裁决。

1. 经济合同仲裁的程序

1) 提出仲裁申请

经济合同仲裁申诉，是指经济合同发生纠纷时，一方或双方当事人向管辖的仲裁机关要求依法仲裁而保护自己合法权益的行为。申请仲裁必须具备一定条件：申诉人为必须与本案有直接利害关系的法人或其他生产经济组织及从事商品生产经营活动的农户、专业经营户；因经济合同未履行致使权益受到侵害的，均可向仲裁机关提出请求；有明确的被诉人，就是要确定谁侵犯了申诉人的权益，谁来履行合同而给其造成经济损失等；属于仲裁机关收案范围和受诉仲裁机关管辖的；不能超过申请仲裁的时效期限。

2) 接受仲裁申请

根据《民法典》合同编和《仲裁条例》的规定，当事人申请仲裁的时效期限和仲裁机关受理合同纠纷案件的期限一般以一年为限，超过法律规定期限的，一般不予受理。

3) 进行答辩

答辩要针对提出的仲裁请求一一予以答辩，表明是承认其请求，还是反对其请求，或部分承认部分反对。反对的或反驳的要有事实的证据。不作答辩的态度是不可取的，对自己也不利。中国国际经济贸易仲裁委员会《仲裁规则》第 12 条规定，被申请人应在收到仲裁通知之日起的 10 天内提交答辩书及有关证据。仲裁庭认为有正当理由的，可以适当延长此期限。答辩书由被申请人及 / 或被申请人授权的代理人签名及 / 或盖章，并应包括下列内容：

(1) 被申请人的名称和住所，包括邮政编码、电话、电传、传真、电子邮件或其他电子通讯方式。

(2) 对申请人的仲裁申请的答辩所依据的事实和理由。

(3) 答辩所依据的证明文件。

进行答辩的当事人可以对其答辩进行修改，修改的方式有更正、补充等方式。如果仲裁庭对答辩修改提出了明确的时间限制，当事人应遵守该决定。如果被申请人或被反请求人有两个或两个以上，则被申请人或被反申请人可以共同提出答辩，也可以分别以自己的名义提出答辩，修改答辩。如果被申请人出于某种原因，放弃答辩或拒绝答辩，不交答辩书及相关证据材料，不影响仲裁程序的进行。

4) 调查取证，查明事实真相

仲裁机关在开庭审理前，应审阅申诉状及案卷，分析案情，确定调查线索，认定证据是否充分、真实；查阅陈述的原因、理由，争议的焦点和要求赔偿的依据及责任是否清楚，可否要求当事人补充证据和材料；是否应予追加仲裁参加人等。

5) 先行调解

先行调解指仲裁机关在调查取证、查明事实、分清责任的基础上，由仲裁员主持，为促进双方当事人互让互谅，自愿达成和解协议的一种方式。调解达成协议后，应制作调解书，由当事人双方按照协议调解书规定自动履行。

6) 组织仲裁

组织仲裁指仲裁机关虽经努力，调解未达成协议，仲裁庭应当进行仲裁，即应开庭审理，作出裁决。这是仲裁程序的最后阶段。

7) 仲裁的监督和执行

《仲裁法》第 20 条规定："当事人对仲裁协议的效力有异议的，可以请求仲裁委员会作出决定或者请求人民法院作出裁定。一方请求仲裁委员会作出决定，另一方请求人民法院作出裁定的，由人民法院裁定。"

对已发生法律效力的仲裁决定，由仲裁机构监督执行。

2. 经济合同仲裁的原则

1) 经济合同当事人一方申请仲裁的原则

仲裁机关无权主动提起案件。提案由经济合同当事人一方或双方向仲裁机关申请。申请仲裁的期限是以当事人知道或应当知道被侵害之日起 1 年内提出。仲裁机关收到申请书后，经审查符合规定的，在 7 日内立案；反之，在 7 日内通知申请人不予受理。

2) 以事实为依据，以法律为准绳的原则

仲裁机关处理经济合同纠纷，必须全面地调查研究，认定事实，以国家法律、法规作为区分是非的标准。

3) 先行调解的原则

调解是经济合同仲裁机关处理经济合同纠纷的重要方法和必经程序。根据规定，仲裁机关在处理案件时，应当先行调解，调解不成时，才可依法裁决。仲裁调解必须双方自愿，在查明事实、分清责任的基础上进行。调解协议不得违背国家法律、法规和政策，不得损害公共利益和他人利益。仲裁调解达成协议后，仲裁机关即按法律规定制作调解书。调解书一经送达，即发生法律效力。一方当事人不履行的，另一方当事人有权向法院申请强制执行。用调解的方法解决合同纠纷，简便易行，有利于及时、顺利地解决纠纷。实践中，绝大部分经济合同纠纷案件都是调解结案的。

4) 仲裁合议原则

仲裁机关审理经济合同纠纷案件，除简单的案件可指定一名仲裁员进行仲裁外，均由仲裁员若干人和仲裁委员会指定的首席仲裁员一人组成合议庭进行。合议庭实行少数服从多数的原则。

5) 一裁终局原则

中国《经济合同法》规定实行一次裁决制度，当事人一方或双方对裁决不服的，可以在收到仲裁决定书之日起 15 日内，向法院起诉；期满不起诉的，裁决即具有法律效力。

6) 回避原则

仲裁庭组成人员，如果认为自己办理本案不适应，应当自行申请回避；当事人若发现仲裁庭成员与本案有关联，有权用口头或书面方式申请他们回避。仲裁机关查实后，应更换仲裁员；查无实据的，裁定驳回。

五、经济合同纠纷的审理

所谓经济合同纠纷的审理是指经济审批机关根据当事人一方的请求，依法处理经济合同纠纷案件而进行的职能活动，其基本程序是起诉、审查与受理、开庭审理前的准备、开庭审理。

1. 起诉

合同纠纷起诉是指自然人、法人和其他组织认为自己的合同权益受到侵害或者与他人发生了争议，以自己的名义，请求人民法院通过审判给予法律保护的诉讼行为。

1) 起诉的实质条件

起诉的实质条件有：有合格的原告，即原告必须是与本案有利害关系的自然人、法人或其他组织；有明确的被告；有具体的诉讼请求和事实、理由；属于人民法院受理合同纠纷案件的范围和受诉人民法院管辖。

2) 起诉的形式要件

起诉应向人民法院提交诉状，并按被告人数提交起诉状的副本。起诉状应当写明下列内容：

(1) 当事人的有关情况。当事人是自然人的，应写明姓名、性别、年龄、民族、职业、工作单位、住所等。如果有代理人的，需写明代理人的姓名、住所、工作单位以及与当事人的关系。当事人是法人或其他组织的，应写明法人或者组织的名称、单位所在地址、法定代表人或者主要负责人的姓名、职务等。

(2) 原告的诉讼请求以及诉讼请求所依据的事实和理由。

(3) 证据和证据来源，证人的姓名、住所等。

(4) 受诉法院名称，起诉的年、月、日，起诉人签名或者盖章。

法律在规定书面起诉的同时，为了方便当事人诉讼，充分保障当事人的诉权，对于原告书写起诉状困难的，又规定了可以口头起诉，由法院记入笔录，并告知对方当事人。

2. 审查与受理

人民法院接到原告诉状后，予以审查，认为符合起诉条件的，应当在 7 日内立案并通知当事人，立案后，应当在 5 日内将起诉状副本发送被告人，被告人从收到之日起 15 日内提出答辩状，不提交答辩状的，不影响案件的审理。

对不予受理的案件，人民法院应在收到起诉状或口头起诉次日起 7 日内裁定不予受理。当事人不服的，可以在法定期限内向上一级人民法院提起上诉。

3. 开庭审理前的准备

(1) 依法发送起诉状、答辩状。人民法院立案之日起 5 日内将起诉状副本发送被告。被告收到起诉状副本 15 日内提出答辩状，当然提出答辩状是被告的诉讼权利，是否行使，由其自己决定。被告不提出答辩状，不影响人民法院的审理。被告提出答辩的，人民法院收到答辩状 5 日内将答辩状副本发送原告。

(2) 告知当事人有关诉讼权利和义务。按照民事诉讼法的规定，法院有义务告知当事人有关的诉讼权利和诉讼义务。告知的方式可以是书面方式，即在受理案件通知书中告知原告有关的权利和义务，在应诉通知书中告知被告有关的诉讼权利和义务，也可以口头告知。

(3) 依法组成合议庭。案件受理后，人民法院就应依法组成合议庭。从开庭前的各项准备工作到案件审结，都应当在合议庭所有成员的参加下进行，合议庭成员自始至终对全案的审理负责，以充分发挥合议庭的作用，保证办案质量。合议庭组成人员确定后，应当在 3 日内告知当事人。

(4) 审核诉讼材料。审核诉讼材料，调查、收集必要的证据。

(5) 依法追加当事人。根据民事诉讼法第一百一十九条的规定，必须共同进行诉讼的当事人没有参加诉讼的，人民法院应通知其参加诉讼，追加为诉讼当事人。

4. 开庭审理

人民法院审理合同纠纷案件，除涉及国家机密、个人隐私或者法律另有规定的以外，应当公开审理。涉及商业秘密的案件，当事人申请不公开审理的，可以不公开审理。

人民法院审理经济纠纷案件，应当在开庭三日前通知当事人和其他诉讼参与人。开庭审理前，书记员应当查明当事人和其他诉讼参与人是否到庭，宣布法庭纪律。开庭时由审判长核对当事人，宣布审判人员、书记员名单，告知当事人有关的诉讼权利义务，询问当事人是否提出回避申请；然后开始法庭调查和法庭辩论，出示书证、物证，宣读鉴定结论、勘验笔录。法庭辩论终结，可进行调解，调解不成的，应当及时判决。

原告经传票传唤无正当理由拒不到庭的，或者未经法庭许可中途退庭的，可以按撤诉处理。被告经传票传唤，无正当理由拒不到庭的，或者未经法庭许可中途退庭的，可以缺席判决。

人民法院按照法律规定，通过对经济合同纠纷案件审理的执法活动，对当事人的合法权益给予法律保护。

【案例 10-1】

成功的让步策略

B 公司要从 C 公司购买 50 部大型发电机，经过认真的准备之后，谈判开始了。B 公司的主谈在首场谈判中，表现得非常热情，简明扼要地说出了 B 公司对产品的要求。C 公司的主谈表现十分积极，并且认真地聆听对方的各种要求，并就对方的一些要求提出疑问。经过几个小时的谈判，双方对产品都取得了一致的意见，但是双方因在价格问题上发生了严重分歧而暂时休会。半小时后，谈判重新开始。为了缓和紧张气氛，B 公司的主谈平和地说："李先生，刚才您顽强地坚持不能降价，现在，您是否能灵活一点使大家能够找到出路？"李先生回答："贵方的态度不是也一样吗？坐立不安的感觉实在让人不舒服呀！"B 公司主谈人爽朗地笑了，紧张气氛得以缓和。双方围绕付款方式这一问题进行积极的磋商，C 公司的主谈人答应减少 5 万元的现金付款，B 公司的主谈人认为还有降价的空间，于是继续和 C 公司的主谈人周旋，谈判再次发生分歧，暂时休会。又过了半个小时，谈判重新开始。B 公司主谈人和 C 公司主谈人各自总结了前面谈判的情况以后，继续进入谈判。B 公司的主谈人利用化整为零的策略，指出每部发电机的大约成本，这个策略使得 C 公司的主谈人又连续两次将货款减少 5 万元的现金付款。当 B 公司的主谈人想进一步压低发电机的价格时，C 公司的主谈人的态度已经变得十分强硬，坚决不肯让寸步，这时 B 公司的主谈人终于做出了让步，最终达成了一致意见。

【案例思考】

(1) C 公司采取的让步策略有什么优点和缺点？

(2) 如果你是 B 公司的主谈人，在 C 公司的主谈人连续 3 次减价后，你是否还会继续坚持要求 C 公司的主谈人降低价格？为什么？

综 合 练 习

一、选择题

(一) 单选题

1. (　　) 是指销售人员利用一般顾客的虚荣心，以语言博得顾客的好感，接近顾客的方法。

A. 赞美接近法　　B. 反复接近法

C. 服务接近法　　D. 利益接近法

2. (　　) 是指销售人员通过为顾客提供有效的服务来博得顾客的信任来接近顾客的方法。

A. 赞美接近法　　B. 反复接近法

C. 服务接近法　　D. 利益接近法

3. (　　) 是指销售人员利用商品或服务能为顾客带来的实际利益以接近顾客的方法。

A. 赞美接近法　　B. 反复接近法

C. 服务接近法　　　　　　　　　　D. 利益接近法

4. (　　) 是指销售人员通过引发顾客的好奇心接近顾客的方法。

A. 好奇接近法　　　　　　　　　　B. 求教接近法

C. 问题接近法　　　　　　　　　　D. 调查接近法

5. (　　) 是指销售人员通过直接向顾客提问的方式来接近顾客的方法。

A. 好奇接近法　　　　　　　　　　B. 求教接近法

C. 问题接近法　　　　　　　　　　D. 调查接近法

6. (　　) 是指销售人员利用调查的机会接近顾客的方法。

A. 好奇接近法　　　　　　　　　　B. 求教接近法

C. 问题接近法　　　　　　　　　　D. 调查接近法

7. (　　) 是洽谈双方为达成协议所必须承担的义务。

A. 以进为退　　　　　　　　　　B. 以退为进

C. 让步　　　　　　　　　　　　D. 坚持

8. 在开始时寸步不让，态度十分强硬，到了最后时刻，则一次让步到位，促成和局，这种策略是 (　　)。

A. 坚定的让步策略

B. 一开始就拿出全部可让利益的策略

C. 等额的让出可让利益的策略

D. 先高后低，然后又拔高的让步策略

9. 会给对力既强硬，又出手大方的强烈印象的策略是 (　　)。

A. 坚定的让步策略

B. 一开始就拿出全部可让利益的策略

C. 等价地让出可让利益的让步策略

D. 先高后低，然后又拔高的让步策略

10. 具有态度诚恳、务实、坚定、坦率特点的策略是 (　　)。

A. 坚定的让步策略

B. 一开始就拿出全部可让利益的策略

C. 等额地让出可让利益的让步策略

D. 先高后低，然后又拔高的让步策略

11. 洽谈者一开始就向对方亮出底牌，让出自己的全部可让利益，比较容易打动对方，采取回报行为，以促成和局的是 (　　)。

A. 坚定的让步策略

B. 一开始就拿出全部可让利益的策略

C. 等额的让出可让利益的让步策略

D. 先高后低，然后又拔高的让步策略

12. 具有态度谨慎、步子稳健、极富有商人的气息特点的是 (　　)。

A. 坚定的让步策略

B. 一开始就拿出全部可让利益的策略

C. 等额地让出可让利益的让步策略

D. 先高后低，然后又拔高的诜步策略

13. 每次让利的数量相等，速度平稳，类似马拉松式的洽谈，给人的感觉平淡容易使人产生疲劳厌倦之感的是（　　）。

A. 坚定的让步策略

B. 开始就拿出全部利益的策略

C. 等额地让出可让利益的策略

D. 先高后低，然后又拔高的策略

14. 具有比较机智、灵活、富有变化等特点的策略是（　　）。

A. 坚定的让步策略

B. 一开始就拿出全部可让利益的策略

C. 等额地让出可让利益的让步策略

D. 先高后低，然后又拔高的让步策略

15.（　　）一般适应于以合作为主的洽谈。

A. 从高到低，然后又微高的让步策略

B. 由大到小、渐次下降的让步策略

C. 开始时大大的递减，但又出现反弹的让步策略

D. 先高后低，然后又拔高的让步策略

16. 区域战争属于（　　）。

A. 谈判中的非人员风险　　B. 谈判中的非风险

C. 无法确定　　D. 谈判中的人员风险

17. 贸易摩擦属于（　　）。

A. 谈判中的非人员风险　　B. 谈判中的非风险

C. 无法确定　　D. 谈判中的人员风险

18. 政治风险属于（　　）。

A. 谈判中的非人员风险　　B. 谈判中的非风险

C. 无法确定　　D. 谈判中的人员风险

19. 市场性风险属于（　　）。

A. 谈判中的非人员风险　　B. 谈判中的非风险

C. 无法确定　　D. 谈判中的人员风险

20.（　　）是指在较长的付款期限内，由于汇率变动而造成结汇损失的风险。

A. 人员风险　　B. 利率风险

C. 汇率风险　　D. 价格风险

21.（　　）是指国际金融市场上，由于各种商业贷款利率的变动可能给当事人带来损益的风险。

A. 人员风险　　B. 利率风险

C. 汇率风险　　D. 价格风险

22. (　　) 主要就是技术项目本身和谈判中技术操作不当而可能带来的风险。

A. 技术性风险　　B. 利率风险

C. 素质风险　　D. 价格风险

23. 通过放弃或者拒绝合作，停止业务活动来回避风险的做法叫作 (　　)。

A. 完全回避风险　　B. 转移风险

C. 风险损失控制　　D. 风险自留

24. (　　) 是在经济合同发生纠纷时，由双方当事人在自愿、互谅的基础上，按照《合同法》以及合同条款的有关规定，直接进行协商，通过摆事实、讲道理，取得一致意见，自行解决合同纠纷。

A. 经济合同纠纷的协商　　B. 经济合同纠纷的仲裁

C. 经济合同纠纷的调解　　D. 经济合同纠纷的审理

25. 通过 (　　) 方法使问题得到恰当地解决，是合同管理机关解经济合同纠纷的基本方法。

A. 协商　　B. 仲裁

C. 调解　　D. 审理

26. (　　) 是指先提出一个低于己方要求的谈判起点，以让利来吸引对方，试图首先去击败参与竞争的同类对手，然后再与被引诱上钩的卖方进行真正的谈判，迫使其让步，达到自己目的。

A. 红脸白脸策略　　B. 欲擒故纵策略

C. 抛放低球策略　　D. 旁敲侧击策略

27. (　　) 是指在谈判过程中的场外交涉时，以间接的方法和对方互通信息，进行心理与情感的交流，使分歧得到解决，从而达成协议。

A. 红脸白脸策略　　B. 欲擒故纵策略

C. 抛放低球策路　　D. 旁敲侧击策略

28. 在谈判过程中，注意使自己的态度保持在不冷不热、不紧不慢的地步，这是在运用 (　　)。

A. 红脸白脸策略　　B. 欲擒故纵策略

C. 抛放低球策路　　D. 旁敲侧击策略

29. (　　) 是指谈判者为了达到一定的谈判效果，利用消耗对方精力、麻木对方神经的办法，使之在谈判中失利。

A. 浑水摸鱼策略　　B. 疲劳轰炸策略

C. 化整为零策略　　D. 大智若愚策略

30. (　　) 是指谈判的一方，在整体项目不好谈的情况下，将其项目分成若干块，分块议价，最终达成交易。

A. 浑水摸鱼策略　　B. 疲劳轰炸策略

C. 化整为零策略　　D. 大智若愚策略

31. (　　) 是指谈判一方利用向对方泄露己方虚假信息的手段，诱人步入连环阵，从而从中谋利的一种方法。

A. 故布疑阵策略　　B. 声东击西策略

C. 寻找临界价格　　D. 把利益摆在明处，把压力塞给对方

32. 故意在谈判室或走廊上遗失你的备忘录、便条或文件夹，或者把它们放到对方容易找到的纸篓里等做法属于 (　　)。

A. 故布疑阵策略　　B. 声东击西策略

C. 寻找临界价格　　D. 把利益摆在明处，把压力塞给对方

33. 作为使用者，不到万不得已的情况下一般不宜采用 (　　)。

A. 故布疑阵策略　　B. 声东击西策略

C. 寻找临界价格　　D. 把利益摆在明处，把压力塞给对方

34. 要想提高发货水平，(　　) 是关键。

A. 存货控制　　B. 订货控制

C. 销售控制　　D. 商品检验

35. (　　) 的订单管理流程，要求企业必须具备很强、很准确的销售预测的能力。

A. 存货生产方式　　B. 订货生产方式

C. 销售控制　　D. 商品检验

36. A 类库存品种数目少但资金占用大，即 A 类库存品种约占库存品种总数的 (　　)。

A. 80%～90%　　B. 5%～20%

C. 60%～70%　　D. 20%～30%

37. C 类库存品种数目大但资金占用小，即 C 类库存品种约占库存品种总数的 (　　)。

A. 80%～90%　　B. 5%～20%

C. 60%～70%　　D. 20%～30%

38. B 类库存介于两者之间，B 类库存品种约占库存品种总数的 (　　)。

A. 80%～90%　　B. 5%～20%

C. 60%～70%　　D. 20%～30%

39. C 类库存品种数目大，但资金占用小，其占用资金金额占库存占用资金总额的 (　　)。

A. 80%～90%　　B. 20% 左右

C. 60%～70%　　D. 15% 以下

40. B 类库存介于两者之间，其占用资金金额大约占库存占用资金总额的 (　　)。

A. 80%～90%　　B. 20% 左右

C. 60%～70%　　D. 15% 以下

41. (　　) 是当库存量下降到预定的最低库存数量 (订货点) 时，按规定数量进行订货补充的一种库存管理方式。

A. 定量订货方式　　B. 定性订货方式

C. 定点订货力式　　D. 定期订货方式

42. 采用 (　　) 必须预先确定订购点和订购量。

A. 走量订货方式　　B. 定性订货方式

C. 定点订货方式　　D. 定期订货方式

43. (　　) 是指按预先确定的订货间期间进行订货补充库存的一种库存管理方式。

A. 定量订货方式　　B. 定性订货方式

C. 定点订货方式　　D. 定期订货方式

44. (　　) 是指借助于人的感觉器官对商品体的外形、色泽、气味、滋味、透明度，在外力作用下商品体发出的声音和软硬感觉等的审查，来判断商品质量的方法。

A. 光检验法　　B. 理化检验法

C. 现代仪器检测法　　D. 感官检验法

45. (　　) 几乎对所有的商品都是必要的。

A. 光检验法　　B. 理化检验法

C. 现代仪器检测法　　D. 感官检验法

46. 对于某些商品如茶、酒、调味品、香皂、化妆品、纺织品等，(　　) 是评定它们质量的主要方式。

A. 光检验法　　B. 理化检验法

C. 现代仪器检测法　　D. 感官检验法

47. (　　) 是利用各种一般的仪器、器具和试剂以物理、化学或生物学的方法检测商品特性的方法。

A. 光检验法　　B. 理化检验法

C. 现代仪器检测法　　D. 感官检验法

48. (　　) 是利用度量衡器对商品体的长度、体积和相对密度进行测量的方法。

A. 度量衡检验法　　B. 光学检验法

C. 热学检验法　　D. 机械性能检验法

(二) 多选题

1. 商务谈判中，一开始就拿出全部可让利益的策略的优点是 (　　)。

A. 比较容易打动对方采取回报行动

B. 给对方以合作感、信任感

C. 有利于获取长远利益

D. 有益于速战速决，马到成功，降低洽谈成本

2. 商务谈判中，一开始就拿出全部可让利益的策略的缺点是 (　　)。

A. 让步操之过急

B. 一次性的大步让利，可能失掉本来能够力争到的利益

C. 遇到强硬而又贪婪的买主，会导致其追求更大的利益

D. 让对方无动于衷

3. 商务谈判中，等额地让出可让利益的让步策略的特点是 (　　)。

A. 态度谨慎　　B. 步子稳健

C. 依赖性强　　D. 极富有商人的气息

4. 商务谈判中，等额地让出可让利益的让步策略的优点是 (　　)。
A. 不容易让买主轻易占了便宜
B. 遇到性情急躁买主时，削弱买方的议价能力
C. 容易占买主的便宜
D. 容易在利益均沾的情况下达成协议
5. 商务谈判中，等额地让出可让利益的让步策略的缺点是 (　　)。
A. 容易使人产生疲劳厌倦之感
B. 洽谈成本较高
C. 必须要耐心等待才能获得更多利益
D. 容易使自己处于劣势地位
6. 商务谈判中，先高后低，然后又拔高的让步策略的特点是 (　　)。
A. 让步操之过急　　B. 富有变化
C. 灵活　　D. 比较机智
7. 商务谈判中，先高后低，然后又拔高的步策略的缺点是 (　　)。
A. 让步操之过急　　B. 给对方的感觉是我们不够诚实
C. 不稳定　　D. 影响了初期留下的美好印象
8. 商务谈判中，先高后低，然后又拔高的让步策略的优点 (　　)。
A. 让步的起点比较恰当、适中　　B. 不容易让买主轻易占了便宜
C. 洽谈中富有活力　　D. 能够保住已方的较大利益
9. 商务谈判中，从高到低的，然后微高的让步策略的特点是 (　　)。
A. 合作为首　　B. 竞争为辅
C. 诚中见虚　　D. 柔中带刚
10. 商务谈判中，从高到低的，然后又微高的让步策略的优点是 (　　)。
A. 让步起点较高，富有较强的诱惑感
B. 比较容易使对方产生优胜感而达成协议
C. 洽谈中富有活力
D. 最后稍大一点的利润，往往会使对方很满意而达成协议
11. 商务谈判中，由大到小、渐次下降的让步策略的优点是 (　　)。
A. 审慎的让步策略，一般不会产生让步上的失误
B. 给人以顺乎自然、无需格外劳神之感
C. 有利于洽谈各方在等价交换利益均沾条件下达成协议
D. 让利的过程中是采取先大后小的策略
12. 商务谈判中，从大到小，渐次下降的让步策略的缺点是 (　　)。
A. 容易加强对手的进攻性
B. 往往使买主感觉不十分良好，故结局情绪不会太高
C. 不稳定
D. 乏新，也比较乏味

13. 商务判中，开始时大幅度递减，但又出现反弹的让步策略的缺点是（　　）。

A. 让对方无动于衷　　B. 开始时表现软弱，对手得寸进尺

C. 不稳定　　A. 可能由于让步遭受拒绝后导致僵局和败局

14. 商务谈判中，起始两步全部让完可让利益，三期赔利相让，到四期再讨回赔利相让部分洽谈策略的特点是（　　）。

A. 风格果断诡异　　B. 比较自然

C. 比较机智　　D. 具有冒险性

15. 商务谈判中，不同的让步策略给对方传递不同的信息，选择、采取哪种让步策略，取决的因素有（　　）。

A. 洽谈对手的洽谈经验　　B. 准备采取什么样的洽谈方针和策略

C. 对手的谈判人数　　D. 期望让步后对方给予我们何种反应

16. 商务谈判中，常用的限时性因素有（　　）。

A. 权力限制　　B. 权利限制

C. 资料限制　　D. 时间限制

17. 商务谈判人员的权力大小主要取决于（　　）。

A. 竞争对手　　B. 上司的授权

C. 国家的法律和公司的政策　　D. 一些贸易惯例

18. 下列选项中属于谈判中的非人员风险的是（　　）。

A. 区域战争　　B. 货物质量不合格

C. 贸易磨擦　　D. 不可抗力

19. 下列选项属于市场性风险的是（　　）。

A. 汇率风险　　B. 利率风险

C. 贸易磨擦　　D. 价格风险

20. 人员风险主要有（　　）。

A. 技术性风险　　B. 利率风险

C. 素质性风险　　D. 价格风险

21. 人员素质性风险主要表现为（　　）。

A. 缺乏必需的知识　　B. 利率风险

C. 刚愎自用，自我表现欲望过强　　D. 不敢担负责任

22. 下列选项中属于商务谈判中技术性风险的是（　　）。

A. 技术项目本身的风险　　B. 强迫性要求造成的风险

C. 技术上过分奢求引起的风险　　D. 由于合作伙伴造选择不当引起的风险

23. 降低由于风险造成损失发生的几率的内容包括（　　）。

A. 先控制　　B. 事后补救

C. 不做任何行动　　D. 事后掩盖

24. 商务风险从微观上具体地分为（　　）。

A. 投机风险　　B. 利率风险

C. 纯粹风险　　　　D. 价格风险

25. 对商务风险的评价主要应集中在 (　　)。

A. 对事件性质进行判断　　　　B. 对损失程度的估计

C. 对事件发生几率大小的估计　　　　D. 对实际损失的计算

26. 想有效地回避商务活动中可能出现的风险，通常采取的措施有 (　　)。

A. 完全回避风险　　　　C. 转移风险

C. 风险损失的控制　　　　D. 风险自留

27. 转移风险的方式 (　　)。

A. 保险　　　　C. 非保险

C. 控制　　　　D. 非控制

28. 风险自留可以是 (　　)。

A. 被动的　　　　B. 主动的

C. 无意识的　　　　D. 有意思的

29. 成功地展开洽谈工作、抓住分工的实质的主要措施有 (　　)。

A. 善于及时清理已有的各种观点

B. 对分歧点进行实质性分析

C. 对于有关的问题，要善于指出各种观点的分歧点

D. 掌握谈判的节奏

30. 谈判的节奏主要反映在 (　　) 等方面。

A. 需要解决问题的多少　　　　B. 时间的长短

C. 问题安排的松紧程度　　　　D. 地点的选择

31. 每场谈判的结束方式可据 (　　) 来确定。

A. 时间　　　　B. 气氛

C. 地点　　　　D. 内容

32. 我国产生经济合同纠纷的原因主要有 (　　)。

A. 企业转产、停产，以至撤销、合并或分立

B. 缺乏调查了解，盲目签订合同

C. 当事人法制观念淡，随意变更、撕毁合同

D. 因标的数量短缺，质量、包装不合格而发生经济纠纷

33. 对经济合同纠纷的处理，可以采取 (　　) 的方式。

A. 协商　　　　B. 仲裁

C. 审理　　　　D. 调解

34. 双方当事人在协商解决经济合同纠纷的过程中应注意的是 (　　)。

A. 双方的态度要端正、诚恳

B. 通过协商达成的协议，一定要符合国家的法律、政策

C. 协商解决纠纷一定要坚持原则，决不允许损害国家和集体的利益

D. 协商一定要在平等的前提下进行

35. 经济合同纠纷的调解方法有（　　）。

A. 当面调解　　B. 现场调解

C. 异地合同，共同调解　　D. 通过信函进行调解

36. 经济合同纠纷的调解方法有（　　）。

A. 当面调解

B. 现场调解

C. 分头解决和会合调解穿插进行

D. 根据需要分别采取当面调解和开庭调解

二、简答题

1. 谈判准备阶段应做好哪些工作？

2. 解决合同纠纷有几种办法？

三、实训

1. 实训项目：合同纠纷谈判。

2. 实训目的：解决营销合同纠纷。

3. 实训类型：方案设计。

4. 实训内容：设计合同内容，当履行合同产生了纠纷（质量不合格；交货时间未按合同要求、价款未按合同约定支付；数量多、少；合同漏洞执行难）选用解决合同纠纷的方式。

5. 达成共识。

6. 实训过程：

(1) 根据学生兴趣，分别成立几个谈判小组（每组 5～8 人）；

(2) 针对谈判问题进行反复磋商；

(3) 拟定各类角色分别发言；

(4) 教师答疑并点评。

7. 实训结果：得出谈判解决方案，填写实训报告。

第十一章　网络营销

第一节　网络营销概述

本节主要内容

- 网络营销的特征
- 网络营销策划
- 网络销售技巧

网络营销是以现代营销理论为基础，借助网络、通信和数字媒体技术实现营销目标的商务活动；是科技进步、顾客价值变革、市场竞争等综合因素促成的；是信息化社会的必然产物。

一、网络营销的特征

1. 网络营销的特点

1) 交易成本的节省性

交易成本的节省性体现在企业和客户两个方面。对企业来说，尽管企业上网需要一定的投资，但与其他销售渠道相比，交易成本已经大大降低了，其交易成本的降低主要包括通信费用、促销成本和采购成本的降低。

2) 交易的特殊性

交易的特殊性包括交易主体和交易对象的特殊性。从交易主体来看，随着网民的增加和电子商务的发展，网上购物的人数在不断增加。从销售对象的特征来看，并不是所有的商品都适合在网上销售。

2. 网络销售的定位特征

网络销售以互联网为平台开展，网络销售的定位有以下特征。

(1) 产品特点定位，即知道产品的核心竞争力是什么，也就是通常所说的卖点。

(2) 产品人群定位，即企业一定要知道自身的产品是卖给谁的，并对相应的客户群体进行分析。

(3) 产品市场定位，即企业要知道自身的产品在市场上的占有份额是多少，竞争对手是谁。

(4) 网络销售方法定位，即根据产品的卖点、客户群体分析、竞争对手及市场分析选择适合自己的网络销售方式。

二、网络营销策划

对于不同的产品和市场，在进行网络营销行为之前必须对该产品投放市场以及其产生的效果有一定预测，要通过各种宣传行为，丰富整个营销环节。

对于网络营销策划，不仅要跟上网络市场的步伐，更需要洞察同行对手在网络营销上采取的各种方法。一个企业如果在发展过程中遇到公关问题，可以充分利用网络阵地，及时发布合适的公关文案，消除大众对企业的误解，提高企业的美誉度，保持顾客对本企业的长期关注。

1. 制定网络营销方案的基本思路

制定网络营销方案的基本思路分为网络营销战略规划和网络营销计划。其中，网络营销战略规划包含总体目标与战略方案。网络营销计划包含网络营销目标、企业实施网络营销的内容与方式、企业网页设计框架、网络营销实施方案、网络营销应注意的问题。

2. 网络营销策划书的基本内容

企业网络营销策划书的基本内容可用“5W2H 定律”概括，具体如下：

(1) What 指方案要解决的问题是什么，执行方案后要实现什么样的目标，为企业能创造多大的价值；

(2) Who 指谁负责创意和编制，总执行者是谁，各个实施部分由谁负责；

(3) Where 指针对产品推广的问题所在，执行营销方案时要涉及什么地方、单位；

(4) Why 指为什么要提出这样的策划方案，为什么要这样执行等；

(5) When 指时间是怎样安排的，营销方案执行过程具体花费多长时间；

(6) How 指一系列活动如何操作，在操作过程中遇到的新问题如何及时解决；

(7) How much 指方案需要多少资金、多少人力，这犹如打仗，要做到精打细算。

3. 网络营销策划的主要步骤

(1) 将自己的企业全面快速地搬到互联网。企业在建立自己的网络营销方案的时候，首先要选择营销型网站建立自己的网站。

(2) 通过多种网络营销工具和方法来推广和维护自己的企业网站。在互联网做的任何宣传和推广活动都必须以企业的网站为核心。

(3) 网站流量监控与管理，通常采用流量监控与分析系统和在线客服系统来实现。营销型网站需要一套功能齐聚的在线客服系统，以此来帮助企业主动发出洽谈，能够将有效的流量及时 (潜在客户或意向客户) 转换为网上销售。

三、网络销售技巧

消费者网购的动机不同，心理需求存在差异，实现高效的网络销售，就要利用合理的途径。

1. 找出客户期待什么

无论公司规模如何，都要用专业精神和礼貌来对待电子客户。

首先要告诉客户，你是一家正规的合法公司，始终对产品负责。如果可能，在主页上出示企业的服务和产品保证，告诉客户企业非常在意客户的满意度，也就是在表示企业重视他们。

他们想知道企业是值得信赖的。通过与客户的沟通，展示企业的可靠性。迅速答复所有客户的电邮问询。

他们想知道企业是人性化的。客户发电邮询问时，在回信中使用的措辞要尽量人性化。

2. 让客户轻易联系上你

在网上做生意，客户会觉得在一天 24 小时中不管什么时候来到你的网站都是受欢迎的。

迅速处理订单。电子客户希望订单能得到快速处理。

对在网上购物的客户来说，最讨厌的事情就是问询信石沉大海，或者答复姗姗来迟。

通过电邮建立客户忠诚度。感谢客户对你公司的关注。用电邮告知大减价、特别折扣或新产品的信息。给回头客发邮件，让他们知道公司最近的情况如何。但在电邮中要为不愿意收到这些邮件的客户提供选择退出的方法。

用电邮与客户沟通时，要确认所写内容正是想表达之意。在点击“发送”按钮前要小心，同时注意邮件标题与内容的一致性。

3. 让信息看上去有趣

信息应尽量简短。多用短句和主动句。段落要简短，用双倍行距，在信息的主体部分中留下空间；尽可能使用项目列表或标题形式的文字；认真校对所有信息；结语要有趣。可以说一些具体的事情；落款要留下个人的名字和职位。

4. 表现专业水准

不要把人模式化，说话不要居高临下，不要随便猜测。尊重别人，亦能表现出己方的彬彬有礼与宽容。在回信中要尽量体现专业水准，对电子客户可能不理解的词或术语要给予完整的解释。

第二节　网络营销的市场定位

本节主要内容

- 网络营销定位
- 网络营销的基本要素
- 网络营销战略的主要内容

一、网络营销定位

1. 网络营销目标市场的定位

网络市场经过细分，选定目标市场后，企业必须进行市场定位，为本企业以及产品在市场上树立具有特色的形象，要塑造“核心竞争力”和预定的形象，并争取目标顾客的认同。

2. 推广策划

企业必须根据客户资源、团队执行力、推广预算等具体情况，为客户制定策划投入产出比最高的网站推广执行方案。推广方法从搜索引擎优化、关键词广告投放、联盟推广、软文推广、博客推广、论坛推广、E-Mail 推广、数据库营销、口碑推广等上百种推广方法中选择出最适合的几种推广方法。

3. 营销培训

在实施网络营销之前，对公司网络团队首先要进行网络营销培训，然后根据推广计划的时间安排，执行网站推广方案。

4. 营销管理

各个网站应安装网络营销分析系统，针对营销效果进行准确分析、检测，以便及时根据统计数据调整网络营销推广计划。

5. 赢利策划

网站盈利是企业非常关心的问题，公司营销团队在对客户企业进行深入咨询和调研后，为客户提供专业的咨询和策划服务，让网站快速地为企业带来订单，带来客户。

二、网络营销的基本要素

网络营销的方法多种多样，综合这些主要营销方式，可以总结出网络营销必须注重以下六项基本要素。

1. 曝光率

不管是什么样的营销，曝光率都是首要的。没有足够的曝光率，营销活动必定没有足够的人气。没有足够的人气，营销活动必然失败，达不到预期效果。可以增加曝光率的常见的营销方法有以下几种。

(1) 电话营销，指通过电话将营销的内容传达给潜在消费者。

(2) 短信营销，指通过手机短信将营销的内容传达给潜在消费者。

(3) 邮箱营销，指通过电子邮件将营销的内容传达给潜在消费者。

(4) SEO，指通过搜索引擎优化，将搜索关键字推到搜索的最前端。由于国内百度市场占有率最高，所以主要做百度搜索引擎的 SEO。

(5) 网络视频，指在网络视频中布置植入式广告或插入式广告。

(6) 问答式社区，指通过问答式社区提高营销内容的曝光率。

提升曝光率的营销方法还有很多，如微博营销、博客营销、事件营销等。需要注意的是，在进行曝光率运营的同时，如果数据库中有足够的信息，还可以进行精准定向的曝光。这大大有利于营销活动的推行及目标效果的提升。

2. 用户体验及视觉效果

为了达到更好的营销效果，需要对营销活动的内容进行处理以实现网络化传播，具体处理方法如下：

(1) 纯文案。可在一段笑话、短文、新闻等文章中植入文本，潜在消费者点击时，可以链接到更加详细的宣传主题中或直接到达“目的地”。

(2) 广告图。单幅的活动广告图，其尺寸一般较小，一般可插入具有较高活跃度的页面中。

(3) 广告宣传页。将广告宣传图做成页面，具有更强的互动效果，可以将营销主题层次化进行互动。

(4) Mini SITE。Mini SITE 指小型互动网站。

用户体验主要是针对以上内容的布局及阅读舒适性进行处理的结果，以便于用户阅读，以及用户在阅读过程中形成视觉冲击。简单地说就是让用户经历兴趣、联想、欲望的过程。用户体验及视觉效果涉及到美术设计、人文艺术等专业领域。

3. 商品竞争力

营销活动的宣传不仅要关注宣传的载体，还要分析营销的主体。当主体竞争力不足时，只会浪费宣传的载体，好不容易引进流量，但是由于主体本身不具备竞争力，营销活动的目的一样有限。在分析营销活动时，经常发现流量进来了，但是效果不明显。出现这两种情况的原因一般要么是假流量，要么商品竞争力不足。商品竞争力不足也是在浪费成本，特别是浪费流量引入的成本。还要注意商品竞争力足不足，不是拍着脑袋自己定论，一定要与竞争对手做比对。

4. 营销力度

营销活动的核心在于营销。营销的力度，并不是说要把商品的价格做低。商品除了本质价值，还具有附加价值。营销力度是体现在附加价值冲击，还是体现在本质价值的优惠，需要充分考虑商品的竞争力、商品的市场投放情况以及营销的客户群体。同样，营销的力度也需要与竞争对手做比对。在与竞争对手作比对时波特五力分析模型非常有用。

5. 成本分析

一次成功的营销，需要注意成本的控制。以上列举的多种营销方式，有些财务成本比较高，有些财务成本比较低，有一些成本一次投入长期享用。计算成本的方式要考虑回报的力度。产出比才是衡量成本的方式，风险控制也是成本投入的重要指标。营销的最终目标是要实现回报，回报的方式也有多种，如财务回报及商业价值。

6. 目标量化

没有量化目标的营销都是盲目的。例如，假定一个目标——通过营销，要收集 5 万个有效会员邮箱，产生直接销售十万 (可与平常不做营销时的销量作比对)。有了这样一个目标，如何去进行成本分解及战术布局就明确多了，也便于集思广益。

当然，影响网络营销实现的要素很多，要做好网络营销还要充分考虑到网络面的全面展开，日常营销及重点营销，营销频率及营销的连续效应等方面的因素。

三、网络营销战略的主要内容

网络营销战略是在互联网这种新的营销环境中，利用各种互联网工具为企业开展的一系列营销活动。

1. 网络品牌

网络营销的重要任务之一就是在互联网上建立并推广企业的品牌。知名企业的网下品牌可以在网上得以延伸；一般企业则可以通过互联网快速树立品牌形象，并提升企业整体形象。网络品牌建设是以企业网站建设为基础，通过一系列的推广措施，达到顾客和公众对企业的认知和认可。在一定程度上，网络品牌的价值甚至高于通过网络获得的直接收益。

2. 网址推广

网址推广是网络营销最基本的职能之一。几年前，人们甚至认为网络营销就是网址推广。相对于其他功能来说，网址推广显得更为迫切和重要，网站所有功能的发挥都需要一定的访问量为基础，所以，网址推广是网络营销的核心工作。

3. 信息发布

网站是一种信息载体，通过网站发布信息是网络营销的主要方法之一，同时，信息发布也是网络营销的基本职能。所以也可以这样理解，无论哪种网络营销方式，结果都是将一定的信息传递给目标人群，包括顾客 / 潜在顾客、媒体、合作伙伴、竞争者等。

4. 销售促进

营销的基本目的是为增加销售提供帮助，网络营销也不例外。大部分网络营销方法都与直接或间接的促进销售有关，但促进销售并不限于促进网上销售。事实上，网络营销在很多情况下对于促进网下销售也十分有价值。

5. 销售渠道

一个具备网上交易功能的企业网站本身就是一个网上交易场所。网上销售是企业销售渠道在网上的延伸。网上销售渠道建设也不限于网站本身，还包括建立在综合电子商务平台上的网上商店，以及与其他电子商务网站不同形式的合作等。

6. 顾客服务

互联网提供了更加方便的在线顾客服务手段，从形式最简单的 FAQ(常见问题解答)，到邮件列表，以及 BBS、聊天室等各种即时信息服务，顾客服务质量对于网络营销效果具有重要影响。

7. 顾客关系

良好的顾客关系是网络营销取得成效的必要条件，通过网站的交互性、顾客参与等方式，在开展顾客服务的同时，也增进了顾客关系。

8. 网上调研

通过在线调查表或者电子邮件等方式，可以完成网上市场调研，相对传统市场调研，网上调研具有高效率、低成本的特点，因此，网上调研成为网络营销的主要职能之一。

因此，网络营销战略是综合性强、各类职能相互交织、多种网络营销方法的共同作用下形成，网络营销、网络策划、网络运营、网络公关、网络整合等技巧的实践性网络营销方法。

第三节 网 络 推 广

本节主要内容

- 网络推广的主要分类
- 网络推广工具
- 网络关系营销

网络推广是一个相对新鲜的概念。国内关于网络推广的专业公司及专业人才相对缺少，无法满足现有的行业发展需求。有实力的公司常通过投入资金来进行推广，而大多数刚起步的中小型公司则是通过具有针对性的且低成本的网络推广来达到增加品牌知名度的目的。随着国家相关扶植政策的陆续出台，很多此前利用传统渠道开展销售的企业也纷纷开启了购物网站，并通过互联网来宣传。随着网络销售的不断发展，网络推广人员显得越来越重要。

网络推广的形式众多，包括网站目录登录推广、博客营销推广、问答营销推广、电子邮件推广、网址导航推广、QQ 推广、排名营销推广、事件营销推广、友情链接、B2B 网站、软文推广、网站互动推广、积分兑换有奖促销推广、微博活动推广、微信活动推广、用户体验推广、网络视频推广、贴吧推广、论坛推广、分类信息推广等。

一、网络推广的主要分类

1. 按范围分类

(1) 对外推广。顾名思义，对外推广就是指针对站外潜在用户的推广，主要是通过一系列手段针对潜在用户进行营销推广，以达到增加网站 PV、IP、会员数或收入的目的。

(2) 对内推广。和对外推广相反，对内推广是专门针对网站内部的推广，比如如何增加用户浏览频率、如何激活流失用户、如何增加频道之间的互动等。以友答网举例，其旗下有几个不同域名的网站，如何让这些网站之间的流量转化、如何让网站不同频道之间的用户互动，这些都是对内推广的重点。

很多人忽略了对内推广的重要性，其实如果对内推广使用得当，效果不比对外推广差。毕竟在现有用户基础上进行二次开发，要比开发新用户容易得多，投入也会少很多。

2. 按投入分类

(1) 付费推广：需要花钱才能进行的推广。比如各种网络付费广告，竞价排名、杂志广告，CPM、CPC、CPS 广告等。做付费推广，一定要考虑性价比，即使有钱也不能乱花，要让钱花出效果。

(2) 免费推广：在不用额外付费的情况下就能进行的推广。这样的方法很多，比如论坛推广、资源互换、软文推广、邮件群发等。随着竞争的加剧、成本的提高，各大网站都开始倾向于此种方式了。

3. 按目的分类

(1) 品牌推广：以建立品牌形象为主的推广。该类推广一般都用非常正规的方法进行，而且通常都会考虑付费广告。品牌推广有两个重要任务：一是树立良好的企业和产品形象，提高品牌的知名度、美誉度和特色度；二是将有相应品牌名称的产品销售出去。

(2) 销售推广：以增加收入为主的推广，通常会配合销售人员来进行。

二、网络推广工具

网络推广工具辅助网络推广，旨在让网络推广变得轻松和高效。不同的网络推广平台有不同的网络营销工具，如关键词分析定位、网站构架分析、高质量友情链接等。也可以将这些推广方式组合在一套软件中，推出组合营销软件，只需简单操作就能实现多方位的网络推广效果。

1. 关键词分析定位

关键词分析定位是进行 SEO(搜索引擎优化) 重要的一环。关键词分析包括关键词关注量分析、竞争对手分析、关键词与网站相关性分析、关键词布置、关键词排名预测等。

2. 网站架构分析

网站架构分析包括剔除网站架构不良设计、实现树状目录结构、网站导航链接优化、网站语言风格设计等。

3. 高质量友情链接

建立高质量稳定的友情链接对于 SEO 优化来说，可以提高网站 PR 值 (指网页排名) 以及网站的更新率，都是非常关键性的问题。

4. 网站目录和页面优化

SEO 不只是让网站首页在搜索引擎有好的排名，更重要的是让网站带来流量，页面得到优化。

5. 内容发布和链接布置

搜索引擎倾向于搜索有规律的网站内容更新，所以应合理安排网站内容发布日程。每天更新的时间段尽量固定，发布文章内容的原创性高，是 SEO 优化的重要技巧之一。链接布置则把整个网站有机地串联起来，让搜索引擎熟悉特定网站的关键词。

三、网络关系营销

网络关系营销，是指企业借助联机网络、电脑通信和数字交互式媒体的威力来实现营销目标。网络关系营销是一种以消费者为导向，强调个性化的营销方式，具有极强的互动性，适应定制化时代要求的全程营销工具。网络关系营销能极大地简化顾客的购买程序，节约顾客的交易成本，提高顾客的购物效率。网络营销更多地强调企业应借助于电子信息网络，在全球范围内拓展客源，为企业走向世界提供基础。现代企业应充分发挥“互联网络”的互动优势，灵活开展网络营销，促进企业的持续发展。网络关系营销有以下几种基本途径。

1. 加强关系营销

关系营销的目的就是通过持续改进服务水平留住顾客。加强关系营销有利于为顾客提供满意的产品和服务，提高顾客的忠诚度。

2. 提高顾客转换品牌成本

提高顾客转换品牌成本可通过通路控制与开发专属规格的产品等方式，让顾客不愿意购买竞争者的产品或是必须付出非常高的成本才能完成品牌转换。

3. 进行“价值区隔”

市场区隔是以消费者的偏好为区隔的基础，而价值区隔则以顾客对企业的价值或利润贡献度来区隔消费者。因为，根据80/20法则，企业80%利润的来源大多集中在20%顾客的身上，因此不仅要留住现有顾客，而且更要留住贡献企业80%利润的黄金客户。

【案例 11-1】

王老吉的网络营销战略

在中央电视台为四川地震举行的赈灾晚会上，加多宝公司捐出了高达1亿元的善款，使这家原本默默无闻的公司“一举成名天下知”。早在2007年王老吉就开始重视网络营销的传播效果，并在该领域有所投入，常规时期在论坛上每个月的投入数额都比较大。正是因为有此前的资源和经验积累，加多宝才能在捐款后的关键时刻快速、高效地开展网络营销。

从2005年开始，“怕上火，喝王老吉”响彻了中国大江南北。要想把企业做大，走向全国，就必须解决一连串问题，其中的核心问题是：红罐王老吉是应该当“凉茶”卖，还是当“饮料”卖？2002年年底，加多宝找到了一家营销顾问公司，想为红罐王老吉拍一个广告片。但这家营销顾问公司研究后发现，红罐王老吉的销售问题不是通过拍广告片就可以解决的，它首先要解决的问题是品牌定位。2003年初，王老吉新的品牌定位出炉了：明确红罐王老吉是在“饮料”行业竞争，竞争对手是其他饮料；品牌定位是“预防上火的饮料”,独特的价值在于“喝红罐王老吉能预防上火,让消费者可以无忧地尽情享受生活——吃煎炸、香辣美食，通宵达旦看足球。这样的定位有利于红罐王老吉走出广东、浙南。因为“上火”是一个全国普遍性的中医概念，不像“凉茶”局限于特定的地区，这就为红罐王老吉走向全国扫除了障碍，避免与国内外饮料巨头直接竞争，形成独特区隔，成功地将产品劣势转化为优势。淡淡的中药味不再是饮料销售的口味障碍，而成功转变为“预防上火”的有力支撑。3.5元的零售价格，因为“预防上火”的功能，不再“高不可攀”；王老吉品牌悠久的历史，成为预防上火“正宗”的有力支撑。为更好地唤起消费者的需求，电视广告选用了消费者认为日常生活中最易上火的五个场景：吃火锅、通宵看球赛、吃油炸薯条、吃烧烤和夏日阳光浴。广告画面中人们在开心享受生活乐趣的同时，畅饮王老吉。结合时尚、动感十足的广告歌反复吟唱“不用害怕什么，尽情享受生活，怕上火，喝王老吉”，促使消费者在吃火锅、烧烤时，自然联想到红罐王老吉，从而促成购买。

在地面推广上，除了POP广告（指在各种营业现场设置的各种广告形式），加多宝还配合餐饮新渠道的开拓，为餐饮渠道设计了大量终端物料。比如，设计制作了电子显示屏、灯笼等餐饮场所乐于接受的实用物品，免费赠送。在传播内容选择上，充分考虑终端广告应直接刺激消费者的购买欲望，将产品包装作为主要视觉元素，集中宣传一个信息："怕上火，喝王老吉。"同时，在针对中间商的促销活动中，加多宝除了巩固传统渠道的"加多宝销售精英俱乐部"，还加强了对餐饮渠道的开拓与控制，推行"火锅店铺市"与"合作酒店"计划，选择火锅店、酒楼作为"王老吉诚意合作店"，投入资金与其开展节假日促销活动。由于为商家提供了看得见的利益，因此，红罐王老吉迅速进入餐饮渠道，成为主要推荐饮品。

在传播媒体的选择上，加多宝主要锁定了覆盖全国的中央电视台，并结合原有销售区域广东、浙南的强势地方媒体。在随后的几个月里，加多宝共投入4000万元广告费。广告效果非常明显，销量立竿见影地得以迅速提升。其后两年，加多宝乘胜追击，斥巨资购买中央电视台黄金广告时段。正是这种疾风暴雨式的投放方式保证了红罐王老吉在短期内迅速进入人们的头脑，给人们留下深刻印象，并迅速红遍全国大江南北。

【案例思考】

(1) 上述企业运用的是什么促销策略？具体有哪些步骤？

(2) 上述策略为什么能够运用成功？成功之处是什么？

综 合 练 习

一、选择题

（一）单选题

1.（　　）是指不要把人模式化，表现你的礼貌与宽容，在回信中尽量体现专业水准。

A. 表现专业水准　　B. 让信息看上去有趣

C. 找出客户期待　　D. 让客户保持及时联系

2.（　　）是指通过在线调查表或者电子邮件等方式，可以完成市场调研，相对传统市场调研，具有高效率、低成本的特点。

A. 网上调研　　B. 顾客服务

C. 顾客关系　　D. 网址推广

（二）多项选择题

网络营销的推广方式包括（　　）。

A. 关键词广告投放　　B. 口碑推广

C. 搜索引擎优化　　D. 软文推广

二、简答题

1. 简述网络销售途径有哪些。

2. 网络营销策划书的基本内容有哪些？

三、实训

1. 实训名称：直播带货实战训练。

2. 实训目的：训练网络营销的各项能力。

3. 实训内容：在班级同学中进行一场直播，推广产品。

4. 实训步骤：

(1) 选择大学生喜爱购买的商品，开展一次直播带货。

(2) 分组讨论并填写实训手册。

(3) 每个人对直播带货的效果发表看法。

5. 实训要求及评分标准：

(1) 每个小组成员都总结直播带货的心得体会。

(2) 小组成员缺一人填写扣除小组实训成绩 10 分。

(3) 实训建议和总结由小组讨论后形成统一意见并填写在实训报告册上，总结不能少于 3 条，缺一条扣总成绩的 20%。

第十二章 关系营销

第一节 关系营销的含义

本节主要内容

- 关系营销的含义
- 关系营销的基本内容
- 关系营销理论的局限性
- 关系营销的价值

一、关系营销的含义

所谓关系营销，是把营销活动看成一个企业与消费者、供应商、分销商、竞争者、政府机构及其他公众发生互动的过程，其核心是建立和发展与这些公众的良好关系。

1. 关系营销中的关系类别

关系营销中的关系可分为第一级关系营销、第二级关系营销和第三级关系营销，具体如下。

(1) 第一级关系营销。第一级关系营销指企业通过价格和其他财务上的价值让渡吸引顾客与企业建立长期交易关系，如对那些频繁购买以及按稳定数量进行购买的顾客给予财务奖励的营销计划。

(2) 第二级关系营销。第二级关系营销指企业不仅用财务上的价值让渡吸引顾客，而且尽量了解各个顾客的需要和愿望，并使服务个性化和人格化，以此来增强公司和顾客的社会联系。第二级关系营销的主要表现形式是建立顾客俱乐部。

(3) 第三级关系营销。第三级关系营销指企业和顾客相互依赖对方的结构发生变化，双方成为合作伙伴关系。三级关系营销的建立，在存在专用性资产和重复交易的条件下，如果一方放弃关系将会付出转移成本，关系的维持具有价值，从而形成“双边锁定”。这种良好的结构性关系会提高客户转向竞争者的机会成本，同时也将增加客户脱离竞争者而转向本企业的利益。

2. 关系营销的组织设计

1) 针对不同客户进行划分

在营销实践中，不同公司因产品和市场的不同，可以分别建立不同水平的营销关系。销售人员可以根据客户数量的不同、产品边际利润的不同等因素，选择建立并维持不同水平的营销关系。客户价值越大，客户的等级就应该越高，就越应该引起销售人员及公司的重视。

2) 建立客户关系

通常情况下，客户关系可以分为如下几个不同的水平：

(1) 基本关系，指销售人员只是简单地向客户销售产品，在产品销售后不再与客户保持接触。

(2) 反应关系，指销售人员在销售产品的同时，还积极鼓励客户在购买产品或使用产品以后，如果发现问题或不满时及时向公司反映。

(3) 可靠关系，指销售人员在产品售后不久，就通过各种方式了解产品是否能达到客户的预期要求，收集客户有关改进产品的建议以及对产品的特殊要求，把得到的信息及时反馈给公司，以便今后不断地改进产品。

(4) 伙伴关系，指销售人员与客户持续地合作，使客户能更有效地使用其资金或帮助客户更好地使用产品，按照客户的要求来设计新的产品。

3. 关系建立的基本原则

关系营销作为一种赢利营销模式，是一系列通过连续性的情感利益交换来提高品牌忠诚度和巩固市场的方法与技巧。作为一个具备销售韧性的营销模式，其不但能帮助经销商持续挖掘客户潜力，而且可以保护企业发展免受竞争对手的挤压。关系营销的实质是在市场营销中与各关系方建立长期稳定的相互依存的营销关系，以求彼此协调发展，因而必须遵循以下原则。

(1) 主动沟通原则。在关系营销中，各关系方都应主动与其他关系方接触和联系，相互沟通信息，了解情况，形成制度或以合同形式定期或不定期碰头，相互交流各关系方需求变化情况，主动为关系方服务或为关系方解决困难和问题，增强合作伙伴关系。

(2) 承诺信任原则。在关系营销中各关系方相互之间都应做出一系列书面或口头承诺，并以自己的行为履行诺言，才能赢得关系方的信任。承诺的实质是一种自信的表现，履行承诺就是将誓言变成行动，是维护和尊重关系方利益的体现，也是获得关系方信任的关键，是公司(企业)与关系方保持融洽伙伴关系的基础。

(3) 互惠原则。在与关系方交往过程中必须做到相互满足关系方的经济利益，并通过在公平、公正、公开的条件下进行成熟、高质量的产品或价值交换，使关系方都能得到实惠。

二、关系营销的基本内容

1. 关系的建立模式

(1) 扩大产品的市场覆盖率。企业的客户可能是产品的终端消费者，可能是分销商，也可能是零售商，根据企业的产品情况会有很大不同，但是也有很大的相同之处。其相同之处在于，产品为在市场上获得收益，企业得首先扩大产品在市场上与相应客户接触的机会，因为客户关系是在产品的接触中建立的。所以，在一定程度上讲，必须扩大产品的市场覆盖率，这是关系营销的前提。

(2) 口碑模式。关系营销的口碑模式，是靠一个客户的关系而建立与另外一个客户的关系，依次扩大。然而，产品的同质化现象的存在，给了客户很多选择的余地，并且客户在选购产品时，大都是充满着理性思维的，所以这层关系的不断扩大必定是建立在企业精湛的产品质量、良好的公司信誉、到位的售后服务、合理的价格、产品不断更新的基础之上的。如果说营销做的是市场竞争战中的前线工作，那么企业本身做好的就是营销前线的后方工作，目的在于为前方补充“枪支弹药”，如提高产品质量、保证信誉、不断降低产品成本等。

2. 关系的维持

关系营销的另外一个前提是客户关系的维持。企业产品的回头客是企业不断向前发展的基石，只有维护和加强与他们之间的关系，才能在一定程度上扩大产品的市场份额，增强产品的市场竞争力，不断获得收益。然而随着市场经济的发展，产品的同质化程度增加，竞争越来越激烈，客户的需求也越来越倾向于对品牌的选择，在这样的市场条件下，品牌的力量开始凸显。所以，企业必须积极建立质量和品牌优势，树立良好的企业信誉，不断创新，以硬性指标及软性指标来维护与原有客户的关系。在企业产品条件较好的情况下，还要在销售队伍的管理上下功夫，不断提高销售人员的营销能力和服务意识，销售人员素质的提高，可以在推销产品、服务客户时，更大程度地使客户在心理上感到满足，进而促使购买行为发生。所以在很大程度上，销售人员在销售产品之前销售的是销售人员本身。

另外，企业及其产品广告在市场上的投放对客户关系的维护也发挥着非常重要的作用。我们知道，客户在选择产品时对产品的情感因素几乎是没有的，他们花钱买的产品是他们自己认为所需的、合理的，加之当今产品更新换代的时间差越来越小，各个企业都在进行产品创新，所以客户就会产生一种对以前用过的产品的健忘心理，企业不打广告，他们就会认为你的产品没有创新了，甚至怀疑你这个企业出了问题，效益不好了。自然，买你的产品就不放心了。

3. 关系的强化

在长期的合作关系建立以后，有些客户可能不仅仅满足于当前的买卖关系，他们会对这种买卖关系进行升华，提高到让产品供应者提供更多的优惠或进行战略合作甚至要求供应者不时地增加产品附加值的高度。这就好像一对自由恋爱的男女，从不认识到认识，从认识到熟悉，从熟悉到结婚，从结婚再到共同维护家庭、养儿育女。企业与客户之间的关系在一定程度上也是这样的。他们会对共同的利益进行维护。所以，特别是对于工业产品的供应商，企业要向经常使用和购买本企业产品和服务的客户提供额外的利益，增加其运用产品的附加值，尤其一些小型的企业客户，一定要站在客户企业发展的高度，为其在激烈的市场上立足、发展做出积极的努力。这种方式不仅能强化企业的良好形象，获得眼前的收益，还可以对建立和发展双方连续性效益做好铺垫，最终实现关系营销的目的。

总之，关系营销的进行是以关系的建立、维护和强化为前提的，这样才更利于把顾客的购买行为转变为惯性行为，建立和提高客户的忠诚度，从而取得企业的长期稳定发展。

三、关系营销理论的局限性

关系营销能提高市场的占有率，也有其局限性。

1. 关系营销学说目前尚没有定论性的研究

由于研究者的背景不同，关系营销的各种定义都只从某一方面出发，没有统一的标准，难以概括全貌，同时又缺乏旗帜性的学术权威。到目前还没有通用的、明确的和完整的关系营销定义。

2. 关系营销理论在应用层面遭遇尴尬

(1) 关系营销的贡献在于一些理念和战略层面，而没有开发出像营销组合 4P 一样的实用工具供实践者操作，因此现实是口头上讲的是关系营销理论，但落到实处仍无法回避传统的营销工具。

(2) 没有建立一套行之有效的模型来筛选客户，即判定哪些顾客值得建立关系，哪些顾客建立关系成本过高。

(3) 信奉者对关系营销过度的崇拜，给公司中每一个部门而不仅仅是营销部门从上至下的每一个角落都灌输关系营销的思想，以至于出现了一大堆听起来很时尚的关系型导向的组织、企业，而它们会否成功值得商榷。特别是当把顾客神话为企业一切活动的焦点，奉为神圣而必需小心翼翼呵护的上帝的时候，顾客却常常以怀疑的眼光对待企业所做的行动。

3. 通过关系营销建立长期交易模式

当企业间关系网正常运行时，各个企业都是安全的，只需做分内的事，不必担心供销的问题，长期形成的交易模式保护了它们免受竞争的威胁；而与此同时也容易害上因循守旧、不思变革的弊病，特别是当整个网络中某个企业环节出现问题时，就会导致整个企业价值网络的瘫痪。

总之，关系营销目前虽是营销理论界和实业界热衷的话题，但传统的交易式营销理论经过了长达五六十年的发展，其理论上的统一性、完整性及被接受的普遍性特别是在应用上的简明和可操作性具有不可比拟的优势。而全球市场的多样性和各国各地区经济发展水平的差异如此巨大的现实情况下，两种营销理论都必有其适用的市场环境和不断发展的土壤，两者的互补性决定了两者必将长期存在。关系营销理论必须吸收成熟的交易营销理论优势来丰富自己。

四、关系营销的价值

关系营销的价值测定可以从以下几个方面来考虑。

(1) 顾客盈利能力。关系营销涉及吸引、发展并保持同顾客的关系，其中心原则是创造“真正的顾客”。这些顾客不但自己愿意与企业建立持续、长期的关系，而且为企业进行义务宣传。企业的顾客群体可能在产品的使用方式、购买数量、作用重要性等方面有很大不同，所以需要对以下几个方面的顾客素质进行分析：相对于公司能力的购买需求、顾客的增长潜力、顾客固有砍价实力、顾客的价格敏感性等。只要有可能挑选，公司就应向最可能盈利的顾客推销产品。

(2) 顾客维系成本。菲利普·科特勒认为维系顾客的成本可以用四个步骤来测定：测定顾客的维系率，即发生重复购买的顾客比率；识别各种造成顾客损失的原因，计算流失顾客的比率；估算由于不必要的顾客流失，企业将损失的利润；企业维系顾客的成本只要小于损失的利润，企业就应当支付降低顾客损失率的费用。

(3) 分析“漏桶”原理。丹尼尔·查密考尔这样分析“漏桶”原理：在环境宽松时，企业不注意维系顾客，使得顾客就像漏桶里的水一样流走，这样，当买方市场形成时，企业就会受到惩罚。进攻性营销的成本大于防守营销成本，因此，最成功的公司应修补“桶上的洞”，以减少顾客流失。

第二节　关系营销的实施

本节主要内容

- 关系建立的类型
- 关系资源配置

一、关系建立的类型

关系营销是在人与人之间的交往过程中实现的，而人与人之间的关系绚丽多彩，关系复杂。归纳起来大体有以下几种形态。

1. 亲缘关系营销形态

亲缘关系营销形态指依靠家庭血缘关系维系的市场营销，如父子、兄弟姐妹等亲缘为基础进行的营销活动。这种关系营销的各关系方盘根错节、根基深厚、关系稳定、时间长久，利益关系容易协调，但应用范围有一定的局限性。

2. 地缘关系营销形态

地缘关系营销形态指以公司(企业)营销人员所处地域空间为界维系的营销活动，如利用同省同县的老乡关系或同一地区企业关系进行的营销活动。这种关系营销在经济不发达，交通邮电落后，物流、商流、信息流不畅的地区作用较大。在我国社会主义初级阶段的市场经济发展中，这种关系营销形态仍不可忽视。

3. 业缘关系营销形态

业缘关系营销形态指以同一职业或同一行业之间的关系为基础进行的营销活动，如同事、同行、同学之间的关系，由于接受相同的文化熏陶，彼此具有相同的志趣，在感情上容易紧密结合为一个“整体”，可以在较长时间内相互帮助，相互协作。

4. 文化习俗关系营销形态

文化习俗关系营销形态指以公司(企业)及其人员之间具有共同的文化、信仰、风俗习俗为基础进行的营销活动。由于公司(企业)之间和人员之间有共同的理念、信仰和习惯，在营销活动的相互接触与交往中易于心领神会，对产品或服务的品牌、包装、性能等有相似需求，容易建立长期的伙伴营销关系。

5. 偶发性关系营销形态

偶发性关系营销形态指在特定的时间和空间条件下发生突然的机遇形成的一种关系营销，如营销人员在车上与同座旅客闲谈中可能使某项产品成交。这种营销具有突发性、短暂性、不确定性特点，往往与前几种形态相联系，但这种偶发性机遇又会成为企业扩大市场占有率、开发新产品的契机，如能抓住机遇，可能成为一个公司（企业）兴衰成败的关键。

二、关系资源配置

1. 关系资源的实质

1) 顾客的关系是关系营销的核心和归宿

关系营销的实质和核心是在买卖关系的基础上建立非交易关系，以保证交易关系能够持续不断地确立和发生。

科特勒认为，企业营销应成为买卖双方之间创造更亲密工作关系和相互依赖关系的艺术。关系营销的核心是建立和发展同利益相关者兼顾双方利益的长期关系。企业作为一个开放的系统不仅要关注顾客，还应注意大环境的各种关系、企业与客户的关系、与上游企业的关系、企业内部关系以及与竞争者、社会组织和政府之间的关系。其中与顾客的关系是关系营销的核心和归宿。

2) 顾客关系是企业的生命线

关系营销的实现手段——顾客关系是企业至关重要的外部关系，是企业的生命线。关系营销非常重视顾客关系的管理，强调充分利用现有资源，为顾客服务，努力留住老顾客。因此，顾客服务是关系营销的基本手段。要想与顾客建立和维持长期密切的关系，必须注意：

(1) 企业必须从顾客的需求和利益出发，不以销售本公司产品为目的，而以解决顾客的问题为目标。

(2) 为顾客提供方便、周到的服务。产品本身包含 3 个层次，即核心产品、扩大产品、外延产品。消费者需要的不仅仅是核心产品，更需要良好的外延产品。

(3) 不断地创造新需求。在知识经济时代，科技的变化日新月异，消费者很难意识到新技术的发展方向，需要企业进行引导。例如：为了满足消费者对计算机速度的要求，英特尔公司连续推出了赛扬系列、奔腾系列，这些产品如果等到消费者意识到再去研究，将会大大损害消费者利益。

2. 关系营销的效率提升

关系各方环境的差异会影响关系的建立以及双方的交流。跨文化的人们在交流时，必须克服文化所带来的障碍。对于具有不同企业文化的企业来说，文化的整合对于双方能否真正协调运作有重要的影响。关系营销是在传统营销的基础上，吸收了系统论、协同学、传播学等思想，融合多个社会学科的思想而发展起来的。关系营销学认为，对于一个现代企业来说，除了要处理好企业内部关系，还要尽可能与其他企业结成联盟。企业营销过程的核心是建立并发展与消费者、供应商、分销商、竞争者、政府机构及其他公众的良好关系。无论在哪一个市场上，关系都具有很重要作用，甚至是企业市场营销活动成败的关键。所以，关系营销日益受到企业的关注和重视。

第三节 关系营销理论的发展

本节主要内容

- 关系营销理论的不同观点
- 向客户提供附加的社会利益
- 关系子市场模型
- 关系资源的实施

一、关系营销理论的不同观点

关系营销理论产生以来得到了广泛的传播和发展，对这种新的理论不同学者又有不同的理解，主要有以下四种观点。

1. 六市场模型

六市场模型把对企业营销有影响的因素划分为六个市场，即顾客市场（已有的和潜在的顾客）、供应商市场（要成为供货商的伙伴而不是对手）、分销商市场（协助企业销售其产品或劳务）、竞争者市场（寻求资源共享或优势互补）、影响者市场（财务分析人员、记者、政府）和内部市场（组织及其员工）。

2. 投入—信任理论

美国学者摩根和亨特将影响企业营销成功的关系分为四组共 10 种合伙关系，即供货商合伙关系（产品供货商、服务供货商）、隐性合伙关系（竞争者、非营利组织、政府）、购买者合伙关系（最终顾客、直接顾客）、内部合伙关系（职能部门、员工、业务单位）。关系营销是直接指向建立、发展和维持成功交换关系的所有营销活动。

3. 30R 理论

1997 年瑞典学者古姆松提出关系营销就是从关系、网络和交互的角度看营销。他把企业面临的关系分为市场关系和非市场关系两大类共 30 种关系。前者主要包括顾客与供货商关系、分销渠道关系、顾客与服务提供者等 17 种关系；后者主要包括人际和社会网络关系、大众媒体关系、内部顾客关系、所有者关系等 13 种关系，其中顾客关系是核心。

4. 价值、交互和对话

过程理论芬兰学者格恩鲁斯把关系营销看成是包含了价值、交互和对话的过程，即为顾客创造价值是关系营销的目的，交互过程是关系营销的表现形式，对话过程则是关系营销的沟通层面。他认为关系营销就是指为了满足企业和相关利益者的目标而进行的识别、建立、维持、促进并在必要时终止关系的过程。

二、实现关系营销的主要途径

实现关系营销的主要途径就是向客户提供附加的经济利益。公司向经常使用和购买本公司产品或服务的客户提供额外的利益。比如中国移动通信公司向其手机用户提供的用户积分奖励计划就是典型例子。

三、向客户提供附加的社会利益

公司的营销人员在工作中要不断地增强对客户所应承担的社会责任。比如对消费者的选择表示赞赏，向消费者提出使用更好的产品或服务的建议，不回避产品使用中可能出现的问题，勇于承担责任并通过有效的方法解决等。

1. 建立公司与客户之间的结构性纽带

公司可以通过向客户提供更多的服务来建立结构性的关系纽带。比如在流通行业，厂商可以帮助其销售网络中的成员特别是一些较小的成员提高其管理水平，合理地确定其进货时间和存货水平，改善商品的陈列或者向销售网络中的成员提供有关市场的研究报告等信息。

2. 强化品质、服务与价格策略

产品的品质、质量等是建立营销关系的基础。自然推行关系营销的途径也少不了从品质、服务及价格等营销组合方面入手。销售人员一定要加强产品的服务性工作，搞好产品的售前、售中与售后服务，不断提高公司的服务水平。另外，就是要制定合理的价格水平。“互惠互利”是公司进行关系营销的核心，只有这样客户的利益才能得到保证，客户才能成为公司的忠实的顾客，公司的关系营销才能真正发挥作用。

随着社会分工的日益精细和明确，独享市场美羹的情形可能已经不复存在，合作共赢注定成为获取利益回报的必然，这就要求企业在从事营销活动的时候，毫不吝啬地付出相当多的时间和精力，用于创造和谐的市场环境，维护稳定的营销关系，以共同获得财富。竞争激烈的商业社会已经进入一个关系营销的年代。一个优秀的营销人员在业务洽谈中，重点并不一定是推销产品，而是建立彼此之间的关系，以作为日后合作的基础，当顾客感受到彼此已超越一般生意伙伴关系时，自然会产生一种恒久的信任；有了这种信任基础，再通过各项相关的关系营销活动，保持并加深双方的友谊，才能巩固双方的和谐关系。

四、关系子市场模型

关系营销的市场模型概括了关系营销的市场活动范围。在“关系营销”概念里，一个企业必须处理好与下面六个子市场之间的关系。

1. 供应商市场

任何一个企业都不可能独自解决自己生产所需的所有资源。在现实的资源交换过程中资源的构成是多方面的，至少包含了人、财、物、技术、信息等方面。因此，我们将招聘市场归入供应商市场是合理的。与供应商的关系决定了企业所能获得的资源数量、质量及获得的速度。生产 1 辆汽车大约需要 8 000 到 1 万个零配件，任何一个企业都不可能单独生产全部零部件，必须通过其他供应商进行专业分工协作生产；麦道飞机公司 1993 年生产的 100 座喷气式客机，有 18 种重要的零部件是由供应商负责设计的，公司因此而节约了 2 亿美元的生产成本。由此可以看出，企业与供应商必须结成紧密的合作网络，进行必要的资源交换。另外，公司在市场上的声誉部分地来自与供应商所形成的关系。例如，当 IBM

决定在其个人电脑上使用微软公司的操作系统时，微软公司在软件行业的声誉便急速上升。

2. 内部市场

内部营销起源于这样一个观念，即把员工看作是企业的内部市场。任何一家企业，要想让外部顾客满意，首先得让内部员工满意。只有工作满意的员工，才可能以更高的效率和效益为外部顾客提供更加优质的服务，并最终让外部顾客感到满意。内部市场不只是企业营销部门的营销人员和直接为外部顾客提供服务的其他服务人员，而是包括所有的企业员工。因为在为顾客创造价值的生产过程中，任何一个环节的低效率或低质量都会影响最终的顾客价值。

3. 竞争者市场

在竞争者市场上，企业营销活动的主要目的是争取与那些拥有与自己具有互补性资源竞争者的协作，实现知识的转移、资源的共享和更有效的利用。例如，在一些技术密集型行业，越来越多的企业与其竞争者进行了研究与开发的合作，这种方式的战略联盟可以分担巨额的产品开发费用和风险。种种迹象表明，现代竞争已发展为“协作竞争”，在竞争中实现“双赢”的结果才是最理想的战略选择。

4. 分销商市场

在分销商市场上，零售商和批发商的支持对于产品的成功至关重要。IBM 公司曾花费一亿美元为其新产品做广告，结果还是以失败告终，其原因在于作为第三方的供应商和零售商反对该产品，IBM 公司投入了大量的资源去争取顾客，而忽略了与零售商、经销商等对产品的销售起关键作用的个人或组织建立积极的关系，扼杀其新产品的正是分销商一类的市场基础设施。

5. 顾客市场

顾客是企业存在和发展的基础，市场竞争的实质是对顾客的争夺。最新的研究表明，企业在争取新顾客的同时，还必须重视留住顾客，培育和发展顾客忠诚。例如，争取一位新顾客所需花的费用往往是留住一位老顾客所花费用的 6 倍。企业可以通过数据库营销、发展会员关系等多种形式，更好地满足顾客需求，增加顾客信任，密切双方关系。

6. 影响者市场

金融机构、新闻媒体、政府、社区，以及诸如消费者权益保护组织、环保组织等各种各样的社会团体，对于企业的生存和发展都会产生重要的影响。因此，企业有必要把他们作为一个市场来对待，并制定以公共关系为主要手段的营销策略。

五、关系资源的实施

1. 筛选合作伙伴

企业首先从所有的客户中筛选出值得和必须建立关系的合作伙伴，并进一步确认要建立关系营销的重要客户。选择重要客户的原则不仅仅是当前的盈利能力，而且包括未来的发展前景。企业可以首先选择 5 个或 10 个最大的客户进行关系营销，如果其他客户的业务有意外增长也可入选。

2. 指派关系经理

对筛选出的合作伙伴指派关系经理专人负责，这是建立关系营销的关键。企业要为每个重要客户选派干练的关系经理，每个关系经理一般只管理一家或少数几家客户，并派一名总经理管理关系经理。关系经理对客户负责，是有关客户所有信息的汇集点，是公司为客户服务的动员者，对服务客户的销售人员应当进行关系营销的训练。总经理负责制定关系经理的工作职责、评价标准、资源支持，以提高关系经理的工作质量和工作效率。

3. 制订工作计划

为了能够经常地与关系对象进行联络和沟通，企业必须分别制订长期的和年度的工作计划。计划中要确定关系经理职责，明确他们的报告关系、目标、责任和评价标准。每个关系经理也必须制订长期和年度的客户关系管理计划，年度计划要确定目标、策略、具体行动方案和所需要的资源。

4. 了解关系变化

企业要通过建立专门的部门，用以跟踪顾客、分销商、供应商及营销系统中其他参与者的态度，由此了解关系的动态变化。同时，企业通过客户关系的信息反馈和追踪，测定他们的长期需求，密切关注合作伙伴的变化，了解他们的兴趣。企业在此基础上，一方面要调整和改善关系营销策略，进一步巩固相互依赖的伙伴关系；另一方面要及时采取措施，消除关系中的不稳定因素的同时加强有利于关系各方利益共同增长的因素。此外，通过有效的信息反馈，企业将会改进产品和服务，更好地满足市场的需要。

【案例 12-1】

成功的推销员

乔·吉拉德是美国著名的推销员，他是吉尼斯世界纪录大全认可的世界上最成功的推销员，从 1963 年至 1978 年总共推销出 13001 辆雪佛兰汽车。乔·吉拉德是世界上最伟大的销售员，连续 12 年荣登世界吉尼斯纪录大全世界销售第一的宝座，他所保持的世界汽车销售纪录：连续 12 年平均每天销售 6 辆车，至今无人能破。

乔·吉拉德把成交看作是推销的开始。他在与客户成交之后，并不是把他们抛于脑后，而是继续关心他们，并恰当地表示出来。他每月要给自己的 1 万多名客户寄去一张贺卡。一月份祝贺新年，二月份纪念华盛顿诞辰日，三月份祝贺圣帕特里克日……凡是在他那里买了汽车的人，都会收到他的贺卡。正因为他没有忘记自己的客户，客户才不会忘记乔·吉拉德。乔·吉拉德在销售过程中总结出了著名的“250 定律”。他认为在每位客户的背后，都大约站着 250 个人，这是与他关系比较亲近的人：同事、邻居、亲戚、朋友。如果一位推销员在年初的一个星期里见到 50 个人，其中只要有两个客户对他的态度感到不愉快，到了年底，由于连锁效应就可能有 5 000 个人不愿意和这位推销员打交道。因此，在销售过程中不能得罪任何一个客户，得罪一个客户就等于得罪了 250 个客户。反过来讲，如果赢得了一个客户的口碑，就等于赢得了 250 个客户。

【案例思考】

(1) 乔·吉拉德是如何利用关系营销实现事业的巨大成就的?

(2) 上述案例对你的启发是什么?

综合练习

一、选择题

(一) 单选题

关系营销是指 (　　)。

A. 企业开展公共关系的营销方式

B. 企业搞好与政府有关部门关系的营销

C. 以系统论为基本思想，建立并发展与消费者、竞争者、供应者、分销商、政府机构和社会组织的良好关系的营销

D. 根据顾客之间的关系来开展营销

(二) 多选题

关系营销和交易营销的主要区别是 (　　)。

A. 交易营销的核心是交易，关系营销的核心是关系

B. 交易营销把其视野局限于目标市场上，关系营销所涉及的范围则广得多

C. 交易营销强调如何获得顾客；关系营销更加强调保持顾客。

D. 交易营销不太强调顾客服务；关系营销高度强调顾客服务

二、简答题

1. 怎样理解关系营销?

2. 怎样利用关系营销的资源提升关系价值?

三、实训

1. 实训名称：关系营销的本质特征。

2. 实训目的：学会处理营销方面的关系。

3. 实训内容：进一步了解双赢与控制。

4. 实训步骤：

(1) 选择名优企业的成功关系营销事例。

(2) 分组讨论并填写实训手册。

(3) 每个人对关系营销的理解发表看法。

5. 实训要求及评分标准：

(1) 每个小组成员亲自填写关系营销的优势。

(2) 小组成员缺一人须扣除小组实训成绩 10 分。

(3) 实训建议和总结由小组讨论后形成统一意见填写在实训报告册上，总结不能少于 3 条。缺一条扣总成绩的 20%。

附录　采购合同样本

编号：×××

卖方：×××

买方：×××

签订地点：×××

一、根据《中华人民共和国合同法》，经买卖双方协商，签订本合同。

二、供应设备：

表 1　供应设备明细表

序号	使用单位	品名	品牌	型号规格	产地	保修期	单价（元）	数量（套）	采购金额（元）
1									
2									
……									
合计									

三、质量与检验

1. 卖方须准时提供全新的、包装完美无破损的、备件齐全的、完全符合国家有关质量标准的设备。

2. 设备验收包括：数量、外观质量、备件备品、装箱单、技术参数资料（中文）、设备安装调试运行良好。

3. 设备应钉有铭牌（包括制造商、设备名称、型号规格、出厂日期等），并附有产品质量检验合格标志。

四、交货及验收

1. 合同签订后，卖方免费送货至买方的使用单位（名称：×××；地址：×××；电话：×××）。

2. 在货到后 3 天内，卖方免费完成设备安装调试工作。

3. 设备验收：使用单位按国家规定的标准或厂方出厂标准验收，使用确认设备运行良好，并在验收报告上签字盖章。

4. 设备出现质量问题，卖方负责免费“三包”，7 天包退、15 天包换和不少于 1 年的保修。如果每件设备一年内出现三次质量故障，同类设备总货量一年内出现质量故障超过 15% 的，应包换。

五、付款方式

1. 卖方提交合同、验收报告、发票复印件（加盖采购单位公章）和拨款凭证复印件，××× 政府采购中心。

2. ××× 中心 15 天内用转帐方式支付货款。

六、售后服务

1. 卖方提供的免费上门保修服务，自验收报告签字之日起计算。

2. 保修期内设备出现故障，属于产品质量问题，由卖方负责维修，不再收取费用；属于人为造成的，卖方提供服务，但须收取材料费。

3. 故障报修的响应时间：工作时间期间为 4 小时，非工作时间为 16 小时 (保修电话：×××；地址：×××)。

4. 设备故障在检修 8 小时后仍无法排除，卖方应在 24 小时内提供不低于故障设备规格型号档次的备用设备使用，直至故障修复。

5. 保修服务方式，即由卖方免费派员到使用单位现场维修。

七、培训

1. 卖方免费向使用单位提供设备的基本使用的培训。

2. 培训时间由使用单位安排进行 1～2 次集中的培训。

八、违约责任

1. 买方无正当理由拒收设备、拒付设备款的，向卖方赔付货款总值的百分之五违约金。

2. 买方逾期支付设备款的，向卖方赔付欠款百分之五。

3. 卖方所交的设备品种、型号、规格不符合合同规定的，买方有权拒收设备，卖方赔付货款总值百分之五的违约金。

4. 卖方不能交付设备的，向买方赔付货款总值百分之五的违约金。

5. 卖方逾期交付设备，向买方赔付逾期交货部分货款总额的百分之五。逾期交付超过十天，买方有权终止合同。

九、争议及仲裁

1. 因设备的质量问题发生争议，由广州市技术监督局或其指定的质量鉴定单位进行质量鉴定。设备符合质量标准的，鉴定费由买方承担；设备不符合质量标准的，鉴定费由卖方承担。

2. 因本合同引起的争议，双方应协商解决，也可以向合同签订所在地人民法院提出诉讼。

十、本合同一式三份，买卖双方和海珠区政府采购中心各 1 份，自双方签字盖章之日起生效。

卖方：	买方：
地址：	地址：
法人代表：	法人代表：
委托代理人：	委托代理人：
电话：	电话：
传真：	传真：
邮政编码：	邮政编码：
开户银行：	开户银行：
帐号：	帐号：
年　月　日	年　月　日

参 考 文 献

[1] 吴勇. 市场营销 [M]. 北京：高等教育出版社，2011 年版.
[2] 冯金祥，张再谦. 市场营销知识 [M]. 北京：高等教育出版社，2012 年版.
[3] 毕四勇. 市场营销学 [M]. 北京：高等教育出版社，2013 年版.
[4] 郭国庆. 市场营销通论 [M]. 北京：高等教育出版社，2013 年版.
[5] 徐阳，张毅. 市场营销调查与预测 [M]. 北京：高等教育出版社，2013 年版.
[6] 冯亮能，蒋志华. 市场调查与预测 [M]. 北京：高等教育出版社，2012 年版.
[7] 宋文光. 市场调查与分析 [M]. 北京：高等教育出版社，2013 年版.
[8] 刘文广，张晓明. 商务谈判 [M]. 北京：高等教育出版社，2011 年版.
[9] 夏圣亭. 商务谈判技术 [M]. 北京：高等教育出版社，2011 年版.
[10] 聂元昆. 商务谈判学 [M]. 北京：高等教育出版社，2011 年版.